CB000713

JOÃO PAULO DIAS

O Ministério Público no Acesso ao Direito e à Justiça

"Porta de entrada" para a cidadania

ALMEDINA · ces · Centro de Estudos Sociais · Laboratório Associado · Universidade de Coimbra

O MINISTÉRIO PÚBLICO NO ACESSO AO DIREITO E À JUSTIÇA:
"PORTA DE ENTRADA" PARA A CIDADANIA

AUTOR
João Paulo Dias

REVISOR
Victor Ferreira

EDITOR
EDIÇÕES ALMEDINA, S.A.
Rua Fernandes Tomás, n.ᵒˢ 76, 78 e 80 – 3000-167 Coimbra
Tel.: 239 851 904 · Fax: 239 851 901
www.almedina.net · editora@almedina.net
DESIGN DE CAPA
FBA.
IMPRESSÃO E ACABAMENTO
PENTAEDRO, LDA.
Dezembro, 2013
DEPÓSITO LEGAL
373028/14

 GRUPOALMEDINA

BIBLIOTECA NACIONAL DE PORTUGAL – CATALOGAÇÃO NA PUBLICAÇÃO

DIAS, João Paulo

O Ministério Público no Acesso ao Direito e à Justiça:
"Porta de entrada" para a cidadania

ISBN 978-972-40-5477-3

CDU 316

Este livro resulta da investigação desenvolvida em dois espaços complementares. Em primeiro lugar, na Tese de Doutoramento em Sociologia na área de especialização do Estado, do Direito e da Administração, apresentada e defendida na Faculdade de Economia da Universidade de Coimbra, em abril de 2013, e que contou com o financiamento da Fundação para a Ciência e a Tecnologia (SFRH/BD/17851/2004). Em segundo lugar, no projeto de investigação *"Quem são os nossos magistrados? Caracterização profissional dos juízes e magistrados do Ministério Público em Portugal"*, coordenado por António Casimiro Ferreira e integrando ainda João Paulo Dias, Conceição Gomes, Madalena Duarte, Paula Fernando e Alfredo Campos, com financiamento da Fundação para a Ciência e a Tecnologia para o período de 2010 a 2013 (PTDC/CPJ-JUR/100390/2008-FCOMP-01-0124-FEDER-00921).

ÍNDICE

Agradecimentos 13

Prefácio 15

Introdução 19

Nota metodológica 27

Capítulo 1 – O MINISTÉRIO PÚBLICO EM PORTUGAL: PERCURSO
JUDICIAL PARA UMA AFIRMAÇÃO SOCIAL 35
1. Introdução 35
2. Evolução histórica do Ministério Público 37
   2.1. Contexto histórico do Ministério Público em Portugal 38
   2.2. O século XX e os estatutos judiciários 40
   2.3. Da Revolução de 1974 à Constituição da República de 1976 43
3. A arquitetura legal do Ministério Público 44
   3.1. O Ministério Público na Constituição da República: relevância crescente 44
   3.2. O Estatuto do Ministério Público: anatomia de uma evolução 46
4. As funções e os órgãos do Ministério Público 66
   4.1. As funções do Ministério Público 67
   4.2. A organização do Ministério Público 73
5. O acesso à carreira e a formação dos magistrados do Ministério Público 83
6. Recomendação (2012)11 do Conselho da Europa: para além do crime 87
7. Notas finais 92

Capítulo 2 – O MINISTÉRIO PÚBLICO E O PAPEL DE INTERFACE:
ESTRATÉGIAS PROFISSIONAIS NA PROMOÇÃO DO ACESSO
AO DIREITO E À JUSTIÇA 95
1. Introdução 95
2. O acesso ao direito e à justiça: a consagração de um Direito Humano 97
3. A intervenção do Ministério Público como promotor do acesso ao direito
   e à justiça 105

3.1. O Ministério Público na área de família e menores:
proteger as vulnerabilidades 108
3.2. O Ministério Público na área laboral: equilibrar as desigualdades 111
3.3. O Ministério Público na área penal:
o virtuosismo da articulação institucional 115
3.4. O Ministério Público na área cível e administrativa: à procura de um rumo 118
3.5. O "lugar e o espaço" do Ministério Público:
interface entre a justiça e a sociedade 124
4. O Ministério Público e os cidadãos: um relacionamento de múltiplas facetas 127
4.1. "Porta de entrada" no sistema: os serviços do Ministério Público 132
4.2. O atendimento ao público: a formação na diversidade de práticas
(in)formais 135
4.3. A geografia dos direitos dos cidadãos: a territorialização do Ministério
Público 139
4.4. A "confiança" dos cidadãos: credibilidade, competência e independência 142
4.5. O espaço e o lugar de interface do Ministério Público:
breve caracterização 145
5. O Ministério Público numa encruzilhada profissional: magistratura e cidadania 147
5.1. A valorização profissional do papel de interface: legitimação profissional 147
5.2. As competências cívico-profissionais: formação na complexidade 151
5.3. A "legalização" do papel de interface: definição de fronteiras
interprofissionais 153
6. A coordenação no Ministério Público: afirmar um serviço público 156
7. Notas finais 159

Capítulo 3 – O DESEMPENHO DA JUSTIÇA EM PORTUGAL:
A ATIVIDADE PROCESSUAL DO MINISTÉRIO PÚBLICO 163
1. Introdução 163
2. Os dados estatísticos da justiça: questões sobre a validação da informação 165
3. Os orçamentos da justiça: a incógnita dos valores 168
4. Os recursos humanos na justiça: *mão-de-obra* ao serviço do cidadão 174
5. O movimento processual nos tribunais: um crescimento *sem fim à vista* 181
6. O movimento processual do Ministério Público: à procura de resultados 191
7. Notas finais 198

Capítulo 4 – A OPINIÃO DO MINISTÉRIO PÚBLICO: A (IR)RELEVÂNCIA
DO PAPEL DE INTERFACE NA IDENTIDADE PROFISSIONAL 203
1. Introdução 203
2. O universo dos inquiridos: breve caracterização socioprofissional 205
3. As trajetórias socioprofissionais: o alcançar de uma mobilidade ascendente 206
4. O acesso dos cidadãos aos tribunais: obstáculos ao exercício dos direitos 210

5. Os mecanismos de resolução alternativa de litígios no acesso aos tribunais 217
6. O serviço de atendimento ao público: funcionamento e desempenho 219
7. As potencialidades do serviço de atendimento: cidadania e profissionalismo 234
8. Notas finais 244

Capítulo 5 – CONCLUSÕES E RECOMENDAÇÕES 249
1. Conclusões: Ou como reduzir a complexidade ao pragmatismo das ideias 250
2. A interface do Ministério Público: Recomendações para uma política pública
de acesso ao direito e à justiça 257

Referências bibliográficas 263

LISTA DE FIGURAS, GRÁFICOS E TABELAS

Figuras
Figura 1. Estrutura do Ministério Público 74
Figura 2. Ministério Público no sistema de acesso em família e menores 110
Figura 3. Ministério Público no sistema de acesso laboral 114
Figura 4. Ministério Público no sistema de acesso penal 117
Figura 5. O Ministério Público no sistema de acesso cível e administrativo-fiscal 119

Gráficos
Gráfico 1. Orçamento da Justiça (2004-2006) 172
Gráfico 2. Orçamento da Justiça (2007-2010) 173
Gráfico 3. Custo Médio Estimado por Processo Entrado – euros (2007-2010) 174
Gráfico 4. Evolução dos Recursos Humanos nos Tribunais (1974-2010) 177
Gráfico 5. Rácio de Recursos Humanos por 10 000 Habitantes (1974-2010) 178
Gráfico 6. Movimento Processual Global nos Tribunais – Entrados (1982-2010) 183
Gráfico 7. Rácio de Processos Entrados em Tribunal por Recursos Humanos
(1991-2010) 184
Gráfico 8. Movimento Processual Global nos Tribunais – Findos (1982-2010) 186
Gráfico 9. Movimento Processual Global nos Tribunais – Pendentes (1982-2010) 188
Gráfico 10. Movimento Processual nos Tribunais de 1.ª Instância – Global/Cível
(1983-2010) 188
Gráfico 11. Duração Média dos Processos nos Tribunais Judiciais de 1.ª Instância
(1984-2010) 190
Gráfico 12. Serviço de Atendimento ao Público do Ministério Público
(2005-2010) 197
Gráfico 13. Posicionamento Político dos Magistrados do Ministério
Público (%) 208

Gráfico 14. Grau de Dificuldade de Acesso dos Cidadãos aos Tribunais (%) 211
Gráfico 15. Importância dos Mecanismos de Resolução Alternativa
    de Litígios (%) 218
Gráfico 16. Existência de Serviço de Atendimento ao Público (%) 220
Gráfico 17. Frequência do Serviço de Atendimento ao Público (%) 223
Gráfico 18. Horário do Serviço de Atendimento ao Público (%) 224
Gráfico 19. Responsabilidade por Efetuar o Serviço de Atendimento
    ao Público (%) 225
Gráfico 20. Registo do Serviço de Atendimento ao Público (%) 227
Gráfico 21. Análise das Fichas de Atendimento ao Público (%) 229
Gráfico 22. Prioridade Principal do Magistrado do MP no Atendimento
    ao Público (%) 230
Gráfico 23. Importância do Serviço de Atendimento ao Público do Ministério
    Público (%) 232
Gráfico 24. Importância da Qualidade do Serviço de Atendimento
    ao Público (%) 233
Gráfico 25. Desempenho de um Papel mais Ativo no Acesso aos Tribunais (%) 235
Gráfico 26. Vantagem do Aconselhamento nos Casos que Chegam
    a Tribunal (%) 236
Gráfico 27. (Re)encaminhamento de Cidadãos para Outras Instituições (%) 236
Gráfico 28. Aconselhamento da Resolução Alternativa de Litígios (%) 237
Gráfico 29. Diminuição da Litigação em Tribunal (%) 238
Gráfico 30. Prestação de Informação Jurídica aos Cidadãos (%) 240
Gráfico 31. Institucionalização do Atendimento como Competência
    do Ministério Público (%) 240
Gráfico 32. Valorização do Atendimento nos Processos de Avaliação
    Profissional (%) 242

Tabelas
Tabela 1. Evolução dos Recursos Humanos nos Tribunais (1974-2010) 175
Tabela 2. Número de Magistrados do Ministério Público por 100 Juízes
    (1974-2010) 177
Tabela 3. Evolução do número de Advogados (1974-2010) 179
Tabela 4. Número de advogados por Juiz nos Tribunais (1974-2010) 180
Tabela 5. Número de advogados por magistrado do Ministério Público
    nos Tribunais (1974-2010) 180
Tabela 6. Movimento Processual Global nos Tribunais – Entrados (1982-2010) 182
Tabela 7. Movimento Processual Global nos Tribunais – Findos (1982-2010) 185
Tabela 8. Movimento Processual Global nos Tribunais – Pendentes (1982-2010) 187
Tabela 9. Movimento Processual do Ministério Público por Área de Intervenção
    (2001-2010) 193

Tabela 10. Movimento Processual do Ministério Público por Área de Intervenção – % (2001-2010) 194

Tabela 11. Movimento Processual Global do Ministério Público por Magistrado (2001-2010) 195

Tabela 12. Resultados da Ação Penal do Ministério Público – Findos (2001-2010) 196

Tabela 13. Serviço de Atendimento ao Público do Ministério Público (2005-2010) 197

Tabela 14. Posicionamento Político dos Magistrados do MP, por Escalão Etário (%) 209

Tabela 15. Grau de Dificuldade de Acesso dos Cidadãos aos Tribunais, por Escalão Etário (%) 212

Tabela 16. Grau de Dificuldade de Acesso dos Cidadãos aos Tribunais, por Posicionamento Político (%) 212

Tabela 17. Importância do Funcionamento da Justiça no Acesso aos Tribunais (%) 213

Tabela 18. Importância de Fatores Económicos no Acesso aos Tribunais (%) 214

Tabela 19. Importância dos Honorários dos Advogados no Acesso aos Tribunais, por Escalão Etário (%) 214

Tabela 20. Importância da Corrupção no Sistema Judicial no Acesso aos Tribunais (%) 215

Tabela 21. Importância da Formação dos Profissionais no Acesso aos Tribunais (%) 216

Tabela 22. Importância dos Mecanismos de Resolução Alternativa de Litígios, por Tipologia (%) 218

Tabela 23. Existência de Serviço de Atendimento ao Público, por Tribunal/Serviço (%) 221

Tabela 24. Existência de Serviço de Atendimento ao Público, por Escalão Etário (%) 222

Tabela 25. Existência de Serviço de Atendimento ao Público, por Posicionamento Político (%) 223

Tabela 26. Frequência do Serviço de Atendimento ao Público, por Horário (%) 224

Tabela 27. Responsabilidade por Efetuar o Serviço de Atendimento ao Público, por Posicionamento Político (%) 226

Tabela 28. Registo do Serviço de Atendimento ao Público, por Sexo (%) 228

Tabela 29. Prioridades do Magistrado do Ministério Público no Atendimento ao Público (%) 231

Tabela 30. Institucionalização do Atendimento como Competência do MP, por Escalão Etário (%) 241

Tabela 31. Valorização do Atendimento nos Processos de Avaliação Profissional, por Sexo (%) 243

Tabela 32. Valorização do Atendimento nos Processos de Avaliação Profissional, por Escalão Etário (%) 243

AGRADECIMENTOS

O trabalho que aqui se apresenta é o resultado de oito anos de investigação, no meio de múltiplas mudanças, das profissionais às pessoais, procurando, sempre, garantir um planeamento integrado das tarefas necessárias ao cumprimento das metas iniciais, às quais se foram colocando naturalmente dificuldades e obstáculos, mais que não seja para acompanhar a complexidade da temática selecionada. A sua superação exigiu uma versatilidade e diversidade de estratégias e métodos de trabalho. Mas a "existência" de um resultado final só foi possível pelo apoio, colaboração e compreensão de muitos amigos e colegas a quem, neste breve texto, procurarei demonstrar o quanto estou agradecido.

Embora algumas das estratégias adotadas tenham implicado uma criatividade que me surpreendeu, ao articular a produção regular com a colaboração em diferentes projetos e contextos, o estímulo mais importante adveio, sem sombra de dúvidas, do ambiente que me rodeou e em que tive a sorte de estar inserido. E o ambiente pode ser constituído por muita coisa, mas no fundo trata-se essencialmente de relações humanas. E é às pessoas que me dirijo sabendo do risco que corro ao poder ser injusto para muitas. E esquecer-me de outras.

Dirijo-me em primeiro lugar à instituição que me tem acolhido. O Centro de Estudos Sociais da Universidade de Coimbra tem certamente muitos defeitos, como qualquer instituição, mas não seria fácil encontrar outra que me proporcionasse as condições, os desafios e as satisfações que nos últimos 17 anos o CES me proporcionou. E uma das principais razões assenta no papel que o orientador deste trabalho, Boaventura de Sousa Santos, tem desempenhado na liderança e construção de uma instituição de referência mundial. A inspiração e os ensinamentos que me tem transmitido em muito contribuíram para que fosse construindo o *meu* caminho. Agradeço profundamente a grande exigência de qualidade que sempre coloca em tudo o que "toca". Só espero ter conseguido corresponder às expectativas. Nas alturas mais complicadas, valeu-me o que sempre me disse: *é nos momentos de dificuldades que mais devemos arriscar...*

Aos meus colegas e amigos, que ao longo dos anos foram interagindo com este trabalho, desde que foi lançada a primeira pedra, tenho de agradecer os contributos que foram aportando, muitos deles recolhidos à volta de mesas de restaurantes, em apresentações de comunicações em congressos ou, simplesmente, em conversas casuais. Entre muitos, não posso deixar de carinhosamente mencionar os nomes de António Casimiro Ferreira, Conceição Gomes, João Pedroso, Maria Manuel Leitão Marques, Paula Meneses, Catarina Trincão, Paula Fernando, Madalena Duarte, Fátima Santos, Marina Henriques, Bruno Sena Martins, Marisa Matias, Tatiana Moura ou Carlos Nolasco.

Aos meus colegas de trabalho, que muito me auxiliaram e tiveram a paciência para aguentar a pressão e as contingências de quem vai tentando fazer o melhor em distintas plataformas, tenho de dirigir uma palavra especial de agradecimento, especialmente à Lassalete Paiva, por toda a amizade e apoio que é infindavelmente maior do que se exigiria, e à Rita Pais, André Caiado e Hélia Santos por segurarem o barco na turbulenta derradeira fase. E aos colegas de então na Direção do CES, Margarida Calafate Ribeiro, Sílvia Ferreira e Vítor Neves, pela imprescindibilidade do seu amparo na reta final.

O resultado final não seria o mesmo se não contasse com a ajuda profissional do Alfredo Campos, do Pedro Abreu e do perspicaz e sempre atento Victor Ferreira. Aos meus pais e irmão devo o inestimável suporte familiar, sempre tão precioso quando se têm batalhas para vencer. E à Madalena Peres, que acompanhou pessoal e profissionalmente o nascer e evoluir deste projeto, uma palavra de amizade e estima pela compreensão das implicações que a abordagem deste tema podia ter.

Last but not the least, ao meu querido Tomás, fonte inspiradora ao longo de todo este processo, pela força que me deu quando mais dela precisava, e à Teresa por *caminhar* todo este percurso comigo, com paciência e um constante espírito crítico, além de pacientemente suportar todos os alvoroços que involuntariamente fui trazendo para o nosso espaço...

PREFÁCIO

António Cluny
Magistrado do Ministério Público
Presidente da Associação Magistrados Europeus pela Democracia e as Liberdades (MEDEL)

Esta obra de João Paulo Dias constitui uma lufada de ar fresco na discussão do sistema judiciário e de uma das suas componentes mais polémicas, mas, porventura, menos estudadas: o Ministério Público.

Mais interessante, ainda, o facto de este estudo não se situar tanto no âmbito da pura exegese jurídica do plano constitucional, estatutário e processual em que o Ministério Público inscreve as suas atribuições e exerce as suas competências.

Este estudo, fixando-se, especialmente, no campo da abordagem sociológica da atividade real do Ministério Público, abre, todavia, a possibilidade da discussão sobre o papel que ele ainda pode desenvolver, numa sociedade que constitucionalmente se rege pelo direito e a lei, a um leque muito vasto de cidadãos que excede, largamente, o mundo dos juristas.

A verdade é que parece hoje mais urgente conferir a toda a sociedade os instrumentos que lhe permitam uma discussão politicamente aberta sobre a importância e o significado das leis que a governam e, bem assim, sobre as instituições que as hão de aplicar e fazer cumprir.

Talvez por termos deixado encerrada, por demasiado tempo, a discussão da constituição e das leis, e dos seus princípios no claustro onde circulam apenas os «bonzos», cuja linguagem iniciática e puramente técnico-jurídica tem ajudado a escamotear o sentido verdadeiramente político das opções legislativas, aqueles tenham perdido a legitimidade e a força vinculante de que hoje os portugueses tanto necessitam.

Embora isso possa parecer contraditório com a ideia que se elaborou do que possa ser uma sociedade aberta, se hoje não vier da academia o esclarecimento e a abertura da discussão sobre o papel das instituições e das leis que consagram os direitos da cidadania, não será, por certo, por parte dos nossos *media* que isso acontecerá.

Só a independência, que ainda se preserva em alguns meios académicos, poderá, atualmente, ajudar a reconstruir uma cidadania que, para poder ser ativa e exigente, não se quer fragmentada, mas plena e, por isso, bem informada em todas as áreas.

Só a independência, que ainda se cultiva em alguns meios académicos, poderá abalar, também, o próprio conformismo que se vai instalando no seio das magistraturas, que, menorizadas, sacudidas e hostilizadas por aqueles a quem justamente incomodam e aqueles a quem não conseguem defender, parecem hoje perplexas e incapazes de definir o lugar que lhes cabe num «Estado de direito» em crise.

Desvendar, assim, a realidade de uma instituição como o Ministério Público e permitir que a sua discussão se faça de uma maneira mais aberta e compreensível a todos é, portanto, a principal virtude desta obra.

No fundo, é disso que verdadeiramente trata este livro: do funcionamento real e das possibilidades (não plenamente aproveitadas) que uma instituição enraizada na cultura cívica e política caracteristicamente portuguesa pode comportar.

E, aqui, ele é verdadeiramente inovador e orientado contra a corrente.

Visionando, sem ideias feitas e «modismos reformistas», a interação que pode existir entre uma instituição enraizada na cultura cívica do país e as necessidades de expressão ativa de uma cidadania moderna, mas acossada, este livro reabre para o Ministério Público o papel que ele conseguiu já desempenhar, de alguma maneira, em outras circunstâncias políticas e sociais.

Descolando, por outro lado, da «cerca» e do paradigma criminalístico--securitário, onde a ideologia neoliberal quer encerrar o papel da jurisdição e dos seus instrumentos de iniciativa e favorecimento da igualdade real dos cidadãos perante a lei – como é o caso do Ministério Público –, esta obra olha, de uma maneira crítica, para as possibilidades mal exploradas, ou mesmo desa-proveitadas, que esta instituição contém para dar expressão e efetividade, através dos tribunais, a uma cidadania hoje desfalecida e sem alternativas reais para a realização dos seus direitos.

Todavia, esta obra não olha o Ministério Público e as suas contingências ape-nas com os olhos atentos aos que criticam a sua autonomia e as possibilidades estatutárias que lhe podem permitir conseguir uma mais efetiva concretização da igualdade dos cidadãos perante a lei.

Esta obra possibilita também a melhor compreensão das dinâmicas internas do próprio Ministério Público, as evoluções (e involuções) que no seu seio se desenvolvem e os papéis reais ou aparentes daqueles que, nele, necessariamente, exprimem as contradições que se vivem na sociedade.

Este olhar para dentro de um Ministério Público que não é já homogéneo na ideia que tem e faz do seu papel na sociedade – e, diria eu, cujos instrumentos não institucionais de reflexão e mudança foram, também eles, definhando na sua capacidade crítica, inventiva e mobilizadora da sua ligação à sociedade – permite interrogar o seu futuro e os contornos que esta magistratura pode vir a assumir.

Com efeito, o olhar com que João Paulo Dias vê o Ministério Público não se cinge ao que ele é como estrutura estatutária nem mesmo ao lugar que a sua inserção institucional no poder judicial representa, mas vai mais longe e procura iluminar a verdadeira importância que os movimentos associativos dos magistrados desempenham na projeção da sua imagem pública e, até, na conformação efetiva da sua atividade.

Nesse sentido, também, esta obra é verdadeiramente inovadora, na medida em que consegue deslindar e permitir compreender a importância das dinâmicas institucionais e extrainstitucionais na atuação do Ministério Público.

Trata-se, portanto, de uma obra cuja leitura se impõe não só aos magistrados do Ministério Público, seus dirigentes institucionais e seus representantes associativos, mas a todos os outros protagonistas da lide judiciária.

Mas não só: é uma obra que deveria importar aos políticos e a todos quantos, no âmbito dos movimentos sociais, pugnam pela defesa e realização dos direitos de cidadania e por uma sociedade mais equilibrada e justa.

Ler com atenção e sem preconceitos esta obra permite, por certo, um percurso aventuroso no seio do mundo judiciário que muitos não pensaram jamais percorrer.

Depois deste livro, a crítica que hoje se faz – com mais ou menos razão – ao sistema judiciário e aos sucessos e insucessos do Ministério Público português ganhará em qualidade e clareza.

É que ele permite separar as águas entre os «críticos» que apostam genuinamente numa correção do rumo do Ministério Público – rumo que deveria, acima de tudo, dirigir-se ao reforço da cidadania e dos direitos – e os que querem, pura e simplesmente, cercear ou mesmo destruir esse seu desígnio democrático.

É precisamente aí que se podem separar os propósitos, externos e internos, sobre os destinos e a efetividade das funções constitucionais do Ministério Público.

Ora, também neste aspeto, o livro é fundamental, pois não se limita a assumir uma atitude expositiva: toma posição.

Enfileirando por uma orientação que, na Europa, parece de novo percorrer os estudos académicos de todos quantos, sobressaltados por fim, se preocupam

seriamente com a erosão das instituições que fundaram a sociedade do pós-
-guerra, este livro toma posição: defende o Ministério Público que temos como
um instrumento ainda real e competente para fazer afirmar os direitos constitucionais dos portugueses.

Na verdade, perante uma «ciência» que tudo parece querer dissolver, por via
de «análises quantitativas» determinadas à justificação de objetivos ideológicos
já antes desenhados, começam hoje a rebelar-se os intelectuais de uma cultura
ainda enciclopédica e pluralista, e, por isso, talvez a única capaz de indagar e
compreender afinal o nosso mundo e as suas instituições de um modo integrado
e humanista.

É esse pensamento integrado e perspicaz – essa vocação humanista que, de
novo, renasce do nevoeiro «económico» que nos impede de ver os problemas
de uma cidadania democrática em crise – que este livro de João Paulo Dias dá
a conhecer e evidencia.

Está pois de parabéns João Paulo Dias e, com ele, todos os que se preocupam, genuinamente, com o estado da Justiça, pois lendo e refletindo sobre
esta magnífica obra ficarão realmente mais preparados para defender o Estado
de Direito e a Democracia.

INTRODUÇÃO

Temos uma tradição judiciária muito marcada por dois pilares fundamentais: o positivismo jurídico na interpretação da lei e do direito; e um corporativismo institucional (não no sentido pejorativo) que leva a que o sistema se feche sobre si próprio e procure um discurso de auto-legitimação. [...] Na centralidade do sistema tem de estar o cidadão e não é isso que acontece num sistema tributário de uma visão positivista e autoritária, em que quem está no centro é o tribunal e o juiz, e o cidadão surge como alguma coisa externa que é visto como beneficiária. A independência dos tribunais, que é sagrada num Estado de Direito, é um direito dos cidadãos e um dever dos tribunais (Laborinho Lúcio, *Público*, 29/01/2007).

A expansão global do poder judicial, como referiram Tate e Vallinder (1995), foi o mote que permitiu iniciar uma nova fase de atenção e reflexão sobre o papel que a justiça – corporizada pelos tribunais e, dentro destes, pelos juízes e agora também pelos magistrados do Ministério Público – ocupa na redefinição dos equilíbrios dos poderes dos Estados e na relevância da sua atuação para a consolidação dos sistemas democráticos. John T. Ishiyama (2012) analisa as múltiplas dimensões constitutivas de um sistema democrático, considerando que o desenho e conformação do poder judicial é extremamente importante no equilíbrio necessário na distribuição "territorial dos poderes" ou, nas suas palavras,

> a escolha das instituições territoriais e judiciais é uma decisão crucial para o desenvolvimento de qualquer sistema político. O modo como os poderes executivo e legislativo são fiscalizados tem uma importância considerável no desenho constitucional. Os sistemas judiciais são tidos como os melhores mecanismos de fiscalização contra os excessos políticos dos outros poderes governamentais, ainda que permaneça consideravelmente em aberto o debate sobre o quão independente e/ou ativo pode ser um órgão de governação com um corpo não eleito (e, para alguns críticos, não responsabilizável) na conformação das políticas e

das legislações. Outros, como vamos observando, argumentam que apenas com um judicial *empowered* é que a democracia pode ser promovida e consolidada[1] (Ishiyama, 2012: 217).

A independência da justiça, exercida pelos seus profissionais, seja qual for o modelo de integração nas carreiras, é um princípio fundamental para garantir que, no complexo jogo de equilíbrio entre os três poderes estatais da velha conceção de Montesquieu, os direitos de cidadania são cabalmente respeitados e os princípios basilares de um sistema democrático são assegurados. Contudo, a aplicação e sustentação deste princípio não depende apenas do poder judicial, dado que o seu desempenho se encontra limitado pelos meios e leis que os outros poderes do Estado colocam à sua disposição. Esta é uma limitação histórica, da qual não se antevê qualquer modelo alternativo que a permita superar. E com o avolumar das crises financeiras e económicas dos Estados ocidentais, entre os quais os integrantes da União Europeia, como é o caso de Portugal, perspetiva-se o recrudescimento de tensões entre os diversos titulares dos diferentes órgãos de soberania.

A desejada estabilidade do poder judicial torna-se mais difícil de atingir, ainda mais quando os tribunais e os seus protagonistas deixaram de estar isolados de qualquer interação ou afastados dos perigos dos jogos de influência, em particular quando a sua relevância era historicamente reduzida por não interferir, em regra, com os interesses e poderes instalados na sociedade e no Estado. Somente quando o seu raio de ação se alargou é que as tensões entre o poder judicial e os poderes executivo e legislativo assumiram níveis preocupantes, com os primeiros sinais a emergir na década de 1980. Deste modo, o poder judicial passou de uma relevância simbólica para uma preponderância efetiva no escrutínio dos poderes públicos e da legalidade democrática. E esta mudança trouxe turbulência e instabilidade ao funcionamento dos tribunais, obrigando a uma mudança do paradigma judicial para a qual os seus profissionais não estavam, nem parecem ainda estar, preparados. Por conseguinte, contribuir para a reflexão global sobre as transformações na área da justiça, a partir do propósito de apoiar a elaboração de políticas públicas de justiça a nível local, é uma obrigação para quem investiga em sociologia do direito e da justiça.

No contexto da reflexão sobre o papel e protagonismo do poder judicial, existe a necessidade desta ir mais além da mera análise dos modelos existentes ou do

---

[1] Tradução livre do autor.

estudo da profissão que, historicamente, mais tem sido focada pelo seu lugar fulcral no seio do poder judicial: os juízes. Por conseguinte, o Ministério Público é, nos dias que correm, igualmente um ator incontornável dentro dos sistemas judiciais. Independentemente das diferenças de modelo ou das competências que exerce, o Ministério Público tem vindo a ganhar um protagonismo crescente no seio do poder judicial dos mais diversos países. Apesar do papel crescente que detém, em especial na área penal, o Ministério Público não atingiu ainda um estatuto consensual, quer nas funções, quer nas competências que detém, ao contrário do que ao longo dos tempos se verificou com os juízes ou mesmo com os advogados. O Ministério Público, apesar do maior protagonismo assumido nos últimos anos, é um ator judicial ainda relativamente desconhecido da maioria dos cidadãos, em particular sempre que assume funções que vão além da sua ação penal, como acontece em muitos países e também em Portugal.

Ainda que a tendência internacional vá no sentido de dotar o Ministério Público de uma maior autonomia de atuação, persistem muitos modelos onde a dependência hierárquica ou funcional perante governos é uma prática corrente, com maior ou menor transparência ou polémica. Noutros, a autonomia e as garantias de imparcialidade no seu desempenho conferem uma maior capacidade de atuação, mas também uma maior responsabilização interna, por via da avaliação e fiscalização, e externa, decorrente de uma maior exposição pública. O Ministério Público, como ator integrante do poder judicial, está igualmente envolvido nos processos de globalização das reformas judiciais, que vão ocorrendo, com maior ou menor intensidade, por ação das instâncias internacionais, sejam elas compostas por Estados, como a Organização das Nações Unidos, a União Europeia, o Conselho da Europa, o MERCOSUL, entre outras, ou por associações, como a União Internacional de Magistrados, a associação Magistrados Europeus para a Democracia e a Liberdade ou a Associação Internacional de Procuradores. Os efeitos dos processos de globalização na área da justiça registam, contudo, uma discrepância entre a rápida harmonização de legislação relativa, principalmente, às áreas económicas e comerciais e a difícil consensualização no que respeita aos modelos de organização judiciária existentes nos diversos países. Enquanto a primeira vertente poderá constituir um efeito de uma globalização de alta intensidade, proveniente das instâncias supranacionais, como as que se acabaram de referir, a segunda reveste-se de características que configuram uma globalização de baixa intensidade, resultante da ação de vários atores nacionais, ainda que integrados em organizações internacionais (Santos, 1997, 2001: 90 ss.).

O Ministério Público não tem sido alvo de grandes atenções por parte das instâncias internacionais, supraestatais, estatais e/ou associativas em termos de procurar influenciar a adoção de um modelo orgânico comum por parte dos mais diversos países. Verifica-se, sim, a aprovação, em diferentes momentos, de princípios orientadores para o exercício de funções, principalmente dos juízes, mas também, desde o final da década de 1980, do Ministério Público, com especial destaque para as questões referentes à autonomia e imparcialidade das competências que lhes estão atribuídas e às condições de exercício da ação penal. No entanto, em países como Portugal, o Ministério Público exerce um conjunto alargado de competências nas várias áreas jurídicas que o tornam um ator incontornável quando se avalia o desempenho do sistema judicial e se procuram introduzir melhorias no seu funcionamento, mesmo em tempo de limitações financeiras para implementar reformas judiciais, que, pela sua natureza, implicam investimentos para os quais agora não existe cobertura estatal.

É neste contexto que surge a proposta de efetuar este trabalho pragmático mas ambicioso. Isto é, da sentida necessidade em avançar com estudos sociojurídicos para melhor conhecer o funcionamento do Ministério Público e das suas práticas profissionais, potenciando a circulação de ideias e soluções para eventuais reformas judiciárias no modelo que atualmente vigora em Portugal. Não se trata de procurar o "modelo perfeito" ou de tentar efetuar qualquer "síntese ideal", mas antes de destacar as principais características que podem contribuir para que o Ministério Público em Portugal cumpra uma função essencial na defesa da legalidade e de "porta de entrada" dos cidadãos no acesso ao direito e à justiça.

A opção por centrar o presente estudo no modelo português do Ministério Público deve-se a três razões principais. A primeira, porque é sentida a ausência de estudos sobre este ator fundamental para a defesa e promoção do acesso dos cidadãos ao direito e à justiça. De facto, ao contrário do que se verifica para os juízes ou advogados, existe muito pouca informação relativamente às características, funções e competências do Ministério Público em Portugal. Constata-se, assim, uma descoincidência entre a maior visibilidade do Ministério Público e o conhecimento sobre a sua própria atividade. A bibliografia tem sido maioritariamente produzida pelos seus profissionais no âmbito das suas estruturas associativas, com algumas exceções recentes. Este panorama não difere muito do observado a nível internacional, onde a bibliografia relativa ao Ministério Púbico aparece apenas de forma residual e limitada principalmente a duas áreas:

a discussão das competências legais na área penal e/ou do modelo de organização e a evolução histórica da profissão.

Uma segunda razão prende-se com a necessidade de ter em consideração o contexto social e histórico do Ministério Público em Portugal para se atingir uma melhor compreensão do seu lugar e espaço no seio do poder judicial. Isto não significa que as mudanças possam estar limitadas pela evolução histórica, mas qualquer alteração só poderá ser bem-sucedida se compreender e atuar no âmbito do contexto sócio-histórico em que o modelo do Ministério Público emergiu e, posteriormente, foi evoluindo.

Por fim, uma terceira razão, que se relaciona com a necessidade de aprofundar a informação existente para estimular uma maior reflexão sobre o modelo e as competências que se pretendem para o Ministério Público, num contexto em que se observa uma grande complexidade dos litígios e uma crescente conflitualidade social, que tem exigido do poder judicial uma maior intervenção e capacidade de resposta. Neste sentido, o Ministério Público, ao adquirir uma importância acrescida, transpõe-se para um novo patamar de exigência, em muito superior ao que estava historicamente confinado. Assim, e dado que este é um processo que ocorre com distintas intensidades, torna-se determinante estruturar um conjunto de propostas e alternativas para responder, em tempo de fortes restrições financeiras, às fragilidades crescentes dos cidadãos, dotando o Ministério Público da capacidade de atuação que os cidadãos exigem.

O objetivo principal desta investigação passa, assim, por três grandes dimensões de análise, que se cruzam entre si e são essenciais para uma compreensão global do que é e pode ser o Ministério Público em Portugal. Em primeiro lugar, uma *dimensão descritiva*, para melhor compreender a identidade, as competências e a prática profissional dos magistrados do Ministério Público em Portugal – num contexto de grandes transformações nos sistemas judiciais e nas próprias profissões jurídicas – e deste como ator, defensor e promotor de um melhor acesso dos cidadãos ao direito e à justiça nas várias áreas jurídicas onde intervém ativamente. Em segundo lugar, uma *dimensão funcional*, em que se procurará caraterizar como se desenvolve o exercício das múltiplas competências do Ministério Público na relação com os cidadãos e no papel de "interface" que ocupa entre os tribunais e as diversas entidades e profissões, públicas e privadas, que atuam na defesa dos direitos dos cidadãos. E, por fim, em terceiro lugar, uma *dimensão profissional*, através da auscultação dos próprios magistrados do Ministério Público, procurando compreender como pensam o exercício da sua função, o que pensam do funcionamento atual da justiça e o que defendem para a melhoria do desempenho do Ministério Público para a cabal prossecução dos seus objetivos na defesa dos princípios básicos de qualquer sistema judicial.

A pluralidade de formas de acesso dos cidadãos ao direito e à justiça através de entidades, públicas e privadas, que atuam dentro e fora do sistema judicial português é hoje uma realidade, na linha do que foi exposto por Pedroso, Trincão e Dias (2003a). A existência de uma "quase" rede de serviços jurídicos complementares, em regra desvalorizados ou ignorados, permite estabelecer uma conceção de acesso dos cidadãos ao direito e à justiça em que o papel de um conjunto diversificado de entidades públicas e privadas é bastante importante no reforço e aprofundamento do sistema democrático e, em concreto, no acesso à informação jurídica e à resolução de conflitos através dos meios judiciais e não judiciais, públicos e privados, formais e informais.

O Ministério Público exerce, neste âmbito, um papel preponderante, ocupando uma posição central, complementar ou exclusiva consoante a sua intervenção nas diferentes áreas jurídicas e o momento em que essa intervenção ocorre junto do cidadão que procura a tutela judicial (Dias, 2005, 2013a). O estudo desta realidade implica a reflexão sobre a construção e transformação da sua identidade profissional, em particular no grau de consciencialização e importância atribuída ao relacionamento com os cidadãos como estratégia de (re)valorização profissional. Por conseguinte, a investigação irá orientar-se pela seguinte questão de partida: *Qual é a identidade, o estatuto, as competências e as práticas profissionais (formais e informais) do Ministério Público e o papel que desempenha, e pode desempenhar, como instrumento promotor do acesso dos cidadãos ao direito e à justiça e na transformação (democratização) do sistema judicial?*

Face à pergunta formulada, a hipótese de trabalho que norteou esta investigação foi que: *O Ministério Público, face à identidade e desempenho profissional que o caracteriza atualmente, funciona como valioso instrumento facilitador do acesso ao direito e à justiça e promotor dos direitos dos cidadãos, assumindo um papel de interface nas diversas áreas da sua intervenção face às debilidades dos diferentes instrumentos disponíveis e às recentes reformas judiciais, sendo, no entanto, necessário introduzir melhorias nas competências e práticas profissionais (formais e informais) tendentes à institucionalização do papel de interface que implicarão a reconstrução da sua identidade profissional e a transformação da natureza da sua participação ativa num sistema integrado de acesso ao direito e à justiça.*

Este livro está estruturado em cinco capítulos, que procuram organizar toda a informação de forma coerente, progressiva (do geral para o particular) e dinâmica.

No *primeiro capítulo*, efetua-se a caracterização e analisa-se a evolução do Ministério Público em Portugal desde a democratização do sistema judicial português, ocorrida no pós-25 de Abril de 1974, momento em que emergiu como ator preponderante do poder judicial, tendo conseguido consolidar um modelo organizacional e um leque de competências que o "catapultaram" para um patamar de importância inédito até aí. Procurou-se, assim, contribuir para uma contextualização da arquitetura do Ministério Público, caracterizando-o no seu percurso histórico em termos de competências e funções e do papel que atualmente ocupa, dado que qualquer mudança só deverá ocorrer tendo em consideração a sua trajetória histórica, o equilíbrio constitucional e jurídico com os outros atores judiciais e a função social que detém.

No *segundo capítulo*, aborda-se a diversidade de atuações do Ministério Público no exercício das suas competências. As formas de atuação identificadas e caracterizadas levantam diversas dúvidas e questões e são alvo de diferentes opiniões, nem sempre consensuais. Por conseguinte, o objetivo neste capítulo é abordar as formas de relacionamento que os cidadãos e instituições estabelecem com o Ministério Público no seu papel de interface nas diversas áreas jurídicas, quer no âmbito das suas competências legais, quer através da sua prática informal, procurando retirar as devidas ilações sobre as mudanças que poderá ser necessário introduzir para que desempenhe um papel preponderante na promoção do acesso dos cidadãos ao direito e à justiça.

No *terceiro capítulo*, efetua-se uma radiografia do sistema judicial, com um enfoque particular na atividade desenvolvida pelo Ministério Público, incluindo a análise da parca informação disponível sobre a prestação do serviço de atendimento ao público por parte do Ministério Público. A análise tem como intuito retirar um conjunto de ilações que possam contribuir para avaliar se, no atual contexto ou no que se perspetiva com as reformas previstas pelo atual Governo, o Ministério Público poderá assumir uma maior preponderância na promoção dos direitos de cidadania na sequência de uma maior profissionalização do seu papel de "interface".

No *quarto capítulo*, apresentam-se e analisam-se os resultados de um inquérito *online* aplicado aos magistrados do Ministério Público sobre o funcionamento, organização, desempenho e possível reconfiguração do papel de interface do Ministério Público. Este inquérito foi particularmente centrado no serviço de atendimento ao público, que constitui, em complemento ao trabalho apresentado nos capítulos anteriores, um elemento preponderante para perspetivar um conjunto de reflexões e conclusões gerais que ajudem a melhorar o funcionamento e o desempenho do Ministério Público em nome do interesse dos cidadãos. A aferição do modo como estes profissionais avaliam o seu papel de interface é extremamente importante para a (re)definição das suas competências e práticas profissionais e para a consequente (re)construção de uma nova identidade profissional.

No *quinto e último capítulo*, apresentam-se as conclusões gerais deste trabalho e um conjunto de recomendações que procuram estabelecer medidas de curto, médio e longo prazo que possam animar o debate público e integrar os processos de reformas judiciais atualmente em curso. Procurar um impacto público dos resultados obtidos é, nos dias que correm, uma obrigação da ciência, para que a definição e elaboração das políticas públicas seja sustentada em conhecimento testado e validado, ainda que a última palavra caiba sempre aos atores políticos, a quem cabe aprovar e implementar a opção que vierem a tomar. No fundo, é hoje incontornável a existência de uma *ciência cidadã* que não foge às suas responsabilidades.

Importa, em síntese, referir nesta introdução que o Ministério Público, seja em que país for, é um ator fundamental na promoção da democracia e dos direitos dos cidadãos, que ganha uma particular relevância num momento de grande erosão das conquistas de cidadania da modernidade. E perante um crescente aumento das desigualdades sociais, em que os direitos são desafiados constantemente, a existência de um "protagonista" com as características que se detetam no modelo português é um elemento potencialmente transformador para aprofundamento e consolidação do sistema democrático português.

NOTA METODOLÓGICA

É na sequência do exposto na Introdução que se insere o estudo das práticas profissionais do Ministério Público (formais e informais) como mecanismo facilitador do acesso dos cidadãos ao direito e à justiça. E é tendo em consideração esta exigência de enquadramento global que se definiram, logo no início desta investigação, três grandes estratégias de investigação que suportassem o desenvolvimento deste trabalho.

A primeira estratégia delineada logo no início refere-se à *articulação* entre a presente investigação e as que foram sendo desenvolvidas nos últimos 13 anos no Centro de Estudos Sociais (incluindo, em particular, as realizadas no Observatório Permanente da Justiça) em áreas complementares, funcionando, na prática, como a montagem de um *puzzle* alargado. Esta estratégia, que saltou o paradigma isolacionista que vigora na elaboração de projetos de investigação unipessoais, demonstrou ser uma mais-valia considerável ao permitir: 1) uma análise mais complexa e multidimensional ao ter acesso, participando ativamente, a um conjunto alargado de informações e de resultados de projetos de investigação que amplia o universo de estudo e oferece uma visão global do sistema judicial onde se integra o Ministério Público; 2) um efeito de economia de escala ao integrar os objetivos da presente investigação nas metodologias de recolha e tratamento de informações de outros projetos de investigação, contribuindo para o acumular e consolidar de resultados que são igualmente úteis nos diversos patamares de reflexão temáticos; 3) testar a informação recolhida ao longo dos anos sobre o papel do Ministério Público no acesso ao direito e à justiça ao introduzir esta temática em distintos projetos de investigação, mesmo que estes se desenvolvessem com objetivos diferenciados; 4) ter um acesso mais fácil e consistente aos atores judiciais, o que facilitou a recolha de informações e opiniões, por vezes de caráter mais informal, sobre o objetivo deste trabalho; e 5) colaborar de forma intensa com diversos investigadores a trabalhar nos diversos projetos de investigação com que este estudo se interligou de forma integrada, o que constituiu uma experiência enriquecedora.

A articulação foi desenvolvida, como se referiu, com um conjunto de diferentes projetos de investigação ao longo dos últimos anos. Entre os quais há que realçar os seguintes:

– *Quem são os nossos magistrados? Caracterização profissional dos juízes e magistrados do Ministério Público em Portugal* – coordenado por António Casimiro Ferreira e com a participação de João Paulo Dias, Conceição Gomes, Madalena Duarte, Paula Fernando e Alfredo Campos, com financiamento da Fundação para a Ciência e a Tecnologia (PTDC/CPJ-JUR/100390/2008), e que decorreu entre 2010 e 2013. A articulação com este projeto foi fundamental para a fase final da investigação, ao permitir recolher informação estatística mais recente e integrar a temática do papel do Ministério Público no acesso dos cidadãos ao direito e à justiça através de um dos módulos do inquérito *online* aplicado aos juízes e magistrados do Ministério Público.

– *A acção do Ministério Público no acesso dos cidadãos ao direito e à justiça nos conflitos de família e do trabalho: um estudo de caso nos Tribunais de Coimbra* – coordenado por António Casimiro Ferreira e com a participação de João Paulo Dias, João Pedroso, Teresa Maneca Lima e Patrícia Branco, com financiamento do Instituto Interdisciplinar de Investigação da Universidade de Coimbra, e que decorreu entre 2005 e 2007. Este projeto, que partilhou a mesma base da presente investigação, constituiu a primeira experiência, de natureza exploratória, da temática aqui aprofundada. Procurou-se, a partir de estudos de caso, elencar as problemáticas e testar metodologias que viriam a ajudar sobremaneira a atingir os objetivos pretendidos.

– *O Ministério Público e o acesso ao direito e à justiça: entre as competências legais e as práticas informais* – projeto de doutoramento ao qual foi atribuída inicialmente Bolsa de Doutoramento pela Fundação para a Ciência e a Tecnologia (SFRH/BD/17851/2004), que decorreu entre novembro de 2004 e junho de 2006, e que constituiu o lançar da primeira pedra no caminho percorrido para a realização deste trabalho.

– *A organização judiciária e a evolução do autogoverno de juízes e de magistrados do Ministério Público* – coordenado por Boaventura de Sousa Santos e que contou com a participação de João Paulo Dias, Conceição Gomes, Pedro Abreu e Fátima Santos, com financiamento da Fundação para a Ciência e a Tecnologia (POCTI/36480/SOC/2000), e que decorreu entre 2002 e 2004. Deste projeto resultou, entre outras publicações, a tese de mestrado *O Mundo dos Magistrados. A evolução da organização e do auto-governo judiciário*, de João Paulo Dias, publicada pelas Edições Almedina.

– *O acesso ao direito e à justiça: um direito fundamental em questão* – coordenado por João Pedroso e que contou com a participação de João Paulo Dias e Catarina Trincão, com financiamento do Ministério da Justiça, e que decorreu entre 2000 e 2002. A entrada na problemática do acesso dos cidadãos ao direito e à justiça, nas múltiplas dimensões e complexidades que integra, permitiu ganhar consciência da sua preponderância, assim como identificar atores, obstáculos e soluções numa perspetiva comparada a nível internacional e, por esta via, entrar neste *espaço* de realização de cidadania. Foi igualmente com este projeto que a atenção sobre a ação do Ministério Público foi despertada, na preparação do que viria a ser, mais tarde, a proposta de projeto de investigação conducente à elaboração deste trabalho. Por fim, foi com este projeto que se procurou refletir sobre as novas perspetivas de análise do acesso dos cidadãos ao direito e à justiça, o que permitiu sustentar a abordagem adotada no presente trabalho.

A segunda estratégia de investigação assente desde o início deste processo consistiu numa *disseminação* gradual do trabalho realizado. A disseminação repartiu-se entre publicações e apresentações de comunicações em eventos científicos, por convite ou por submissão de proposta, e em eventos profissionais, em particular, os ligados às profissões jurídicas. O propósito assumido com esta estratégia consistiu na execução de uma opção de exposição pública dos resultados e reflexões que foram sendo construídos desde 2004, com o objetivo de os confrontar e debater e, por essa via, consolidar a informação recolhida sobre as diversas temáticas presentes neste livro. Por conseguinte, nas atividades desenvolvidas, foram adotadas três abordagens distintas: 1) publicação de artigos em revistas científicas e profissionais, e capítulos em livros, alguns em colaboração com outros investigadores a trabalhar em temas complementares; 2) apresentação de comunicações em eventos científicos, por convite ou por submissão de proposta, para apresentação de resultados parcelares, algumas vezes em colaboração com outros investigadores e integradas nos projetos de investigação atrás elencados; e 3) apresentação de comunicações em eventos profissionais e cursos de formação/especialização, por convite, tal como as anteriores, por vezes em colaboração com outros investigadores e em articulação com outros projetos de investigação, e a organização de *workshops* (em colaboração com atores judiciais) sobre temas relacionados com este projeto de investigação.

Esta estratégia de disseminação comportou riscos de divulgação precoce de resultados – havendo perfeita consciência disso e daí terem sido tomadas medidas preventivas –, mas acabou por conduzir a grandes benefícios por ter permitido que houvesse uma consolidação dos temas, dificuldades, opções e complexidades envolvidas na ação do Ministério Público, assumindo-se, novamente, como uma estratégia colaborativa alargada. De realçar, em particular, as discussões públicas em eventos profissionais, onde foi possível dialogar de forma muito construtiva com os próprios atores judiciais. A exposição internacional permitiu, por seu lado, a discussão de natureza mais teórica e em termos comparativos com as experiências existentes noutros países, o que reforçou bastante a componente de levantamento bibliográfico na elaboração dos capítulos mais *teóricos*.

A terceira e última estratégia de investigação refere-se ao *estudo comparado internacional* com outros modelos de Ministério Público existentes, principalmente, noutros países da Europa do Sul e da América do Sul, através da coordenação, conjuntamente com o investigador brasileiro Rodrigo Ghiringhelli Azevedo, de um livro composto por capítulos relativos a nove estudos de caso (Dias e Azevedo, 2008), de quatro países da Europa do Sul (Portugal, Espanha, França e Itália), três da América do Sul (Argentina, Brasil e Venezuela) e um de África (Moçambique), para o qual foram convidados investigadores reconhecidos destes países. O propósito do livro consistiu na compreensão das semelhanças e diferenças existentes em países do sul, de tradição latina. Esta preferência deveu-se, igualmente, a um conjunto de três razões importantes: 1) apesar de serem países com um percurso histórico comum, resultante das interações geradas a partir da época dos Descobrimentos/Colonização, cujas dependências apenas terminaram com os processos de independência do século passado, os modelos de organização judiciária apresentam diferenças significativas que importava compreender e contextualizar; 2) a necessidade de estudar, dentro da mesma tradição jurídica, as soluções encontradas para o papel a desempenhar pelo Ministério Público, nas suas semelhanças e diferenças, no seio do poder judicial; e 3) a importância de conhecer com maior profundidade as diferenças existentes nos modelos de Ministério Público de países com características histórico-jurídicas comuns antes de comparar com países onde predominam modelos de origem anglo-saxónica ou modelos híbridos.

Estas três estratégias de investigação constituíram uma mais-valia fundamental para atingir os resultados consolidados que agora se apresentam. A investigação foi organizada em sete etapas metodológicas que se apresentam de seguida. Estas etapas não seguiram uma planificação temporal rígida e sequencial, antes se foram cruzando e interagindo entre si de modo a serem permanentemente testadas e validadas. Contudo, permitiram organizar e calendarizar, ao longo da duração deste trabalho, as várias tarefas necessárias à sua prossecução.

O apontamento, numa espécie de *Diário de Bordo*, das informações recolhidas, muitas vezes de forma informal, ao longo das diferentes etapas constituiu um manancial valioso para ir construindo os diferentes capítulos aqui apresentados, assim como os diversos artigos e capítulos em livro entretanto publicados.

A *primeira etapa* consistiu numa pesquisa bibliográfica aprofundada, quer em termos nacionais, quer internacionais, em diferentes áreas científicas numa perspetiva multidisciplinar, desde a sociologia, a antropologia, as ciências políticas, a psicologia ou o direito, entre outras, procurando recolher trabalhos científicos relacionados com as diversas temáticas abordadas, desde o acesso ao direito e à justiça, às profissões e organizações jurídicas e não jurídicas até à política de justiça e/ou direito judiciário.

Numa *segunda etapa*, a pesquisa incidiu sobre os documentos (legislação e debates parlamentares, relatórios, convenções, cartas, entre outros) produzidos pelos organismos oficiais nacionais (Governo, Ministério da Justiça, Procuradoria--Geral da República, Conselho Superior da Magistratura, Ordem dos Advogados, etc.) e organizações internacionais (Organização das Nações Unidas, União Europeia, Conselho da Europa, União Internacional de Magistrados, associação Magistrados Europeus para a Democracia e as Liberdades, Associação Internacional de Procuradores, etc.), e pelas organizações associativo-sindicais nacionais (Sindicato dos Magistrados do Ministério Público e Associação Sindical dos Juízes Portugueses). Efetuou-se a análise das estatísticas judiciais (do movimento processual dos tribunais e do Ministério Público, dos recursos humanos e dos recursos financeiros), em termos globais e decompostas por várias dimensões, até se chegar ao nível da intervenção do Ministério Público, que foi outra vertente importante desta etapa e que implicou atualizações sucessivas.

A *terceira etapa*, desenvolvida paralelamente com a anterior, consistiu na recolha e análise dos programas eleitorais dos partidos políticos e dos Programas de Governo na área da justiça desde 1974, identificando o aparecimento e a evolução das preocupações referentes às temáticas necessárias e aos seus protagonistas. Esta análise permitiu ainda avaliar a evolução das políticas no âmbito do acesso ao direito e à justiça e a evolução das competências do Ministério Público, bem como a "velha" distinção entre *law in books* e *law in action*.

A *quarta etapa* recaiu na realização de duas formas de observação: não participante – em eventos organizados por algumas das diferentes entidades referidas na segunda etapa (congressos, colóquios ou ações de formação, entre outros), através de uma presença não ativa com o objetivo de mera recolha de informações pertinentes –; e participante – através de comunicações e ações de formação em que se apresentaram resultados preliminares e outras informações que permitiram interagir com os diferentes atores judiciais, possibilitando a identificação das preocupações com o acesso ao direito e à justiça dos cidadãos e com o papel que o Ministério Público desempenha ou pode desempenhar neste campo. Nesta etapa, foi possível efetuar um conjunto alargado de entrevistas exploratórias, muitas delas sem recurso a registo sonoro por terem surgido das interações frequentes que foram sendo estabelecidas, em particular, com magistrados do Ministério Público.

Uma *quinta etapa* consistiu no levantamento e estudo dos serviços de atendimento do Ministério Público, primeiramente efetuado nalguns Tribunais de Família e Menores e de Trabalho, no âmbito do projeto de investigação já referido (Ferreira *et al.*, 2007), e posteriormente na recolha de dados estatísticos e qualitativos sobre este serviço prestado aos cidadãos em múltiplos outros tribunais e serviços do Ministério Público. Esta fase da investigação permitiu recolher informações que possibilitaram a identificação de práticas quotidianas dos magistrados do Ministério Público, da dimensão do serviço prestado, da tipologia de atendimentos mais frequentes em cada área de intervenção e das ações desenvolvidas ao longo do atendimento aos cidadãos. Esta recolha foi muitas vezes efetuada com base em conversas e discussões com magistrados do Ministério Público a exercerem funções em distintos tribunais e serviços, em todos os eventos, reuniões, cursos de formação e/ou *workshops*, bem como nos vários *focus groups* realizados no decurso dos diversos projetos de investigação. De realçar que, para além das 25 entrevistas (semiestruturadas – aplicadas a magistrados do Ministério Público, registadas em *Diário de Bordo*) feitas especificamente no decurso desta investigação, sem recurso a gravação, foram analisadas partes de um enorme número de entrevistas efetuadas a diferentes atores judiciais e políticos, muitas delas participando ativamente, concretizadas no âmbito dos diversos projetos de investigação atrás mencionados. Sem dúvida que o efeito multiplicador, possibilitado por um *efeito dominó* decorrente da integração desta temática noutros projetos de investigação, foi essencial para que as fontes de informação diretas e indiretas fossem tão alargadas e complementares, permitindo integrar os dados recolhidos em contextos mais abrangentes e preparar as questões a introduzir na etapa seguinte. Este trabalho, por si só, não poderia arrolar um leque tão abrangente e diversificado de contributos de atores judiciais e políticos, tendo em muito beneficiado deste efeito de escala.

A *sexta etapa* foi realizada em articulação com o projeto de investigação *"Quem são os nossos magistrados?"* através da aplicação de um inquérito aos juízes e magistrados do Ministério Público. Neste sentido, foi introduzido um módulo específico, dirigido apenas ao universo de magistrados do Ministério Público, em que se introduziram questões sobre: a perceção no desempenho das suas competências legais; as diferenças de opiniões e práticas profissionais de acordo com o sexo, a idade, o local de trabalho e as opções políticas; a relação do exercício profissional com os mecanismos de resolução alternativa de litígios; a consciencialização existente sobre o papel (formal e informal) exercido no acesso dos cidadãos ao direito e à justiça; e as principais perspetivas de valorização profissional a partir do desempenho da interação com os cidadãos. A aplicação deste inquérito decorreu entre junho e julho de 2012 e obteve uma taxa de respostas de 15,8%, sendo, portanto, estatisticamente válido para efeitos de representatividade.

A *sétima e última etapa* culminou na análise de toda a informação recolhida, no tratamento estatístico dos dados quantitativos atualizados, utilizando o programa SPSS (com o apoio de Alfredo Campos e Pedro Abreu). A consolidação e organização da informação, resultante das diferentes metodologias utilizadas, tornou-se uma tarefa árdua porque: implicou a seleção de informação entre o volume considerável recolhido, tendo forçosamente originado a exclusão de dados pertinentes; obrigou a uma sobreposição de níveis de análise que tornavam os objetivos de cada temática abordada num emaranhado complexo de possibilidades, que era necessário reduzir a uma dimensão legível e compreensível; e acarretou uma validação constante da informação, efetuada não só através de publicações e apresentações públicas regulares, mas também pela auscultação, por vezes informal, de muitos profissionais do Ministério Público e investigadores nos diferentes projetos enunciados para confirmação do que se ia escrevendo em diversos capítulos.

No final deste trabalho, e para além das conclusões, apresenta-se um conjunto de propostas de trabalho para caminhar no sentido da (re)valorização do papel do Ministério Público como instrumento fundamental para promover e garantir o efetivo acesso dos cidadãos ao direito e à justiça.

CAPÍTULO 1

O MINISTÉRIO PÚBLICO EM PORTUGAL:
PERCURSO JUDICIAL PARA UMA AFIRMAÇÃO SOCIAL[1]

1. Introdução

Hoje em dia é comum referir-se que atravessamos um período de grandes turbulências, de escalas e intensidades variadas (Santos, 1996), em que os tradicionais alicerces das sociedades modernas têm vindo a ser questionados e debatidos, embora por vezes as propostas de solução ainda não sejam claras e muito menos consensuais. Entre as discussões mais polémicas está a referente ao modelo de organização estatal. Dentro deste, destaca-se o papel que compete ao poder judicial na aplicação do direito ou dos direitos, ou seja, na aplicação de um

> corpo de procedimentos regularizados e de padrões normativos, considerados justificáveis num dado grupo social, que contribui para a criação e prevenção de litígios, e para a sua resolução através de um discurso argumentativo, articulado com a ameaça de força[2] (Santos, 2000: 269).

A separação tripartida de poderes do Estado, tal como a concebeu Montesquieu, passou a ser muito mais difusa e complexa, não podendo o poder judicial ser agora classificado, como o fez Alexander Bickel, como o «menos perigoso» dos três (Bickel, 1962, *apud* Santos, 1999: 67). O poder judicial tanto é o "terceiro poder" como se transforma, de imediato, no poder dominante ou, pelo menos, num poder primordial. Em relação a França, Denis Salas (1998), ao avaliar o poder judicial, mostra uma realidade impensável até há bem pouco tempo, considerando que este saiu da sua "tradição Republicana" de subjugação aos restantes poderes estatais para "reencarnar" num novo papel muito mais

---

[1] Este capítulo é uma versão revista, atualizada e aumentada do artigo publicado, em 2011, por João Paulo Dias, Paula Fernando e Teresa Maneca Lima na Revista do Conselho Nacional do Ministério Público do Brasil. Às coautoras os meus agradecimentos pela disponibilização do artigo para transformação para o presente trabalho. Ao Jorge Almeida, o meu especial agradecimento nos comentários e críticas, em particular, às componentes mais jurídicas.

[2] Tradução livre do autor.

interventivo, colocando-se de forma autónoma a par dos restantes poderes soberanos no que se refere à sua relevância social. Este papel emergente deve-se quer às transformações ocorridas no interior do poder judicial, quer à renovação da própria sociedade civil, que exige uma instância imparcial capaz de julgar os até agora considerados acima da lei e, assim, reequilibrar os diversos poderes existentes no seio dos sistemas democráticos representativos.

O protagonismo crescente dos tribunais a que se tem assistido nas últimas décadas num grande número de países, um pouco por todo o mundo, é revelador da existência de atores judiciais mais mediatizados, por força e natureza de alguns processos judiciais mais sensíveis e importantes. Entre os atores emergentes em diversos países destaca-se o Ministério Público, fruto de uma preocupação alarmante com o crescimento da criminalidade e, dentro desta, com a de cariz mais complexo. Sinónimo de uma reconfiguração da atuação do poder judicial, o papel que o Ministério Público desempenha, essencialmente mas não exclusivamente, na esfera criminal veio criar determinadas responsabilidades e expectativas na sua capacidade de atuação para que seja um fator de luta contra a erosão da conceção dominante de Estado democrático e para que o exercício dos direitos de cidadania tenha um elemento protetor e capaz de assegurar que vai a tribunal, para julgamento, quem viola ou coloca em risco o Estado de Direito. Neste contexto, o Ministério Público em Portugal, desde a democratização do sistema judicial português ocorrida no pós-25 de Abril de 1974, tem emergido como ator preponderante do poder judicial, através da ação desenvolvida por um corpo de magistrados relativamente renovado em termos geracionais que conseguiu consolidar um modelo organizacional e um leque de competências que catapultou a sua importância para um patamar inédito na sua já longa história.

O leque abrangente de competências que detém atualmente o Ministério Público, e que se tem alargado ao longo das últimas décadas, veio colocar cada vez maior pressão nos meios ao seu dispor, o que, por sua vez, tem potenciado as discussões atuais sobre: se deve ou não exercer mais ou menos competências; se deve ou não deter um papel tão preponderante no seio do sistema judicial; se deve ou não ter um estatuto paralelo ao dos juízes; e/ou se deve ou não ter uma autonomia legal e funcional face ao poder executivo.

Estas e outras questões são de capital importância para a reflexão sobre o modelo de sistema judicial que se quer para o futuro (Rodrigues, 1995, 1999a; Cluny, 1997; Pedroso, Trincão e Dias, 2003b; Marçalo, 2011; Carvalho, 2012; M. G. Dias e Mendes, 2012).

Neste capítulo, procura-se contribuir para a contextualização, breve, da arquitetura do Ministério Público, caracterizando-o no seu percurso histórico em termos de competências e funções e do papel que atualmente ocupa. O argumento principal é que a evolução histórica da legislação relativa ao Ministério Público demonstra uma capacidade de afirmação gradual e contínua na consolidação das suas funções e competências, tornando-se inquestionavelmente num ator preponderante – social, judicial e politicamente – na administração e aplicação da justiça em Portugal.

Entende-se que uma mudança nas competências ou no modelo organizacional do Ministério Público deve ter sempre em consideração não só o seu desempenho, mas também a sua trajetória histórica, o equilíbrio constitucional e jurídico com os outros atores judiciais e a função social que detém. Só assim se pode ponderar até que ponto as limitações históricas do Ministério Público – como ator dependente do Rei, do Governo ou dentro do poder judicial – podem hoje efetivamente permitir uma plena afirmação institucional que lhe atribua uma grande relevância social como ator fundamental na promoção e defesa dos direitos de cidadania.

2. Evolução histórica do Ministério Público

As origens do Ministério Público e a forma como ele se configura hoje nos sistemas jurídicos ocidentais são muitas vezes procuradas na antiguidade clássica, quer no direito romano, quer no direito grego. Relativamente ao direito romano, somente no último século da República é que «o magistério penal se edifica como verdadeira e própria função pública, isto é, não somente como um direito mas como um dever do Estado» (Rodrigues, 1999b: 36). Autores como Cunha Rodrigues (1999a), um dos magistrados com maior e mais profunda visão histórica e institucional dentro do Ministério Público, veem traços da sua identidade em cinco das instituições do direito romano: os *censores*, vigilantes gerais da moralidade romana; os *defensores das cidades*, criados para denunciar ao imperador a conduta dos funcionários; os *irenarcas*, oficiais de polícia; os *presidentes das questões perpétuas*; e os *procuradores dos césares*, instituídos pelo imperador para gerir os bens dominiais. Porém, quando analisadas uma a uma, segundo Rodrigues (1999a), nenhuma evidencia uma instituição que reúna as características que hoje definem o Ministério Público, pese embora todas elas partilharem algumas características desta instituição. Senão vejamos: os *censores* e os *defensores das cidades* assemelhavam-se, em determinados aspetos, à parte promotora; os *irenarcas* bem que poderiam ser os antecessores da Polícia

Judiciária; os *presidentes das questões* tinham poderes muito semelhantes aos que o Ministério Público exerce em matéria de inquérito; por fim, os *procuradores dos césares* correspondem às funções do Ministério Público como advogado dos interesses privados do Estado. Flores Prada (2008), no que respeita às origens do Ministério Público na Península Ibérica, aponta, por exemplo, os *"advocatus fisci"*, com uma função semelhante à que Cunha Rodrigues descreve como *procuradores dos césares*.

Apesar destas semelhanças, alguns autores advogam que não se deverá pensar que as origens do Ministério Público se devem situar nas remotas instituições de direito romano. Apesar de algumas das funções que hoje são características do Ministério Público já existirem na Grécia, em Roma e no começo da Idade Média, a verdade é que se tratava de funções atribuídas a pessoas que não representavam uma organização nem usufruíam de um estatuto semelhante ao que hoje caracteriza o Ministério Público (Rodrigues, 1999a: 41).

2.1. Contexto histórico do Ministério Público em Portugal

As origens mais remotas do Ministério Público não se encontram na doutrina portuguesa nem têm sido alvo de discussão científica ou mesmo pública. Existe algum consenso em afirmar que, em Portugal, a par de muitos outros países, foi a organização francesa que inspirou as reformas nesta magistratura a partir do final do século XVIII.

Jean-Marie Carbasse aponta as origens remotas do Ministério Público francês (*Parquet*) para o final do século XIII, ainda que não tivesse as características que viria, de facto, a adquirir no século XV. Durante o século XIII, os *"officialités"*, ligados às jurisdições eclesiásticas, e os *"procureurs du roi"*, ainda como meros representantes do rei, são os que mais se assemelham ao que viria a dar origem, no século XIV, aos primórdios do *"Parquet"* (Carbasse, 2000: 11). Só no século XV é que o Ministério Público, em França, aparece de uma forma já desenvolvida com a

> necessidade de instituir, junto dos tribunais, advogados e procuradores que mantivessem a autoridade da coroa que, nessa época, simbolizava a autoridade da lei e o interesse da nação contra as prerrogativas dos grandes vassalos e as pretensões do foro eclesiástico (Rodrigues, 1999a: 42).

Contudo,

> a grande pulverização e fraqueza do poder central, na qual exército, administração de justiça e coleta de impostos, entre outros poderes de "soberania",

se apresentavam como instrumentos fragmentados, nas mãos de cada um dos grandes senhores feudais, impedia a existência de uma magistratura centralizada, estável e permanente, identificável com o Ministério Público, tal como o conhecemos (Carvalho, 2012: 25).

Mais tarde, acrescentou-se às suas funções a acusação penal dos criminosos. Em 1789, em plena Revolução Francesa, o Ministério Público foi convertido em órgão judiciário, retirando-lhe natureza eminentemente política e atribuindo-lhe as funções dominiais que o caracterizam ainda hoje. Mas é somente em 1810 que o Ministério Público vê, de forma expressa, definidas as suas funções de representação do poder executivo junto da autoridade judiciária, num modelo que foi exportado para muitos outros países europeus (Rodrigues, 1999a: 45).

Em Portugal, apesar de aparecerem referências a procuradores e advogados do rei aquando da fundação da monarquia, tais posições não eram cargos permanentes mas, sim, nomeações para casos específicos. Somente no tempo de Afonso III (séc. XIII) surge o cargo de procurador do rei enquanto organização estável e com características de permanência (Castro, 1910). Contudo, a organização do Ministério Público em termos definitivos acabará por ser estabelecida apenas em 1832, através do Decreto n.º 24, de 16 de maio. Este diploma «é um marco fundamental na história do Ministério Público e deve-se a Mouzinho da Silveira, então Ministro e Secretário de Estado da Repartição dos Negócios da Justiça» (Rodrigues, 1999a: 49). Aqui se configura o Procurador-Geral como estando num patamar superior aos Procuradores Régios, sendo as suas competências exercidas junto do Supremo Tribunal de Justiça equivalentes às dos Procuradores Régios junto dos Tribunais da Relação (Leite e Vasconcelos, 1841, *apud* Marçalo, 2011: 31).

A estruturação institucional do Ministério Público feita no século XIX apresenta alguns traços que perduraram no tempo, nomeadamente a hierarquização dos magistrados. Em 1836, foi publicado um decreto-lei onde se estabelece um conjunto de normas de procedimento «em que se inclui o dever da unidade» (Rodrigues, 1999a: 50). Com a Novíssima Reforma Judiciária, aprovada em maio de 1841, afirma-se a responsabilidade dos magistrados e as atribuições do Ministério Público referentes à promoção da legalidade pela defesa da independência dos tribunais, pelo exercício da ação penal, pela fiscalização dos funcionários da justiça e pelo exercício de funções consultivas.

Deste modo, na intervenção do Ministério Público no final do século XIX, encontravam-se abrangidos: conflitos de jurisdição e competência; reforma de autos; justificação de heranças ultramarinas; habilitações e justificações para a sucessão de bens da coroa; mercês em recompensa de serviços feitos ao Estado; expropriações; confirmação de sentenças estrangeiras; custas; ou ações sobre o Estado de pessoas e tutelas. Competia ainda ao Ministério Público intervir relativamente a pessoas a que o Estado devia proteção e exercer funções de vigilância relativamente a estabelecimentos prisionais.

Reconhecendo o seu percurso, Martens Ferrão escrevia em 1871 que «a magistratura do Ministério Público foi uma criação das necessidades de justiça», em que esta passava a ser

> a magistratura a quem nas sociedades modernas incumbe representar a sociedade perante os tribunais; defender o património público, ou este esteja concentrado em nome do soberano, ou no do Estado, como nos governos livres; acusar os crimes e contra eles promover a acção da justiça; proteger os miseráveis, e representar aqueles a quem a lei não reconhece o exercício pleno dos seus direitos (Ferrão, 1871, *apud* Marçalo, 2011: 33).

Veremos que muitas destas características não só se mantiveram como se desenvolveram até aos nossos dias, num percurso que está longe de ser linear.

2.2. O século XX e os estatutos judiciários

Decorria o ano de 1901 quando foi feita uma reorganização profunda no Ministério Público, ainda no final do período monárquico. Entre as inovações mais importantes destacam-se o estabelecimento, para os magistrados, de casos taxativos de demissão e suspensão e a garantia de não serem suspensos ou demitidos sem audiência prévia do visado e do Supremo Conselho da Magistratura do Ministério Público. Ao mesmo tempo, adotaram-se regras de classificação dos magistrados e mecanismos de acesso semelhantes aos já existentes para a magistratura judicial. O advento da República, em 1910, veio naturalmente alterar a designação e escalões da magistratura, deixando de ser da "Coroa" para passar a ser da "República" (Marçalo, 2011: 33).

Nas quase três décadas posteriores à reorganização de 1901, à exceção desta, pouca legislação reguladora do Ministério Público foi publicada, continuando a organização judiciária a regular-se, no essencial, pela Novíssima Reforma Judiciária de 1841. Somente em 1927, nos primórdios da instituição do Estado Novo, com a publicação dos estatutos judiciários, se estabilizaram as atribuições do Ministério Público, principalmente em matéria consultiva, tendo sido criado o Conselho Superior do Ministério Público em substituição do já referido Supremo

Conselho do Ministério Público. Atente-se, por exemplo, nas palavras de Cunha Rodrigues sobre esta matéria:

> [Esta reforma] representa a primeira iniciativa codificadora deste século [XX] relativamente a todo o sistema judicial. Agrupou no mesmo texto as matérias relativas à organização judicial do território, ao estatuto das secretarias e estatuto do pessoal, ao mandato judicial, incluindo a organização da Ordem dos Advogados, ao estatuto dos solicitadores e à assistência judiciária. Trata-se de um verdadeiro código judiciário, a cujo modelo obedeceram os Estatutos posteriores (Rodrigues, 1999a: 61-62).

Pode então afirmar-se que o primeiro Estatuto Judiciário desenvolve e define melhor as disposições referentes ao Ministério Público, salientando já um conjunto de garantias para os magistrados – principalmente na relação com a magistratura judicial – relativamente aos princípios de independência, responsabilidade e inamovibilidade. No seu Art.º 192.º, o Ministério Público é definido como «representante do Estado e da sociedade, e o fiscal do cumprimento da lei».[3] Por outro lado, este Estatuto estabelece que o Procurador--Geral da República continua a prestar declarações ou compromisso de honra perante o Ministro da Justiça, mas toma posse perante o Presidente do Supremo Tribunal de Justiça. É neste Estatuto que se reafirma o caráter vestibular desta magistratura, uma vez que os delegados do procurador da República são, obrigatoriamente, candidatos à função de juiz na fase seguinte da sua carreira (Rodrigues, 1999a: 63; Marçalo, 2011: 34).

A constitucionalização do Ministério Público ocorre pela primeira vez em 1933, na Constituição que veio "instituir" o Estado Novo, tendo ficado inscrita no seu artigo 117.º, que enumera os vários órgãos do Ministério Público, a quem fica cometida a representação do Estado junto dos tribunais. Na opinião de Rodrigues Maximiano, «o Ministério Público era conceitualizado como o corpo de advogados do Estado. Daqui resultava uma magistratura concebida como um conjunto de agentes administrativos ao serviço do Governo, transitória, vestibular, incipiente e profissional e sociologicamente descaracterizada» (Maximiano, 1984: 107-108). Naturalmente, esta conceção de Ministério Público é intencional numa fase de consolidação de uma nova ordem jurídica,

---

[3] Decreto n.º 13 809, de 22 de junho de 1927, Estatuto Judiciário, *Diário do Govêrno*, N.º 129, I Série. Disponível em <http://dre.pt/pdf1sdip/1927/06/12900/10391117.pdf>.

política e social, comandada por António de Oliveira Salazar no contexto da "institucionalização" do Estado Novo.

Apesar das constantes alterações a este estatuto, somente em 1944, com o Decreto-Lei n.º 33 547, de 23 de fevereiro, se introduziram algumas inovações relativamente ao Ministério Público. No preâmbulo do referido decreto-lei, da autoria do Ministro da Justiça, Vaz Serra, há desde logo a preocupação de precisar o âmbito de intervenção processual do Ministério Público, estabelecendo-se que, no caso de representação de incapazes, pode sobrepor-se à do próprio representante legal, e impondo-se genericamente a intervenção sempre que no processo estiver em causa um interesse público, de harmonia, segundo o referido preâmbulo, «com a tendência moderna de não deixar desenvolver-se, pelo simples jôgo dos interêsses privados nêles envolvidos, os litígios de que um interêsse público está ao mesmo tempo dependente» (n.º 21, p. 159).[4] Em 1945, o Decreto-Lei 35 389, de 22 de dezembro, afirma mesmo que o «Ministério Público constitue uma magistratura hierarquicamente organizada na dependência do Ministério da Justiça e sob a chefia directa do Procurador Geral da República» (artigo 1.º, p. 1184).[5]

Apesar destas alterações e definições de estatuto, para Cunha Rodrigues (1999c: 67), ainda não foi com esta reforma que se resolveu a questão da separação nítida que, no seu entender, deve existir entre as magistraturas judicial e do Ministério Público. Foi somente em 1962, com o Decreto-Lei n.º 44 278, de 14 de abril, e as suas consequentes alterações, que o Ministério Público viu as suas atribuições consideravelmente ampliadas, especialmente em matéria consultiva.[6] Manteve-se a estrutura hierarquizada, na estrita dependência do Ministro da Justiça. Embora esta hierarquia piramidal aprofundasse a subordinação funcional e política, ao nível do exercício dos poderes disciplinar e diretivo havia uma intermediação do Conselho Superior do Ministério Público (Rodrigues, 1995: 16; Dias, 2004: 46). A nomeação para os cargos superiores do Ministério Público estava, em regra, associada a uma subordinação manifesta ao regime político do Estado Novo (G. Costa, 1998: 179; Cluny, 1992: 134).

Na sequência desta alteração, a ação disciplinar passou para a dependência do Ministério da Justiça, situação que veio comprovar e densificar ainda mais a dependência desta magistratura face ao Governo. Funcionava, deste modo, como

---

[4] <http://dre.pt/pdf1sdip/1944/02/03701/01510260.pdf>.
[5] <http://dre.pt/pdf1sdip/1945/12/28500/11841187.pdf>.
[6] <http://dre.pt/pdf1sdip/1962/04/08401/03570464.pdf>.

um "braço judicial" que, determinado pela necessidade de tudo controlar de forma direta e indireta, estendia o seu raio de influência e ação procurando passar a imagem de que o sistema judicial funcionava *per se*. Na prática, os mecanismos de controlo existentes limitavam, sobremaneira, o exercício desta função judicial. Como se viu noutro trabalho (Dias, 2004), o mesmo acontecia na magistratura judicial, pelo controlo do Conselho Superior Judiciário por parte do Governo. Referiu-se a esta situação Simas Santos, afirmando

> a magistratura do Ministério Público era teoricamente paralela à magistratura judicial e dela independente, mas na prática os princípios mostravam-se prejudicados. Com efeito, por um lado, a primeira funcionava como o vestíbulo da segunda [...], por outro, nos escalões superiores, os lugares eram preenchidos por juízes recrutados segundo méritos normalmente alheios às aptidões demonstradas para a específica função do Ministério Público (Simas Santos, 1988: 12-14).

As características principais do Ministério Público assentaram, assim, até ao dealbar da Revolução de 1974, num centralismo e verticalismo em que a sua ação estava delimitada pelos quadros superiores e pelo próprio Ministério da Justiça, numa subalternidade da magistratura do Ministério Público em resultado da natureza vestibular em relação à judicial e dum paternalismo manifestado por uma ingerência indiscriminada dos órgãos superiores em relação aos magistrados hierarquicamente subordinados (Simas Santos: 1988; Marçalo, 2011: 35).

2.3. *Da Revolução de 1974 à Constituição da República de 1976*

O poder judicial saído deste período, e ainda hoje em vigor, incorporou, desde logo, princípios que a história tem demonstrado serem difíceis de conciliar: a par de uma independência jurisdicional e funcional relativamente aos outros poderes do Estado (executivo e legislativo), configura os titulares dos órgãos de soberania numa organização bicéfala – magistrados judiciais e magistrados do Ministério Público. A prioridade passou por erradicar os vínculos de controlo do Executivo sobre o Judicial que vigoravam anteriormente, como vimos no capítulo anterior, passando, no período até à aprovação da Constituição de 1976, a trabalhar-se na futura organização judiciária e, dentro desta, na arquitetura a edificar para o Ministério Público.

Este período foi fértil em movimentações – particularmente enérgicas por parte dos jovens magistrados do Ministério Público, que tinham sido "influenciados" pelas lutas estudantis do final da década de 1960 e pelas movimentações militares – na procura de um modelo que dignificasse o Ministério Público e fosse ao encontro das expectativas dos cidadãos, apesar do generalizado desconhecimento destes relativamente à instituição. Almeida Santos, com a colaboração de Cunha Rodrigues, que viria mais tarde a ser Procurador-Geral da República, soube conduzir o processo tendente à construção de um modelo renovado, estável e atuante para o Ministério Público. As opções eram várias, como admite Almeida Santos (A. A. Santos, 1998: 9 ss.), mas foi preciso tomar decisões que procuraram criar poucos obstáculos em momentos onde as perturbações políticas, económicas e sociais eram inúmeras. Mas a grande decisão, para além de se terem cortado os possíveis canais de intercomunicação entre as duas magistraturas, «para podermos ser coerentes, foi ao estabelecermos que o Ministério Público gozava de autonomia, em relação aos demais órgãos do poder central, regional e local. A Constituição não o dizia expressamente. Mas viria mais tarde a reconhecer-nos razão» (A. A. Santos, 1998: 11).

3. A arquitetura legal do Ministério Público
A evolução da arquitetura legal do Ministério Público nos últimos 39 anos será apresentada procurando identificar os principais momentos e leis que, em traços gerais, contribuíram para um processo de afirmação contínuo e para a emergência deste órgão do poder judicial como um dos principais atores que asseguraram a consolidação do sistema democrático em Portugal. Nas palavras de Rodrigues Maximiano, o novo Ministério Público saído da revolução «tem na autonomia face ao Executivo a maior conquista democrática no âmbito judiciário, a qual se quer irreversível por essencial à independência dos tribunais» (1984: 110).

3.1. O Ministério Público na Constituição da República: relevância crescente
A referência ao Ministério Público na Constituição vigente durante o Estado Novo aparecia para lhe conferir o estatuto de representante do Estado junto dos tribunais. Já a Constituição democrática de 1976 dedicou especificamente ao Ministério Público e à sua organização o Capítulo IV (artigos 224.º, 225.º e 226.º) do Título VI, respeitante aos Tribunais. Nesse capítulo, tem especial destaque a definição das funções, a hierarquização da magistratura do Ministério Público e a sua garantia de inamovibilidade, bem como a definição da Procuradoria-Geral da República enquanto órgão superior do Ministério Público. Assim, o Ministério Público é definido constitucionalmente como uma das «componentes pessoais dos tribunais» (Canotilho e Moreira, 1985). Isto porque as demais definições,

competências ou estrutura organizativa do Ministério Público são remetidas para as leis a aprovar pela Assembleia da República.

Em relação à versão original da Constituição da República, as alterações introduzidas nas revisões de 1982, 1989, 1992 e 1997 vieram conferir uma maior especificidade às funções e atribuições dos vários órgãos judiciais, atribuindo-lhes a devida relevância constitucional.[7] Por exemplo, foi apenas na revisão de 1992 que ficou estabelecido que o Ministério Público detém um estatuto próprio e uma autonomia funcional. Tal autonomia já estava, no entanto, consagrada na sua Lei Orgânica de 1978.[8]

> A autonomia do Ministério Público vale face ao Governo e também face à magistratura judicial. Na sua primeira vertente ela significa que ele não depende hierarquicamente do Governo, o qual não lhe pode dirigir ordens ou instruções nem influir no respetivo governo e administração (Canotilho e Moreira, 1993: 80).[9]

Ao contrário do estipulado para os magistrados judiciais, e dado que as carreiras são paralelas mas separadas, não se inseriu então qualquer disposição referente aos magistrados do Ministério Público no texto constitucional, ficando estes integrados no Capítulo IV, referente ao Ministério Público, o qual, hoje, apenas compreende duas normas (artigos 219.º e 220.º). Mesmo assim, verificou-se uma evolução face ao disposto na Constituição de 1976, na qual, embora houvesse três artigos consagrados ao Ministério Público, as suas competências eram menos abrangentes. Ou seja, em 1992 adaptou-se o estatuto constitucional do Ministério Público às novas competências decorrentes das revisões do Código Penal e do Código de Processo Penal, entre outras leis entretanto aprovadas.

O modelo normativo do Ministério Público, no entendimento de Gomes Canotilho e Vital Moreira, assenta em três princípios: da autonomia; da hierarquia e da responsabilidade, sendo que «a responsabilidade e a hierarquia caracterizam o Ministério Público por contraposição aos juízes (irresponsabilidade e independência)» (1993: 830 ss.). Na opinião de António Cluny, com a revisão

---

[7] Não se abordam as revisões da Constituição da República ocorridas em 2001, 2004 e 2005 por estas não terem tido qualquer interferência nos tribunais ou na sua organização.

[8] Lei n.º 39/78, de 5 de julho. A autonomia foi mantida nas leis seguintes, tendo esta sido mesmo reforçada pela Lei n.º 23/92, de 20 de agosto.

[9] Sobre a questão da autonomia e também da hierarquia, ver Cluny (1997: 88 ss.), Rodrigues (1999a: 101-102) e Marçalo (2011: 43 ss.), entre outros.

constitucional de 1989, o Ministério Público passou, inclusive, a ser concebido e definido como órgão de iniciativa do poder judicial (Cluny, 1997).[10]

Mas o reforço da independência da administração da justiça através do aperfeiçoamento da organização do Ministério Público não foi acompanhado de uma perceção realista das interfaces existentes entre organização judiciária e processo penal. No entanto, a Constituição limita-se, na definição do Estatuto do Ministério Público, a proclamar que este «goza de estatuto próprio», sem o definir explicitamente (Carmo, 2004), tendo ficado a ideia de que o Ministério Público corresponde a uma magistratura que estava na tradição secular do país e não tinha sido questionado. Por outro lado, estabelece que «os agentes do Ministério Público são magistrados responsáveis, hierarquicamente subordinados e não podem ser transferidos, suspensos, aposentados ou demitidos senão nos casos previstos na lei», atribuindo ainda à Procuradoria-Geral da República a «nomeação, colocação, transferência e promoção dos agentes do Ministério Público e o exercício da acção disciplinar» (artigo 220.º da Constituição da República Portuguesa – CRP). Pode afirmar-se, então, que o novo regime constitucional forneceu apenas uma diretiva para a estruturação das duas magistraturas como carreiras separadas, deixando muito em aberto sobre a sua organização e funcionamento, regulados através de estatuto próprio.

3.2. *O Estatuto do Ministério Público: anatomia de uma evolução*

Ao analisar a evolução da organização judiciária em Portugal, a partir de 1974, identificam-se quatro grandes períodos referentes às mais significativas alterações legislativas e à arquitetura do sistema judicial no pós-25 de Abril até hoje. Constata-se que desde 1974 foram aprovadas três Leis Orgânicas do Ministério Público, para além de pequenos ajustes efetuados para adaptar a lei a outras alterações verificadas noutras legislações complementares. Logo após a Revolução de 25 de Abril de 1974, procedeu-se às reformas judiciárias necessárias à democratização do poder judicial e ao corte com o modelo vigente durante o Estado Novo, tendo-se lançado as bases para o que seria a arquitetura judicial dos últimos 39 anos, incluindo o modelo do Ministério Público. Mais tarde, entre 1985 e 1995, que corresponde, grosso modo, à década em que o

---

[10] A evolução do Ministério Público pode ser analisada com maior detalhe em Marçalo (2011), nos relatórios do Observatório Permanente da Justiça (Pedroso *et al.*, 2002; Santos, Gomes *et al.*, 2006), referentes à discussão sobre a organização e geografia do sistema judicial, e no trabalho de Dias (2004) sobre as magistraturas e a evolução da organização judiciária.

Partido Social Democrata (PSD) foi o partido político maioritário no panorama político português e que, portanto, pôde transpor para o ordenamento jurídico português muita da sua ideologia, nomeadamente reforçando a distinção e a independência entre magistraturas e avançando, definitivamente, para a consolidação do Ministério Público como órgão de coordenação e iniciativa, em particular, da ação penal, mas também alargando a sua área de influência nas esferas da família e menores, e laboral. Mais tarde, no período que vai de 1996 até 2004, atravessando governos de diferentes orientações políticas que procuraram dinamizar o primeiro grande conjunto de reformas judiciais, a incidir mais sobre a resolução dos problemas da justiça do que relativamente à organização judiciária e à arquitetura legal do sistema judicial, assistiu-se, em 1998, à última grande alteração do modelo de organização do Ministério Público, que lhe deu os contornos que ainda hoje vigoram. Desde então, tem-se assistido, igualmente com diferentes "cores políticas", a um agravamento da situação da justiça, quer por incapacidade governativa, quer pela grave crise financeira que entretanto emergiu, cujos sinais eram já evidentes nalguns setores do Estado, como a justiça, desde há cerca de uma década, com a tentativa de implementar reformas sem os necessários meios financeiros para as levar a cabo. Não se voltou, assim, a registar qualquer alteração significativa no Ministério Público, para além de alguma legislação avulsa sem relevância equivalente à última alteração. Neste contexto, alterar ou adaptar os perfis profissionais e os modelos de funcionamento das profissões judiciais, incluindo o modelo de organização e funcionamento do Ministério Público, não tem configurado uma prioridade de política pública dos últimos governos.

Entre 1974 e 2004, a principal lei referente à organização, às competências e às funções do Ministério Público (Estatuto do Ministério Público) foi alterada no sentido de se adaptar às exigências e aos desafios que se foram colocando ao Ministério Público de acordo com as exigências nacionais e as tendências internacionais, tornando-o cada vez mais um ator fundamental do poder judicial.

De seguida, leva-se a cabo uma anatomia da evolução do Estatuto do Ministério Público, analisando as principais alterações efetuadas à sua lei (primeiro designada de Lei Orgânica e mais tarde de Estatuto, por equiparação aos juízes), em que se procura cruzar o contexto político, judicial e social que esteve na base das alterações introduzidas, integrando o papel e protagonismo que os diversos atores tiveram na sua conformação.

3.2.1. Lei Orgânica do Ministério Público de 1978: consagração legal da autonomia

Compreender o período que medeia entre a aprovação da Constituição da República e os primeiros anos da década de 1980 é crucial para se compreender como foi desenvolvida e implementada a arquitetura judicial do Estado português, que, com algumas alterações mais ou menos importantes, se tem mantido até aos nossos dias. Foi no final da década de 1970 que se aprovou a Lei Orgânica dos Tribunais Judiciais, o Estatuto dos Magistrados Judiciais e a Lei Orgânica do Ministério Público. Um pouco mais tarde, surgiu a Lei Orgânica do Centro de Estudos Judiciários, que permitiu profissionalizar o recrutamento e ensino dos magistrados em Portugal, operando um corte com o anterior sistema (Santos, Pedroso e Branco, 2006; Dias, 2004).

O período de 1980 a 1984 foi pouco fértil em alterações, ao contrário do que sucedeu de 1976 a 1980, refletindo, por um lado, uma pretendida estabilidade no sistema judicial, quer por parte dos atores políticos, quer dos atores judiciais, e, por outro, uma fase de necessária experimentação das reformas efetuadas. Outro fator que promoveu a estabilidade legislativa foi a ocorrência de uma grave crise económico-social que centralizava a atenção dos sucessivos governos (Santos, 1990), relegando para segundo plano qualquer intervenção no setor da justiça.

Ao analisar a legislação aprovada no primeiro período, deteta-se uma preocupação política em operar um corte com o sistema vigente durante o Estado Novo (Dias, 2004). Contudo, tal corte manifestou-se sobretudo ao nível das prerrogativas do poder judicial – autonomia ou independência, inamovibilidade e irresponsabilidade – e não tanto quanto à renovação dos recursos humanos e ao investimento em mais recursos materiais e/ou equipamentos. Se, no que concerne aos recursos humanos, se verificou uma continuidade da maioria dos magistrados, ainda que com alguma entrada de novos quadros (em particular no Ministério Público), no que toca aos recursos materiais e equipamentos não houve quase nenhuma alteração, com a manutenção de um parque judiciário obsoleto já para a época.

A última das grandes leis sobre a organização judiciária a ser publicada neste período foi, como referimos, a Lei Orgânica do Ministério Público.[11] Apesar de ser a última, e de estar em conformidade com as duas anteriores, permitiu dar um toque de inovação e autenticidade ao sistema judicial português. Antes tinha sido aprovado um Decreto-Lei[12] com o objetivo de adaptar o Ministério Público

---

[11] Lei n.º 39/78, de 5 de julho.
[12] Decreto-Lei n.º 917/76, de 31 de dezembro.

à Constituição e apressar a remodelação da instituição, renovando o Conselho Superior do Ministério Público, lançando um serviço de inspeções e criando o cargo de Vice-Procurador-Geral da República (Rodrigues, 1999a: 75).

O modelo de Ministério Público adotado foi, inclusive, mais longe do que os existentes na maioria dos países que se incluem dentro do modelo da Europa do Sul, casos da França, Espanha ou Itália. Segundo alguns magistrados entrevistados (Dias, 2004), o modelo português do Ministério Público foi largamente influenciado por Cunha Rodrigues, futuro Procurador-Geral da República, e pela ação do então Ministro da Justiça, Almeida Santos (ainda que na altura da aprovação desta lei o Ministro da Justiça em funções já fosse Santos Pais). O modelo aprovado procurou fazer uma síntese virtuosa entre as conceções francesa e italiana no que concerne à organização hierárquica (francesa) e à autonomia (italiana), ainda que a versão final encontre igualmente elementos de continuidade na tradição do Ministério Público em Portugal, em especial antes do Estado Novo (Rodrigues, 1999a). No entanto, logo após a sua aprovação, já no IV Governo Constitucional, liderado por Mota Pinto, o então Ministro da Justiça, Eduardo Correia, tentou voltar ao modelo anterior de maior controlo por parte do Executivo. Esta tentativa era secundada pelo então Presidente do Supremo Tribunal de Justiça, mas contou com a discordância do Presidente da República, Ramalho Eanes, e a feroz oposição do Sindicato dos Magistrados do Ministério Público (comunicado de maio/junho de 1979).

O facto de, no artigo 75.º (atual artigo 80.º do Estatuto do Ministério Público), relativo aos poderes do Ministro da Justiça, se manter a possibilidade de este dar instruções, ainda que de ordem genérica, ao Procurador-Geral da República gerou interpretações distintas e tornou-se num meio que alguns governos procuraram utilizar para se imiscuírem nas ações do Ministério Público. Este artigo era igualmente polémico por permitir que o Ministro da Justiça tomasse a iniciativa da ação disciplinar relativamente aos magistrados, além de poder requisitar relatórios e informações de serviço aos diversos agentes do Ministério Público. Outra das *nuances* desta lei referia-se ao então artigo 71.º (atual 76.º), ou seja, à obrigatoriedade de acatamento, por parte dos magistrados de grau inferior, das diretivas, ordens e instruções provenientes dos superiores hierárquicos. O facto de estas indicações não serem controladas e de os critérios não estarem bem explícitos gerava, e gerou até à penúltima grande alteração desta lei, a possibilidade de ocorrerem abusos de autoridade e o exercício de poderes discricionários. É de lembrar que o Procurador-Geral da República era, e continua a ser, nomeado pelo Presidente da República, sob proposta do Governo.

As especificidades mais importantes do modelo português do Ministério Público são a sua autonomia face ao poder executivo e o facto de os seus agentes (também eles magistrados) desfrutarem de direitos e deveres equivalentes aos dos juízes – inclusive com a existência de um Conselho Superior específico do Ministério Público, que constitui uma outra inovação do nosso modelo. Veio mesmo a consagrar-se o princípio do paralelismo das magistraturas, que era uma das grandes reivindicações do Sindicato dos Magistrados do Ministério Público, como forma de revalorizar a carreira e legitimar a sua plena integração dentro do poder judicial. Outra das particularidades do nosso Ministério Público tem que ver com as competências que lhe foram atribuídas e que, sendo exercidas com autonomia, rompem com o anterior modelo, como a direção da investigação criminal e o exercício da ação penal, a promoção e coordenação de ações de prevenção criminal, o controlo da constitucionalidade das leis e regulamentos, a fiscalização da Polícia Judiciária, para além da defesa dos interesses do Estado. Se algumas destas competências estavam já consagradas em leis anteriores, o facto de o Ministério Público as poder exercer com autonomia confere-lhes uma relevância social, económica e política bastante acrescida. Algumas das funções de cariz mais social, ao nível dos trabalhadores, da família e dos menores, só viriam a ser incluídas na lei seguinte.

A questão que se colocava, e que em parte ainda se coloca, era a de saber se o Ministério Público seria capaz de exercer tão vasto rol de competências adotando uma postura ativa, em vez da tradicional postura passiva. A lei inovou ao estabelecer que o Ministério Público passasse a ter o poder de iniciativa. Contudo, ter poder de iniciativa é muito diferente de o exercer. Embora este modelo consagrasse um maior protagonismo ao Ministério Público, o facto é que a sua ação na área penal ainda se encontrava limitada devido à manutenção da figura do Juiz de Instrução Criminal com amplos poderes.

Tudo o resto foi elaborado à imagem do Estatuto dos Magistrados Judiciais, em particular nas questões referentes às incompatibilidades, deveres e direitos, bem como no acesso à carreira e respetiva progressão ou em relação à aposentação, cessação e suspensão de funções e ação disciplinar, transpondo um conjunto alargado de princípios que legalmente procurava assegurar um real distanciamento das conceções que vigoravam durante o Estado Novo, integrando um efetivo processo de transição democrática do sistema judicial. O Ministério Público constituiu, de facto, um elemento que deu um cariz único e equilibrado ao sistema de "*checks and balances*" da justiça portuguesa (La Porta *et al.*, 2004). De realçar, ainda, o feito conseguido neste período ao ter-se delineado e aprovado uma estratégia de afirmação de um modelo de Ministério Público com grande preponderância – mesmo contando com a oposição dos juízes –, que permitiu, por um lado, retirar alguma da preponderância da judicatura no sistema judicial, sabendo-se que os juízes tinham um corpo profissional mais envelhecido e conservador, que efetuou de forma pacífica a transição para a democracia, e, por outro, garantir as bases para um futuro em que a evolução do modelo incidisse numa maior afirmação do papel desempenhado por esta instituição.

A atuação, como se viu, quer de Almeida Santos, quer de Cunha Rodrigues, aliada a um contexto político mais progressista resultante do caldo revolucionário, foi fundamental para que estas bases fossem consolidadas com grande "força política", permitindo que ambos, como se verá a seguir, continuassem a ter uma grande influência no desenvolvimento legislativo relacionado com o Ministério Público (em particular, Cunha Rodrigues no papel de Procurador--Geral da República). Estes atores, tal como outros na época de moldagem do Estado pós-revolução, tinham a perfeita consciência política de que o Ministério Público era um elemento crucial na gestão do processo de consolidação do novo sistema político, pelo que garantir-lhe um modelo rejuvenescido e dotado de competências alargadas, quando comparado com o modelo anterior, era uma maior garantia de um maior isolamento dos juízes (que legalmente podiam colocar entraves ao processo de transição, em que nem sempre a "lei" era cumprida) e da utilização do próprio Ministério Público como instituição que iria "gerir" os conflitos políticos que poderiam eclodir com o processo de transição democrática. Colocar Cunha Rodrigues como Procurador-Geral da República garantiu a implementação completa dessa estratégia.

3.2.2. Lei Orgânica do Ministério Público de 1986: maturação da instituição
O segundo grande período de reformas na área da justiça aconteceu entre 1985 e 1995, impulsionado pelos sucessivos governos do Partido Social Democrata (PSD). O ministro Mário Raposo, entre as várias medidas preconizadas na área de atuação do Ministério Público, procurou alterar o Código de Processo Penal e melhorar os necessários serviços complementares (Instituto de Medicina Legal, Polícia Judiciária, etc.), atribuindo ao Ministério Público maiores competências, em especial na fase de inquérito. Ainda em relação ao Ministério Público, o Programa de Governo previa o retomar da proposta de alteração do estatuto do Ministério Público, de acordo com a revisão do Código de Processo Penal e do Código Penal. A intenção do Governo era, assim, a de reforçar os meios

humanos e materiais de modo a dar melhores instrumentos ao Ministério Público para o exercício das suas competências.

Um facto curioso, contudo, foi o de duas das três leis fundamentais da arquitetura do sistema legal – o Estatuto dos Magistrados Judiciais e a Lei Orgânica do Ministério Público – terem sido aprovadas durante a vigência de um Governo minoritário, quando não havia garantias de apoio parlamentar, obrigando a um consenso entre PSD, no Governo, e PS, na oposição. Após a primeira fase deste período, a maioria absoluta conquistada pelo PSD, em 1987, reconfirmou Fernando Nogueira (que entretanto substituíra Mário Raposo) como Ministro da Justiça, tendo este sido o grande responsável pela revalorização profissional das profissões judiciais. Depois de mais de 10 anos de reconstrução do Estado, o sistema político virava-se finalmente para a justiça, atribuindo-lhe uma maior dignidade e combatendo, assim, uma "desertificação" profissional resultante da progressiva desvalorização salarial, em particular das magistraturas. As reivindicações das associações profissionais vinham em crescendo e foi em 1986 que ocorreu em Portugal a primeira greve protagonizada pela magistratura do Ministério Público, liderada pelo Sindicato dos Magistrados do Ministério Público, sob a presidência do magistrado Francisco Pinto dos Santos.

A aprovação da segunda Lei Orgânica do Ministério Público[13] ocorreu um ano após a publicação do Estatuto dos Magistrados Judiciais. Este facto pode encontrar explicações, por um lado, na tentativa de elaborar uma Lei Orgânica do Ministério Público em vários aspetos idêntica ao Estatuto dos Magistrados Judiciais e/ou, por outro, na superação de alguns direitos e regalias em comparação com os juízes. No que respeita a esta segunda explicação, existem dois dados que ajudam a comprovar esta ideia. O primeiro, diz respeito ao facto de, alguns meses depois da aprovação do Estatuto dos Magistrados Judiciais, ter sido publicada a Lei n.º 24/85, de 9 de agosto, que concedia aos magistrados do Ministério Público os mesmos direitos consagrados aos juízes no seu Estatuto. O segundo dado constata-se pelo teor do Decreto-Lei n.º 242/88, de 28 de setembro, que atribuiu aos juízes jubilados os mesmos direitos que a Lei Orgânica do Ministério Público consagrou aos magistrados reformados do Ministério Público.

Cunha Rodrigues afirma, inclusive, que esta lei

> introduziu apenas modificações de pormenor, tendo tido por finalidade essencial aproximar aspectos dos estatutos da magistratura judicial e do Ministério

---

[13] Lei n.º 47/86, de 15 de outubro.

Público. E, em 1990, a Lei n.º 2/90, de 20 Janeiro, alterou o sistema retributivo dos magistrados do Ministério Público, em paralelismo com o da magistratura judicial (1999a: 75).

A estratégia seguida na concretização do princípio do paralelismo entre as magistraturas pareceu ser o de elevar constantemente a fasquia das regalias e direitos, ao mesmo tempo que os deveres, obrigações e responsabilidades se mantinham relativamente estáveis. Isto é, sempre que se aprovava uma nova lei orgânica referente a uma magistratura procurava-se melhorar o capítulo dos direitos e regalias, sabendo que esses mesmos direitos e regalias seriam rapidamente estendidos à outra magistratura.

Em relação a esta lei, já o Sindicato dos Magistrados do Ministério Público afirmava em 1986 que ela mantinha, no essencial, a lei anterior.[14] Embora concordasse com algumas disposições inovadoras, o facto de se manterem inalteradas muitas outras levou a que o Sindicato criticasse a pouca ambição desta Lei. Sucintamente, o Sindicato concordou com a consagração do papel do Ministério Público na defesa da independência dos tribunais, com a possibilidade de criação do Vice-Procurador-Geral Distrital e com a introdução da opção de renúncia à promoção ou a abolição do sexénio. Opôs-se, contudo, à não fixação do quadro de magistrados do Ministério Público, ao facto de ser o Procurador-Geral da República a designar os Procuradores-Gerais Adjuntos nos tribunais superiores, à distribuição da representatividade no Conselho Superior do Ministério Público, à não eliminação da obrigação do Ministério Público defender os interesses particulares do Estado e à não retirada dos poderes diretivos do Ministro da Justiça, entre outros aspetos.

Esta lei veio, no entanto, clarificar e aumentar as competências do Ministério Público, razão pela qual o Sindicato não se opôs à sua aprovação, apesar de lhe ter tecido diversas críticas. Afinal, o Ministério Público conseguia consagrar a velha aspiração de ser o detentor do exercício da ação penal, o que, juntamente com a aprovação do Código de Processo Penal, permitiu que passasse a ser responsável pela realização da instrução criminal (agora denominada de *inquérito*). Esta alteração substancial veio permitir uma revalorização da importância desta magistratura no seio do poder judicial, complementada com a aprovação da Lei de Autonomia do Ministério Público,[15] que veio alterar a Lei Orgânica do Ministério Público nalguns aspetos importantes.

---

[14] Informação Sindical n.º 45, de 1986.
[15] Lei n.º 23/92, de 20 de agosto.

À competência exclusiva do exercício da ação penal acresceu a introdução das competências no patrocínio dos direitos sociais (laborais e familiares) e do dever de representar os incapazes, os incertos e os ausentes. Embora a "tradição" da atuação do Ministério Público nas áreas sociais tenha raízes históricas, o seu exercício com maior autonomia e com um rol de competências alargadas veio, consequentemente, a permitir uma ação mais preponderante, atribuindo a esta magistratura um conjunto alargado de funções socialmente muito relevantes, para além da área criminal, pese embora não terem sido assumidas como estruturantes da sua atividade. A mensagem que transparecia, quer do Sindicato dos Magistrados do Ministério Público (SMMP), quer dos órgãos de governo do Ministério Público (Procurador-Geral da República e Conselho Superior do Ministério Público), conferia muito maior importância à sua atuação na esfera criminal.

De entre outras medidas que foram introduzidas, destaca-se o fim do sexénio (à imagem do que aconteceu com os juízes), que impedia que os magistrados estivessem mais de seis anos no mesmo tribunal; e a transformação dos poderes do Ministro da Justiça de poderes diretivos e de vigilância em poderes mais genéricos e consultivos, terminando, por exemplo, com a possibilidade de tomar a iniciativa da ação disciplinar relativamente aos magistrados.[16] Os poderes do Ministro da Justiça limitaram-se, assim, à solicitação de informações e relatórios e à possibilidade de dar instruções de caráter específico nas ações cíveis em que o Estado fosse parte interessada.

A evolução do item referente aos vencimentos é, por sua vez, praticamente igual ao estipulado para os magistrados judiciais,[17] reproduzindo-o quase na íntegra ao ter estabelecido que o sistema retributivo dos magistrados do Ministério Público é composto pela remuneração base e por suplementos como, por exemplo, os referentes ao direito a casa ou aos direitos especiais. É nestes suplementos que se podem verificar aumentos significativos, distinguindo-se do valor referente ao índice correspondente da função pública. A reprodução de disposições provenientes do Estatuto dos Magistrados Judiciais aplica-se também em relação às classificações dos magistrados. Esta duplicação de legislação, sempre que se abordam direitos e regalias das duas magistraturas, poderá fundamentar a discussão sobre a utilidade de haver um estatuto comum, que, por um lado, harmonize os deveres e direitos das magistraturas e, por outro,

---

[16] Adicionalmente, foi ainda efetuada uma alteração na composição do Conselho Superior do Ministério Público, posteriormente modificada também pela Lei n.º 23/92, de 20 de agosto.

[17] Assunto clarificado e melhorado com a Lei n.º 2/90, de 20 de janeiro.

evite o melhoramento "parcelar" das condições remuneratórias sempre que um novo estatuto é aprovado.[18]

Esta Lei Orgânica visou, assim, mais o aperfeiçoamento das competências do Ministério Público face ao seu novo papel na área criminal do que a reorganização dos seus órgãos. A segunda revisão constitucional abriu a porta para a aprovação, em 1992, da Lei de Autonomia do Ministério Público,[19] que veio introduzir algumas alterações importantes, das quais se destacam: a cooperação do Ministério Público nas ações de prevenção criminal em vez de ser o Ministério Público a coordenar; a impossibilidade de fiscalizar administrativa e disciplinarmente os órgãos de polícia criminal; a alteração da composição do Conselho Superior do Ministério Público, aumentando a representatividade da Assembleia da República, com a designação de 5 dos seus 19 membros; e a eliminação dos poderes de instrução genérica do Ministro da Justiça.

A experiência com um Ministério Público autónomo, a que alguns colocavam reservas de doutrina e outros de funcionamento, revelou-se positiva na opinião de Cunha Rodrigues (1999a), e, com uma ou outra dificuldade de percurso, saldou-se pelo reforço da opinião comum sobre a independência da administração da justiça e por uma melhor articulação entre os vários subsistemas que operam na área judicial. Permitiu, sobretudo, que, em tempos de profunda densidade política e ideológica e de renhida disputa partidária, a isenção do Ministério Público (magistratura tradicionalmente suspeita de compromisso com o poder político) não tivesse sido geralmente posta em causa. Tal não inibiu a existência de fortes críticas à sua (incapacidade de) atuação relativamente aos primeiros grandes casos mediáticos a envolver, em regra, atores políticos acusados de atos de corrupção ou abuso de poder no exercício de cargos públicos. A estratégia aplicada pelo então Procurador-Geral da República, Cunha Rodrigues, de primeiro garantir a consolidação do sistema democrático português teve como consequência o "abrandar" da vigilância sobre o próprio sistema político, tendo dado espaço ao surgimento, muitas vezes impunemente, de casos de corrupção envolvendo atores políticos e económicos.

Esta Lei Orgânica permitiu, contudo, consolidar o Ministério Público como um ator fundamental do poder judicial, integrando-o e atribuindo-lhe cada vez mais competências e responsabilidades, ao mesmo tempo que se iniciava um processo de exigência de prestação de contas com que até então não tinha sido

---

[18] Ver proposta mais detalhada sobre esta temática em Dias (2004).
[19] Lei n.º 23/92, de 20 de agosto.

confrontado. Naturalmente, a afirmação do Ministério Público não era do agrado da totalidade dos atores judiciais e políticos, sendo os juízes, por exemplo, os que mais contestavam essa evolução, por considerarem, entre muitos outros argumentos usados ao longo do tempo, que o Ministério Público não poderia estar dentro do poder judicial e que a sua organização, hierárquica, não lhe conferia o grau de independência necessário para uma equiparação à função de juiz, esse, sim, por natureza parte integrante do poder judicial. Apesar de todas as críticas, o Ministério Público cresceu, apurou a sua identidade e consolidou a sua estratégia de se tornar um ator incontornável do sistema judicial.

3.2.3. *Estatuto do Ministério Público de 1998: tempo de prestação de contas públicas*

O terceiro período de reformas, entre 1996 e 2004, corresponde à terceira fase de aplicação de reformas na arquitetura legal do sistema judicial no pós-25 de Abril de 1974. Neste período, foram aprovadas novas versões das três leis referentes à organização dos tribunais, dos juízes e do Ministério Público.[20] A aprovação destas leis deu-se durante o Governo do Partido Socialista, nos anos de 1998 e 1999, tendo como Ministro da Justiça Vera Jardim. Nos governos posteriores, as prioridades foram dirigidas, não para os estatutos das magistraturas ou para grandes alterações nas suas competências e funções mas, sim, para a elaboração das chamadas reformas "estruturais" da justiça, que procuraram alterar substancialmente a forma como os tribunais estão organizados e o modo como a litigação chega e é tratada pelos tribunais. Deste modo, a estrutura legal do Ministério Público não foi alvo de qualquer reflexão ou alteração, mantendo-se uma abordagem gestionária, apesar de pequenas polémicas internas à magistratura do Ministério Público que foram surgindo, principalmente em resultado das opções do Procurador-Geral da República Pinto Monteiro (2006-2012), muito contestado pelo Sindicato dos Magistrados do Ministério Público pela forma como entendeu gerir a estrutura hierárquica numa perspetiva, segundo a estrutura sindical, de promoção de um conjunto de magistrados da sua confiança pessoal para assumir a sua estratégia.

Os últimos anos deste período, contudo, foram marcados por uma grande mediatização da justiça penal e, em particular, da ação do Ministério Público. Vários casos expuseram a (in)capacidade de investigação do Ministério Público,

---

[20] O Estatuto dos Magistrados Judiciais (Lei n.º 21/85, de 30 de julho) foi apenas alterado em cerca de 55 artigos dos perto de 200 que continha o anterior Estatuto, ainda que por vezes substancialmente.

ficando, assim, sujeito ao escrutínio público e à mercê das críticas, positivas ou negativas, em função dos interesses em jogo. Na primeira metade da década passada, registou-se, numa fase inicial, uma liderança contestada, na figura do então Procurador-Geral da República José Souto Moura (2000-2006), a quem competia gerir mediaticamente estes processos, tendo originado uma grande desestabilização na instituição. A sucessão de eventos registados na primeira metade da década provou que o período de maturação da intervenção do Ministério Público, que ocorreu no período anterior, iria levar a uma prestação de contas públicas cada vez mais exigente. O Procurador-Geral da República seguinte, Pinto Monteiro, recebeu, desse modo, uma dupla tarefa: por um lado, garantir a estabilização da instituição, para que pudesse funcionar sem os sobressaltos que registou nos anos anteriores; e, por outro, garantir as condições para uma mais eficiente e credível atuação, crescentemente escrutinada, política e publicamente, em função dos resultados alcançados nas diversas frentes de atuação, com especial realce para a área penal. Os posteriores desenvolvimentos na atuação do Ministério Público demonstraram, no entanto, um percurso errático e complexo, com uma difícil relação mediática combinada com uma estratégia *pessoalista* na gestão do Ministério Público, dando origem a uma dupla contestação: interna, por parte dos magistrados do Ministério Público (com grande acutilância crítica do Sindicato dos Magistrados do Ministério Público); e externa, por parte da opinião pública, dos outros atores judiciais (em particular, os juízes) e de vários partidos da oposição. Ou seja, a estratégia adotada gerou anticorpos em todos os atores com os quais o Ministério Público precisa de se articular, levando a uma grave clivagem entre a cúpula deste órgão, os magistrados do Ministério Público nos tribunais e os demais atores.

Esta estratégia de gestão da instituição culminou na ausência, de grande significado simbólico, do então Procurador-Geral da República, Pinto Monteiro, do IX Congresso do Ministério Público, que decorreu entre 1 e 4 de março de 2012, em Vilamoura. Entre os convidados, estiveram presentes a Ministra da Justiça, Paula Teixeira da Cruz, bem como os mais altos representantes das estruturas judiciárias (com exceção também do Bastonário da Ordem dos Advogados, Marinho Pinto) e os representantes dos partidos com assento parlamentar. Ao enviar a Vice-Procuradora-Geral da República, que leu uma mensagem anódina e pouco estimulante, o então Procurador-Geral da República, Pinto Monteiro, mostrou que não estava disposto a efetuar gestos conciliatórios, mesmo que isso continuasse a provocar graves prejuízos no prestígio e na capacidade de operacionalidade do Ministério Público por falta de legitimidade na sua liderança. O facto de terminar o seu mandato em finais desse mesmo ano de 2012 gerou o entendimento, por parte da classe profissional, de que o seu titular tinha perdido legitimidade e espaço político para qualquer ação de fundo capaz de inverter o contexto em que se movia. Desse modo, o próprio sindicato entendeu adotar um discurso em função do futuro Procurador-Geral da República, "ignorando" o titular do cargo em funções. O discurso de tomada de posse de Rui Cardoso, eleito presidente do Sindicato dos Magistrados do Ministério Público em 2012, foi disso prova.

Voltando ao Estatuto do Ministério Público,[21] constata-se que esta foi a primeira lei sobre a organização judiciária a ser aprovada no terceiro período de análise política das reformas judiciais. Este Estatuto, há muito esperado, parece ter vindo a contento das reivindicações do Sindicato dos Magistrados do Ministério Público, de tal modo que estes recusam as críticas de outros operadores judiciários, em especial dos juízes, no que toca ao reforço dos seus poderes, em desfavor dos juízes de instrução criminal.[22] A Associação Sindical dos Juízes Portugueses (ASJP) opôs-se à atribuição de competências ao Ministério Público para realizar ações de prevenção criminal. Entendia que estas competências deveriam pertencer ao Governo, devendo o Ministério Público executar a política criminal e não defini-la. Deste modo, a ASJP levantou inclusivamente grandes dúvidas sobre a constitucionalidade desta disposição, que acabou, no entanto, por ser aprovada.[23]

A primeira diferença face às leis precedentes relaciona-se com a sua designação, deixando de ser uma lei orgânica para passar a ser um estatuto. Na opinião de Cunha Rodrigues, «retomou-se o conceito de estatuto por arrastamento do Estatuto dos Magistrados Judiciais e por se considerar que ele materializa, de forma mais activa, as garantias e as prerrogativas dos magistrados» (1999a: 78). Em relação às alterações introduzidas no sentido de dotar o Ministério Público de estruturas capazes de executar as suas competências e de adaptar o seu funcionamento aos novos códigos em vigor, pode afirmar-se que as principais medidas adotadas ao nível das estruturas dizem respeito à criação de novos órgãos de investigação criminal, nomeadamente o Departamento Central de Investigação e Ação Penal e os Departamentos de Investigação e Ação Penal distritais. Muitas das modificações verificadas vão mais no sentido de reorganizar o diploma,

---

[21] Lei n.º 60/98, de 27 de agosto.
[22] Informação Sindical 131/98.
[23] Boletim n.º 3, de 1998.

limando algumas disposições ao nível linguístico, do que propriamente alterar o conteúdo dos artigos ou reformular as suas estruturas ou competências. Um magistrado do Ministério Público afirmava perentoriamente que:

> No fundamental esta lei, contrariamente àquilo que as pessoas dizem, não veio alterar grande coisa relativamente à estrutura e ao fundamento. O que veio é reorganizar um pouco internamente, com a ideia de obter uma determinada eficácia. Essa reorganização interna, com a ideia da eficácia, passou também por uma nítida ideia de concentração de poder. Não me atrevo a dizer que era a ideia que estava por detrás, porque somos confrontados com a seguinte dificuldade: temos uma estrutura arcaica para a investigação criminal que é preciso fazer atualmente (Dias, 2004: 103).

As primeiras grandes mudanças surgiram, como já se referiu, ao nível das competências do Ministério Público. Para além da promoção e realização de ações de prevenção criminal, o Ministério Público passou a participar na execução da política criminal definida pelos órgãos de soberania, devendo exercer as suas funções na área penal orientado pelo princípio da legalidade (que se mantém como pedra de toque da sua atuação criminal). Isto é, em 1998, com o Partido Socialista no Governo, reforçou-se o vínculo a este princípio, mas posteriormente o mesmo partido iniciou uma discussão de modo a poder alterá-lo – complementando-o com o princípio da oportunidade –, sem que os contornos de tal mudança fossem claros.

A organização do Ministério Público foi então alterada. Surgiu um novo órgão de coordenação e de direção da investigação da criminalidade violenta, altamente organizada ou de especial complexidade: o Departamento Central de Investigação e Ação Penal. A sua composição, além de incluir magistrados do Ministério Público, contemplou a coadjuvação das várias polícias com funções criminais, de modo a estabelecer uma melhor coordenação entre os vários órgãos envolvidos. Sobre a criação deste órgão, a Associação Sindical dos Juízes Portugueses manifestou-se no sentido de exigir a criação do correspondente Tribunal Central de Instrução Criminal, bem como os tribunais correspondentes aos Departamentos de Investigação e Ação Penal distritais (também consagrados nesta lei), o que veio a ser contemplado na Lei Orgânica de Funcionamento dos Tribunais Judiciais.[24] A expansão destes órgãos implicou também a existência de quadros graduados para o efeito, facto que originou um aumento das categorias superiores.

---

[24] Boletim n.º 3, de 1998.

As funções das várias categorias dos magistrados do Ministério Público foram bastante clarificadas. A especificação das competências jurídicas e territoriais dos magistrados do Ministério Público é tanto mais importante quanto se trata de uma magistratura hierarquizada, exigindo-se uma grande transparência no exercício das suas funções, bem como uma correta delimitação das fronteiras entre as diferentes categorias. Deste modo, os superiores hierárquicos passaram a ser obrigados, quando solicitados, a emitir por escrito as ordens ou instruções referentes a determinados processos. No caso dos magistrados se recusarem a obedecer por qualquer razão, tal posição deve ser também efetuada por escrito e devidamente fundamentada.

No capítulo das classificações, houve poucas alterações, o mesmo já não acontecendo ao nível dos movimentos, onde as mudanças foram muitas. Estas ocorreram essencialmente nas matérias respeitantes ao acesso às várias categorias e lugares dentro do Ministério Público, uma vez que, com a criação de novos órgãos, houve a necessidade de criar os respetivos lugares, como aconteceu com os Departamentos de Investigação e Ação Penal (DIAP). Estipularam-se assim os critérios exigidos, bem como as competências mínimas, para o exercício de determinadas funções, o que levou a uma alteração significativa na estrutura da hierarquia do Ministério Público nos locais onde foram criados os DIAP, criando-se duas estruturas paralelas, a já existente e a do novo DIAP, com magistrados com competências de coordenação no topo de cada estrutura.[25]

Analisando-se a legislação produzida sobre o Ministério Público, e tendo igualmente como pano de fundo a restante legislação sobre a organização judiciária (Lei de Organização e Funcionamento dos Tribunais Judiciais e Estatuto dos Magistrados Judiciais) deteta-se a preocupação política de cortar, ao longo do tempo, as ligações ao sistema vigente no Estado Novo. Contudo, o corte verificado manifestou-se mais ao nível das prerrogativas do poder judicial – autonomia, independência, inamovibilidade ou (ir)responsabilidade – do que em relação à renovação, quer dos recursos humanos, quer dos recursos materiais e equipamentos, para além da reestruturação da organização do sistema no seu todo (algo que só começou a acontecer com a reforma da organização judiciária de 2008, ainda que mantendo os estatutos das magistraturas sem alterações em

---

[25] Estranhamente, existem igualmente os chamados "DIAP informais", que são organizados da mesma forma, mas sem ter cobertura legal, existindo assim durante o tempo em que os respetivos Procuradores-Gerais Distritais considerarem necessário, configurando-se uma estrutura que é "gerida" ao sabor da estratégia do coordenador distrital do Ministério Público.

conformidade, e mais recentemente, em 2012, com a proposta de alteração do Mapa Judicial). A evolução foi bastante lenta e, durante muito tempo, não acompanhou minimamente as necessidades e o crescimento da procura de tutela judicial. Como refere Pena dos Reis:

> o aparelho de administração da justiça revelou uma capacidade de resposta muitas vezes insuficiente, tardia, burocratizada, deixando perceber a existência de sérias contradições e hesitações nos órgãos de poder e na sociedade quanto à sua planificação e organização e ao seu papel (Reis, 1999: 79).

O Pacto da Justiça,[26] firmado em setembro de 2006 entre os dois maiores partidos políticos (PS e PSD), surgiu numa altura sensível em relação à nomeação do novo Procurador-Geral da República, após um apelo do Presidente da República para uma concertação de posições no que concerne à definição do nome a propor. Em resultado desta negociação, foi nomeado, sem oposição, o Juiz Conselheiro Fernando Pinto Monteiro, que tomou posse a 9 de outubro de 2006. Este Pacto estabeleceu também um calendário para a execução de um conjunto alargado de reformas e um compromisso de votação favorável na generalidade e subscrição de projetos conjuntos na especialidade. Contudo, os resultados foram parcos e rapidamente o Pacto se desfez por manifestas divergências políticas. Entre as leis sujeitas ao Pacto, destaque para a reforma da organização judiciária, que veio a ter a colaboração da oposição, corporizada no PSD. Esta reforma teve consequências lógicas na estrutura do Ministério Público, sendo gerador de turbulências internas na sua magistratura, pela forma discordante como o Procurador-Geral da República procurou "controlar" a estrutura hierárquica do Ministério Público. Assim, em 2008, no âmbito da

---

[26] Este Pacto trouxe uma grande novidade em termos de justiça, com o estabelecimento de um conjunto de entendimentos para a realização de reformas a vários níveis, desde a reforma dos códigos penal e de processo penal à alteração do mapa judiciário, passando pela introdução da mediação penal, da alteração da ação executiva ou da modificação no sistema de acesso às magistraturas, entre outros aspetos. Este Pacto para a Justiça rapidamente se esfumou após a escolha do novo Procurador-Geral da República, mas permitiu concretizar, em consenso, a reforma da organização judicial, que, em parte, veio contentar os juízes (pela forma como ficaram a "gerir" as novas circunscrições com a criação da figura do Juiz-Presidente). O Pacto estabeleceu também um calendário para a execução destas reformas e um compromisso de votação favorável na generalidade e subscrição de projetos conjuntos na especialidade. Texto do Pacto disponível em <http://www.oa.pt/upl/%7B7d5ada1e-adbf-4182-bd46-7ac1fa73717e%7D.pdf>.

Proposta de Lei n.º 187/X,[27] o Governo propôs uma alteração significativa da forma como se preenchem os lugares de coordenação ou especializados nas novas comarcas, tribunais da Relação, DIAP e DCIAP. A lógica subjacente a essas alterações era a de concentrar o poder de nomeação nos superiores hierárquicos e no Conselho Superior do Ministério Público (CSMP), de forma a poder haver maior flexibilidade no preenchimento dos lugares e maior capacidade de coordenação e distribuição do trabalho existente. Esta lógica de concentração da gestão da colocação de magistrados e de funcionários está subjacente a todo o diploma e está em linha com o alargamento dos poderes do Conselho Superior da Magistratura (CSM) e do CSMP na coordenação, administração e disciplina dos magistrados, em coerência com as mudanças estatutárias efetuadas durante os anos de 2005 a 2010. Note-se que a concentração de poderes de nomeação foi realizada no CSMP, e não pelo Procurador-Geral da República como este reivindicava publicamente, tendo apenas sido restringido o poder de veto do CSMP na nomeação de lugares de procurador-geral adjunto no DCIAP, no Departamento Central de Contencioso do Estado e nos departamentos de investigação e ação penal nas comarcas sede de distrito judicial, dado que estes «são providos por proposta do Procurador-Geral da República de entre procuradores-gerais-adjuntos, não podendo o Conselho Superior do Ministério Público vetar, para cada vaga, mais de dois nomes».[28]

O Sindicato dos Magistrados do Ministério Público emitiu, em 15 de janeiro de 2009,[29] uma circular em que se insurgia contra as alterações implementadas pela Lei n.º 52/2008, em especial porque, no seu entender,

> as comarcas passaram agora a ter uma dimensão muito maior do que aquelas que existiam. Esta alteração factual dá um novo e inadmissível sentido ao poder do coordenador da comarca de afectar os magistrados aí colocados aos diversos lugares.

É ao Procurador-Geral-Adjunto coordenador que caberá complementar a nomeação dos magistrados feita pelo CSMP, colocando-o no departamento A

---

[27] <http://www.parlamento.pt/ActividadeParlamentar/Paginas/DetalheIniciativa.aspx?BID=33814>. Esta proposta deu depois origem à Lei n.º 52/2008, de 28 de agosto – Lei de Organização e Funcionamento dos Tribunais Judiciais (LOFTJ) <http://dre.pt/pdf1sdip/2008/08/16600/0608806124.pdf>.

[28] Artigo 127.º da Lei n.º 60/98, de 27 de agosto, Estatuto do Ministério Público – EMP <http://dre.pt/pdf1sdip/1998/08/197A00/43724422.pdf>.

[29] *Alterações ao Estatuto do Ministério Público*, Sindicato dos Magistrados do Ministério Público, 15 de janeiro de 2009 <http://www.smmp.pt/?p=2808>.

ou no departamento B, junto do juízo cível C ou do juízo criminal D, sendo que, fisicamente, entre cada um deles poderão distar mais de 100 kms, o que se traduz numa confusão entre colocação de magistrados (que deve pertencer apenas ao CSMP), hierarquia funcional e distribuição de serviço.

O EMP prevê, deve realçar-se, a colocação dos magistrados em comarcas ou departamentos e não tem qualquer norma que impeça, ou pelo menos regule, a transferência de funções (de cargo) dentro dessas mesmas comarcas ou departamentos. A transferência a que respeita o artigo 135.º aplica-se também a outras comarcas ou departamentos.[30] Não há, assim, qualquer impedimento, continua a circular do Sindicato,

> a que o procurador-geral adjunto coordenador da comarca movimente livremente, entre as diversas unidades funcionais, os magistrados aí colocados. [...] Mais se informa que, apesar de, ainda em Julho de 2008, o SMMP ter alertado o CSMP para a necessidade de, com urgência, aprovar um regulamento relativo aos concursos e colocação dos magistrados, tal não foi feito até à presente data e não consta da tabela da próxima reunião desse órgão, agendada para 3 de Fevereiro próximo.[31]

A tomada de posse, em 2009, de Alberto Martins como Ministro da Justiça num novo Governo liderado pelo PS, não trouxe nada de relevante em relação ao Ministério Público, com a exceção da adoção das primeiras medidas de austeridade financeira, que afetaram ambas as magistraturas por igual e que vieram gerar turbulência, desconfiança e desilusão, tendo levado, segundo as estruturas profissionais, a que muitos tenham optado pela reforma antecipada, desfalcando ainda mais os quadros devido ao congelamento imposto nas admissões, ainda decidido pelo anterior ministro, Alberto Costa.

A nova Ministra da Justiça, do Governo de coligação PSD/CDS-PP que tomou posse em 2011,[32] Paula Teixeira da Cruz, em relação ao Ministério Público,

---

[30] Como resulta claro dos n.ºs 4 e 5.

[31] O regulamento foi aprovado em 26/02/2009 <http://csmp.pgr.pt/Movimentos/Regulamento.pdf>.

[32] O Governo de coligação PSD/CDS-PP tomou posse a 21 de junho de 2011, na sequência da demissão do anterior Governo do PS liderado por José Sócrates, que se demitiu após o quarto pacote de austeridade ter sido chumbado por todos os partidos da oposição. Este chumbo levou ainda o anterior Governo a assinar o Memorando de Entendimento com a *troika* (União Europeia, Banco Central Europeu e Fundo Monetário Internacional), que constituiu o início formal de uma governação condicionada por estas entidades internacionais.

assumiu no Programa de Governo a adoção de medidas que têm vindo a ser reivindicadas pelos magistrados (em especial do Ministério Público), como, por exemplo: a criação de gabinetes de apoio em cada Juízo ou agrupamento de Juízos, para que os magistrados se possam dedicar quase exclusivamente à sua tarefa essencial; o reforço da autonomia e da responsabilização do Ministério Público no exercício da ação penal, cabendo-lhe dirigir toda a investigação num modelo em que o magistrado responsável pela investigação deve assegurar o processo na fase de julgamento; e a aposta num modelo de carreiras planas, ou seja, em que a progressão salarial não depende apenas da progressão hierárquica (incluindo-se os anos de profissão e as notas resultantes dos processos de avaliação do desempenho profissional).

A reconhecida proximidade de opiniões entre a atual ministra e estruturas representativas de magistrados do Ministério Público,[33] em temas tão controversos como a atuação do então Procurador-Geral da República – que foi publicamente criticado pela atual Ministra da Justiça antes de ser nomeada para o cargo (e que, em junho de 2012, em declarações sobre o perfil do futuro responsável pelo Ministério Público, demonstrou não contar com o então titular do cargo) –, resultou numa aparente diminuição das tensões entre Governo e magistrados do Ministério Público, embora as restrições orçamentais continuem a colocar pressão nessa relação.

Apesar de não haver um discurso aberta e frontalmente contra algumas medidas do Ministério da Justiça, com exceção da voz do Bastonário da Ordem dos Advogados, na área penal e na organização judiciária, algumas vozes, em especial a do atual presidente do SMMP, Rui Cardoso, têm vindo a manifestar publicamente as suas reservas quanto à eficácia de medidas propostas, como, por exemplo, a de permitir a forma de processo sumário para crimes graves como homicídio e roubo,[34] em que o papel do Ministério Público é importante, pelo que é entendido ser um assunto muito sensível. Contudo, os pareceres às

---

[33] Esta proximidade de posições foi perfeitamente visível no IX Congresso do Ministério Público, em março de 2012, quer nos discursos do anterior presidente do Sindicato dos Magistrados do Ministério Público, João Palma, quer no discurso de tomada de posse do novo, Rui Cardoso, ainda que este último tenha mantido uma posição um pouco mais distante. Ver as intervenções de João Palma e de Rui Cardoso (sobre as propostas de reforma do Código Penal e do Código de Processo Penal), no Congresso, em <http://nonocongresso. smmp.pt/?page_id=324>, e na tomada de posse de Rui Cardoso em <http://www.smmp. pt/?p=16512>.

[34] Ver em <http://www.smmp.pt/?p=16902>.

propostas de reforma do Código Penal e do Código de Processo Penal demons-tram a proximidade de posições pelo facto de a Ministra da Justiça ter aceite algumas das sugestões do sindicato no âmbito dos pareceres aos anteprojetos de lei,[35] situação que provoca, por seu lado, alguma apreensão da Associação Sindical dos Juízes Portugueses que se opõe, na linha do assumido noutros pro-cessos, ao reforço dos poderes do Ministério Público nestas matérias.

O atual processo de reforma da organização judiciária, acelerado com o lançamento da discussão pública após a publicação das Linhas Estratégicas (MJ, 2012a; Dias, 2013b), vem confirmar a concordância com uma das matérias que poderia levantar maiores crispações entre o Governo e a magistratura do Ministério Público dadas as implicações que terá na organização deste órgão. Contudo, o Sindicato conseguiu que a proposta incluísse o Ministério Público no órgão de gestão dos novos tribunais judiciais de primeira instância (Instância Central) propostos e não apresentou argumentos contrários à estratégia defi-nida, apontando apenas os princípios pelos quais se devem pautar as futuras alterações a introduzir no Estatuto do Ministério Público por força da alteração da Lei de Organização e Funcionamento dos Tribunais Judiciais que esta reforma implicará. A Assembleia de Delegados Sindicais, reunida em inícios de junho de 2012, apontou a importância da reforma aproveitar para esclarecer questões relacionadas com a hierarquia e autonomia, o papel a desempenhar pelo Conse-lho Superior do Ministério Público e o desenvolvimento das carreiras, exigindo uma maior transparência e a elaboração de critérios bem definidos nos mecanis-mos de gestão dos magistrados do Ministério Público.[36] Como se referiu atrás, a questão dos vencimentos é a que provoca, e continuará a provocar, maiores discordâncias entre o Sindicato e o Ministério da Justiça, por via dos sucessivos cortes que têm vindo a ser aplicados na sequência do cumprimento do programa de assistência financeira internacional a que o Governo português se vinculou.

A tomada de posse de Joana Marques Vidal, em 12 de outubro de 2012, como nova Procuradora-Geral da República constituiu uma surpresa nos meios polí-ticos e judiciários e introduziu um novo ciclo "político" no cargo que coordena todo o Ministério Púbico. Várias foram as diferenças face às opções anteriores, entre as quais: a primeira mulher a exercer o cargo; uma profissional com reco-nhecidas ligações históricas ao Sindicato dos Magistrados do Ministério Público;

---

[35] Ver pareceres do Sindicato dos Magistrados do Ministério Público em <http://www.smmp.pt/?cat=25>.

[36] Ver a moção aprovada em <http://www.smmp.pt/?page_id=16947>.

uma magistrada com larga experiência na área da família e menores, em vez da área penal; uma ação cívica reconhecida, como presidente da Associação Portuguesa de Apoio à Vítima; a defesa pública, em diferentes momentos ao longo da sua carreira, de um Ministério Público de "rosto humano" e mais próximo do cidadão; e a adoção de um *low-profile* inicial, em contraste com o antecessor.

O papel que irá desempenhar ainda é uma incógnita, face ao pouco tempo no cargo. Contudo, é já visível o novo estilo de condução do Ministério Público nesta fase inicial, adotando uma atitude cautelosa e de preocupação em não haver grande exposição pública. Alguns atos simbólicos confirmam haver uma nova postura, nomeadamente no processo de renovação da coordenação no DCIAP, com a não recondução de Cândida Almeida no lugar, por defender a renovação dos titulares dos cargos, e uma, para já aparente, mudança na forma de promover a coordenação das investigações, com o previsível abandono dos megaprocessos (e correspondentes equipas especiais) cujos resultados não foram satisfatórios nem consensuais. É igualmente visível um apaziguamento das tensões entre o Sindicato dos Magistrados do Ministério Público e a Procuradoria-Geral da República. Espera-se que, apesar do contexto de crise financeira do Estado, entretanto seja percetível qual o modelo e as mudanças que pretende introduzir, seja ao nível das estruturas de coordenação ou das práticas profissionais quotidianas.[37]

4. As funções e os órgãos do Ministério Público

A análise das funções e órgãos do Ministério Público é essencial para se compreender a natureza e complexidade desta entidade, traduzida na ação dos magistrados do Ministério Público. Neste sentido, e após a análise da evolução da legislação relativa à sua estrutura e organização, o escrutínio centra-se agora nas atuais competências e funções desempenhadas, bem como nas estruturas construídas para a sua execução. Não se irá efetuar um estudo muito exaustivo e abrangendo todas as suas áreas de intervenção, reproduzindo de perto o que está inscrito nas diversas leis onde a sua atuação está descrita, quer por falta de espaço, quer por se considerar que tal ficaria não só aquém do desejado

---

[37] O leque de problemáticas a resolver é enorme, como elencou publicamente a 16 de abril de 2013, no debate organizado pela República do Direito, em Coimbra, destacando-se a sua preocupação, entre outras temáticas abordadas, na centralidade que exige a reorganização da estrutura e serviços do Ministério Público para se adaptar às novas necessidades e realidades, e a importância de valorizar os seus profissionais, através de uma correta avaliação da globalidade das suas atividades, onde se inclui a relação direta com os cidadãos.

como interferiria na lógica subjacente à elaboração deste trabalho, que procura questionar a atual conformação do Ministério Público num contexto de transformações do papel do poder judicial (em abstrato), das profissões jurídicas e do próprio sistema judicial (em termos de competências e organização), realçando a sua responsabilidade em garantir o cumprimento da legalidade abstrata e dos direitos dos cidadãos em concreto.

4.1. As funções do Ministério Público

O Estatuto do Ministério Público (EMP),[38] de 1998, na sequência da revisão constitucional de 1997, introduziu uma nova definição de Ministério Público, segundo a qual

> o Ministério Público representa o Estado, defende os interesses que a lei determinar, participa na execução da política criminal definida pelos órgãos de soberania, exerce a acção penal orientada pelo princípio da legalidade e defende a legalidade democrática, nos termos da Constituição, do presente Estatuto e da lei (artigo 1.º, n.º 1).

Esta redação tem a virtualidade de especificar o tipo complexo de atribuições cometidas ao Ministério Público e, nessa medida, acaba por definir os traços da sua "nova" identidade (Rodrigues, 1999b).

Uma das características essenciais do Ministério Público, em Portugal, prende-se com o seu poliformismo e o conjunto vasto, heterogéneo e transversal das suas atribuições e competências. Segundo Gomes Canotilho e Vital Moreira(1993), as funções do Ministério Público poder-se-iam agrupar em quatro áreas:

> representar o Estado, nomeadamente nos tribunais, nas causas em que ele seja parte, funcionando como uma espécie de Advogado do Estado; exercer a acção penal [...]; defender a legalidade democrática, intervindo, entre outras coisas, no contencioso administrativo e fiscal e na fiscalização da constitucionalidade; defender os interesses de determinadas pessoas mais carenciadas de protecção, designadamente, verificados certos requisitos, os menores, os ausentes, os trabalhadores, etc. (Canotilho e Moreira, 1993).

---

[38] Lei n.º 60/98, de 27 de agosto, que surgiu pela primeira vez com a epígrafe de Estatuto (em vez de Lei Orgânica). Disponível em <http://dre.pt/pdf1sdip/1998/08/1 97A00/43724422.pdf>.

Contudo, os mesmos autores defendem que o exercício simultâneo destas várias funções pode não ser isento de conflitos e incompatibilidades, pois nem sempre a defesa dos interesses privados do Estado pode ser harmonizável com, por exemplo, a defesa da legalidade democrática (Canotilho e Moreira, 1993). Assim, compete atualmente ao Ministério Público:[39]

a) Representar [exercendo o patrocínio judiciário] o Estado, as Regiões Autónomas, as autarquias locais, os incapazes, os incertos e os ausentes em parte incerta;

b) Participar na execução da política criminal definida pelos órgãos de soberania;

c) Exercer a acção penal orientada pelo princípio da legalidade;

d) Exercer o patrocínio oficioso dos trabalhadores e suas famílias na defesa dos seus direitos de carácter social;

e) Assumir, nos casos previstos na lei, a defesa de interesses colectivos e difusos;

f) Defender a independência dos tribunais, na área das suas atribuições, e velar para que a função jurisdicional se exerça em conformidade com a Constituição e as leis;

g) Promover a execução das decisões dos tribunais para que tenha legitimidade;

h) Dirigir a investigação criminal, ainda quando realizada por outras entidades;

i) Promover e realizar acções de prevenção criminal;

j) Fiscalizar a constitucionalidade dos actos normativos;

k) Intervir nos processos de falência e de insolvência e em todos os que envolvam interesse público;

l) Exercer funções consultivas [...];

m) Fiscalizar a actividade processual dos órgãos de polícia criminal;

n) Recorrer sempre que a decisão seja efeito de conluio das partes no sentido de fraudar a lei ou tenha sido proferida com violação de lei expressa;

o) Exercer as demais funções conferidas por lei.

Estas atribuições do Ministério Público estão, ainda, previstas e dispersas pelas leis de processo e em legislação avulsa. O Ministério Público pode ter uma intervenção principal – quando representa os órgãos ou pessoas referidos acima nas alíneas *a)*, *d)* e *e)* do n.º 1 do art.º 3.º; nos inventários exigidos por lei; e nos demais casos em que a lei lhe atribua competência para intervir nessa qualidade, conforme disposto no n.º 1 do art.º 5.º – ou acessória – quando zela pelos interesses que lhe são atribuídos por lei.

---

[39] Nos termos do n.º 1 do Art.º 3.º do seu Estatuto.

O Ministério Público assume, assim, um conjunto de competências que permite afirmar que é não só um ator institucional como um ator social e que, ao longo dos vários períodos, a sua função social se foi solidificando e expandindo. Como ator institucional, o Ministério Público assume um verdadeiro patrocínio judiciário ou uma representação do Estado. A questão não é pacífica na doutrina jurídica. Sérvulo Correia (2001), referindo-se à matéria administrativa, parece entender tratar-se aqui de um patrocínio judiciário. No mesmo sentido, parece ir também Cunha Rodrigues (1999b: 156), ao referir-se à atividade desenvolvida pelo Ministério Público como «exercício da advocacia do Estado». Por outro lado, e em sentido contrário, Carlos Lopes do Rego, referindo-se à atuação do Ministério Público na jurisdição cível, defende tratar-se de uma «verdadeira representação orgânica da Administração Central perante os tribunais – e não de mero patrocínio judiciário exercido pelos agentes do Ministério Público» (Rego, 2000: 83), o que importaria, na opinião do autor, uma obrigatoriedade de representação, constituindo a intervenção de mandatário judicial, uma situação excecionalíssima, carecedora de

> preceito constante de lei da Assembleia da República ou de decreto-lei credenciado por autorização legislativa, já que nos movemos em matéria – competência e atribuições do Ministério Público – situada no âmbito da competência legislativa reservada da Assembleia da República (art.º 165.º, n.º 1, al. p) CRP) (Rego 2000: 98).

O Ministério tem assumido funções como ator social de grande relevância que, embora consideradas residuais, têm ganho uma maior predominância na atividade dos magistrados do Ministério Público, em especial aqueles que não se encontram ligados aos DIAP nas comarcas em que estes têm competência para o exercício da ação penal. Assim, destacam-se, nesta vertente social do Ministério Público, a função de articulação entre os serviços de apoio à decisão e à execução da decisão e o Tribunal no âmbito da legislação de menores. Assume, igualmente, a função de representação do Estado;[40] dos incapazes, incertos e ausentes em parte incerta;[41] dos trabalhadores e suas famílias;[42] e a defesa de interesses coletivos e difusos.[43]

---

[40] Artigos 20.º do Código de Processo Civil, 11.º, n.º 2, do Código do Processo dos Tribunais Administrativos e 6.º do Código de Processo do Trabalho.

[41] Artigos 15.º a 17.º do Código de Processo Civil.

[42] Artigo 7.º, alínea a), do Código de Processo do Trabalho.

[43] Artigo 26.º-A, do Código de Processo Civil.

Na área do direito laboral, o Ministério Público tem como competência apoiar gratuitamente os trabalhadores e as suas famílias na resolução dos litígios de natureza contratual, fazendo atendimento ao público e recebendo os trabalhadores ou familiares na fase inicial da sua intervenção processual. Neste âmbito, deve privilegiar soluções consensuais, evitando o recurso à ação litigiosa, em especial em matéria de acidentes de trabalho, incluindo os que respeitam à morte do trabalhador. Não sendo possível a resolução consensual, cabe ao Ministério Público o patrocínio dos sinistrados e dos portadores de doença profissional e dos seus familiares nos processos emergentes de acidente de trabalho e nos processos emergentes de doença profissional. Também cabe ao Ministério Público requerer a atualização das pensões dos sinistrados.

No que respeita aos litígios decorrentes da relação de trabalho subordinado, o Ministério Público pode patrocinar os trabalhadores que o solicitem e que não tenham recorrido ao patrocínio do advogado da associação sindical que os representa, ou que não tenham pedido apoio judiciário na modalidade de nomeação de patrono. O Ministério Público tem ainda intervenção nos processos de contraordenação instruídos por deficientes condições de trabalho, assegurando, igualmente, melhores níveis de organização nas empresas e melhores condições de higiene e saúde no trabalho.

O Ministério Público representa ainda incapazes, incertos ou ausentes em parte incerta (desde que os representantes legais não se oponham formalmente a tal intervenção no processo). Em regra, esta intervenção de representação de incapazes é igualmente gratuita e centra-se na defesa da condição de vulnerabilidade dos menores e, por isso, o Ministério Público tem competências variadas para acautelar ou defender os seus interesses. A intervenção do Ministério Público é oficiosa ou por solicitação dos próprios progenitores ou, na falta deles, de terceiros que se interessem pelo menor ou que tenham de facto o menor a seu cargo.

Pode, por exemplo, solicitar-se ao Ministério Público a providência cível de regulação do exercício das responsabilidades parentais, a sua alteração ou uma providência pelo incumprimento de deveres de um dos progenitores como, entre outros, o de alimentos devidos a menor. Pronuncia-se igualmente quanto ao acordo relativo às responsabilidades parentais nos divórcios por mútuo consentimento que correm nas Conservatórias. Intervém, ainda, nos inventários obrigatórios e naqueles em que os interesses de herdeiro menor, ausente ou incapaz podem estar em conflito com os dos seus legais representantes.[44]

---

[44] Esta competência está hoje em discussão com a proposta do governo em alterar a Lei do Inventário, dado que na versão em circulação para recolha de contributos por parte das instituições

Adicionalmente, pode ainda suscitar-se junto do Ministério Público que sejam tomadas outras providências cíveis, como a tutela, a adoção e o apadrinhamento, quando os menores não tenham pais biológicos ou estes não tenham condição de exercer as responsabilidades parentais. Se o menor não tiver a filiação determinada (por exemplo, se no registo civil não constar a menção de quem é o pai ou a mãe), é ao Ministério Público que compete, oficiosamente, intentar ação para o estabelecimento da filiação.

No âmbito da Lei de Proteção de Crianças e Jovens em Perigo, é ao Ministério Público que compete acompanhar e fiscalizar a intervenção das Comissões de Proteção de Crianças e Jovens, requerer a intervenção do tribunal sempre que as Comissões não possam prosseguir com a sua atividade e, quando a vida ou a integridade física do menor se encontre em perigo, requerer diretamente ao Tribunal providência urgente para remover esse perigo. Por fim, e em estreito paralelo com a competência para a ação penal de adultos, se um jovem com mais de 12 anos e menos de 16 cometer atos que a lei penal qualifique como crime, o Ministério Público, no âmbito da Lei Tutelar Educativa, dirige o inquérito tutelar e requer as medidas que eduquem o jovem.

Para além dos incapazes menores, pode suceder que um adulto seja declarado interdito ou incapaz. Nestas circunstâncias há mecanismos jurídicos para o suprimento da incapacidade, pela interdição ou inabilitação do cidadão, passando a pessoa a estar sujeita a tutela ou a assistência de outrem nas decisões que respeitem à sua vida e bens ou apenas aos seus bens. O Ministério Público tem, junto dos tribunais cíveis, legitimidade para, oficiosamente, requerer essa tutela ou assistência.

Numa outra dimensão da proteção dos incapazes, interditos e inabilitados, compete ao Ministério Público proteger o adulto que sofra de anomalia psíquica grave que necessite de tratamento médico e que recuse tratar-se, resultando desta recusa uma situação de perigo para o próprio doente, para terceiros ou para bens valiosos. No âmbito da Lei de Saúde Mental, compete ao Ministério Público determinar o internamento compulsivo não urgente e fiscalizar a legalidade do internamento compulsivo de urgência. O internamento visa o tratamento médico da pessoa e, por isso, cessa logo que cessarem as causas que o justificaram. Não é nem um mecanismo de natureza civil nem de natureza penal, visando antes a promoção da saúde mental. Nos casos em que o portador de anomalia

---

que devem ser ouvidas o governo retirou a competência do Ministério Público de representação dos herdeiros menores, ausentes e incapazes, mantendo, apenas a competência para a representação do Estado.

psíquica grave cometa atos que constituam crime, é também da responsabilidade do Ministério Público, em sede de inquérito crime, requerer, a título de medida de coação, a aplicação de internamento preventivo do arguido (em vez de prisão preventiva).[45] No termo do inquérito, em vez de deduzir acusação, pode requerer a aplicação de medida de segurança privativa de liberdade,[46] e sustentar a sua aplicação em julgamento.

O Ministério Público tem ainda, e por força do seu estatuto, a competência para defender os interesses difusos, ou seja, os interesses que pertencem a todos, mas que não podem ser apropriados por ninguém, sendo partilhados, em igual medida, por todos os cidadãos. Por exemplo, o interesse ambiental, da saúde pública, da qualidade dos produtos, do património cultural e do desenvolvimento sustentável integram-se na categoria dos direitos que são compartilhados por todos em igual medida, ou seja, constituem interesses difusos. A defesa dos interesses difusos pode ocorrer no âmbito do direito administrativo, do direito civil, do direito penal ou contraordenacional e o Ministério Público, no exercício dessas competências, pode acionar seguradoras, entidades bancárias ou operadoras de serviços de telecomunicações por incluírem, por exemplo, cláusulas abusivas nos contratos a que as pessoas apenas se podem limitar a aderir, visando a retirada dessas cláusulas do comércio jurídico.[47]

Pode, assim, concluir-se que a atuação do Ministério Público, além de transversal a todo o processo, assume funções diferenciadas, posicionando-se ora como autor, ora como réu ou, ainda, como *amicus curiae*. É uma panóplia de funções que o levam a constituir-se como um órgão imprescindível na aplicação da justiça.[48] Cunha Rodrigues refere, em relação à multiplicidade de funções exercidas, que

> em estreita conexão com as transformações sociais, as atribuições do Ministério Público foram-se, pouco a pouco, alargando: da defesa de bens dominados da coroa, à administração da justiça penal, desta, à representação dos órfãos, viúvas e miseráveis; e, depois, à justiça cível, a outros direitos e interesses e a mais áreas atinentes a funções administrativas do Estado [...] distribuem-se por diversos planos,

---

[45] Nos termos do artigo 202.º n.º 2 do Código de Processo Penal.

[46] Nos termos do artigo 91.º do Código Penal.

[47] Conferir em <http://www.pgdlisboa.pt>.

[48] Sobre as diversas funções descritas atrás, ver igualmente o trabalho meritório de Paula Marçalo (2011: 49 ss.) sobre o estatuto do Ministério Público (anotado), em que se descrevem com maior pormenor as atividades desenvolvidas pelo Ministério Público.

onde se inclui o exercício da acção penal, compreendendo a direcção da investiga-ção criminal, a promoção da legalidade, a representação do Estado, de incapazes e de incertos e o exercício de funções consultivas (Rodrigues, 1999c: 91-92).

Segundo a interpretação de Arala Chaves, um magistrado judicial que assumiu o cargo de Procurador-Geral da República após a aprovação da Constituição de 1976 e nele se manteve até se reformar, em 1984, e que muito contribuiu para a reorganização e afirmação deste órgão,

> as competências do Ministério Público permitiram apelidá-lo, na sabedoria popular, por advogado da verdade, fiscal da lei, protector e amparo dos fracos e até, em algumas zonas do país, lhe chamam «pai dos órfãos». E é assim que sempre lhe coube a representação judiciária dos incapazes, ausentes ou incertos (Chaves, 2004: 125).

4.2. A organização do Ministério Público

Segundo a Exposição de Motivos da Proposta de Lei n.º 113/VII,[49] a alteração do Estatuto do Ministério Público teve como preocupação a redefinição das competências dos vários magistrados e a criação de novos órgãos vocacionados para a resolução de problemas concretos, num esforço de organização interna, reconhecendo o polimorfismo do Ministério Público, que exerce

> competências nas áreas constitucional, cível, criminal, social, de menores, administrativa e tributária, ora agindo em funções típicas de magistrado, ora em representação de interesses sociais e colectivos, ora na função de advogado do Estado ou de defensor da legalidade, [o que] tem obrigado a considerável esforço de organização, formação e métodos de trabalho em contextos de elevado volume processual e de graves carências de apoio.[50]

Atualmente, o Estatuto do Ministério Público define como órgãos a Procuradoria-Geral da República, as procuradorias-gerais distritais e as pro-curadorias da República, e como agentes do Ministério Público o Procurador--Geral da República, o Vice-Procurador-Geral da República, os Procuradores--Gerais Adjuntos, os procuradores da República e os procuradores adjuntos.[51]

---

[49] Proposta esta que veio a dar origem à Lei n.º 60/98, de 27 de agosto (EMP).

[50] Exposição de Motivos da Proposta de Lei n.º 113/VII, *Diário da Assembleia da República*, II Série A, n.º 53/VII/3, de 23 de maio de 1998.

[51] Os agentes do Ministério Público podem, ainda, ser coadjuvados por assessores. A instituição da assessoria e a definição das suas competências foi instituída pela Lei n.º 2/98,

De seguida, apresentar-se-ão, de forma sucinta, os principais órgãos que constituem o Ministério Público.[52]

FIGURA 1
Estrutura do Ministério Público[53]

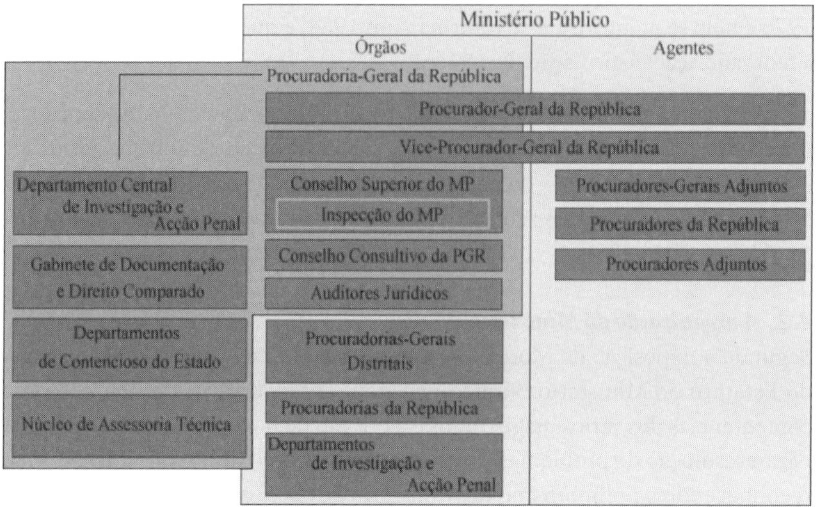

Ministério Público		
Órgãos		Agentes
Procuradoria-Geral da República		
	Procurador-Geral da República	
	Vice-Procurador-Geral da República	
Departamento Central de Investigação e Acção Penal	Conselho Superior do MP	Procuradores-Gerais Adjuntos
	Inspecção do MP	Procuradores da República
Gabinete de Documentação e Direito Comparado	Conselho Consultivo da PGR	Procuradores Adjuntos
	Auditores Jurídicos	
Departamentos de Contencioso do Estado	Procuradorias-Gerais Distritais	
Núcleo de Assessoria Técnica	Procuradorias da República	
	Departamentos de Investigação e Acção Penal	

Fonte: *Site* da Procuradoria-Geral da República[54]

---

de 8 de janeiro, nos termos da qual «[o] Supremo Tribunal de Justiça e os tribunais de Relação dispõem de assessores que coadjuvam os magistrados judiciais e os magistrados do Ministério Público», prevendo-se a possibilidade de existência de assessores nos tribunais de 1.ª instância «quando a complexidade e o volume de serviço o justifiquem» (cf. artigo 1.º). Aos assessores compete «*a*) Proferir despachos de mero expediente; *b*) Preparar a agenda dos serviços a efectuar; *c*) elaborar projectos de peças processuais; *d*) Proceder à pesquisa da legislação, jurisprudência e doutrina necessárias à preparação das decisões e das promoções nos processos; *e*) Sumariar as decisões e as promoções, a legislação, a jurisprudência e a doutrina de maior interesse científico e integrá-las em ficheiros ou em base de dados; *f*) Colaborar na organização e actualização da biblioteca do tribunal» (cf. artigo 2.º, n.º 1).

[52] Para uma análise mais pormenorizada, em termos da discussão da sua origem e natureza, consultar o trabalho de Marçalo (2011: 90 ss.).

[53] A Figura 1 mantém a ortografia pré-acordo, que é ainda usada no *site* da Procuradoria-Geral da República.

[54] <http://www.pgr.pt/grupo_pgr/indice.html>.

4.2.1. Os órgãos do Ministério Público

A Procuradoria-Geral da República é o órgão superior do Ministério Público, que compreende o Procurador-Geral da República, o Conselho Superior do Ministério Público, o Conselho Consultivo da Procuradoria-Geral da República, os auditores jurídicos e os serviços de apoio técnico e administrativo.[55]

O Procurador-Geral da República, enquanto presidente da Procuradoria-Geral da República, promove a defesa da legalidade democrática, dirigindo, coordenando e fiscalizando a atividade do Ministério Público, emitindo as diretivas, ordens e instruções a que deve obedecer a atuação dos respetivos magistrados e informando o Ministro da Justiça da necessidade de medidas legislativas tendentes a conferir exequibilidade aos preceitos constitucionais e eficiência ao Ministério Público, e a aperfeiçoar as instituições judiciárias ou a pôr termo a decisões divergentes dos tribunais ou dos órgãos da Administração Pública. O Procurador-Geral da República é o único agente do Ministério Público, e de qualquer das magistraturas, sujeito a designação pelo poder político, não estando a escolha sujeita a restrições nem na área de recrutamento nem nos requisitos especiais de formação para o desempenho do cargo. Tendo em consideração funções tão importantes e uma situação política única, o legislador constitucional colocou muita ênfase na sua legitimação abrangente através da participação quer do Governo, propondo um nome, quer do Presidente da República, que efetivamente nomeia o Procurador-Geral da República.[56]

O Procurador-Geral da República é apoiado, no exercício das suas funções, por um Gabinete composto pelo chefe de Gabinete, seis assessores e dois secretários pessoais[57] e é coadjuvado e substituído pelo Vice-Procurador da República, nomeado pelo Conselho Superior do Ministério Público.[58] Nos tribunais

---

[55] A orgânica dos serviços da Procuradoria-Geral da República está estabelecida pelo Decreto-Lei n.º 333/99, de 20 de agosto (que revogou o anterior Decreto Regulamentar n.º 64/87, de 23 de dezembro).

[56] Cf. artigo 133.º, alínea m) da CRP.

[57] Cf. artigo 1.º, n.º 1, do Decreto-Lei n.º 333/99, de 20 de agosto (orgânica dos serviços da PGR).

[58] O cargo de Vice-Procurador-Geral da República foi pela primeira vez ocupado por uma magistrada, Isabel São Marcos, no mandato de Pinto Monteiro como Procurador-Geral da República, (2006-2012), no âmbito do conturbado processo de substituição, por limite de idade, do então titular do cargo, Mário Gomes Dias. Apesar da tentativa do então Procurador-Geral da República para que a lei de jubilação fosse alterada de modo a poder excecionar o cargo de Vice-Procurador-Geral da República, a Assembleia da República decidiu não aceder à pretensão, opondo-se à alteração das leis por força de um caso específico, situação que seria mais polémica ainda do que a pretensão em si.

superiores (Supremo Tribunal de Justiça, Tribunal Constitucional, Supremo Tribunal Administrativo e Tribunal de Contas), o Procurador-Geral da República é ainda coadjuvado e substituído por Procuradores-Gerais Adjuntos, cabendo ao Procurador-Geral designar, bienalmente, o coordenador da atividade do Ministério Público em cada um daqueles tribunais.

Uma das principais atribuições da Procuradoria-Geral da República (PGR) prende-se com funções de natureza consultiva exercidas através do Conselho Consultivo. O Conselho é, atualmente, composto pelo Procurador-Geral da República e oito vogais, todos Procuradores-Gerais Adjuntos. Ao Conselho Consultivo compete, entre outras funções, emitir parecer restrito a matéria de legalidade nos casos de consulta previstos na lei ou a solicitação do Presidente da Assembleia da República ou do Governo; pronunciar-se, a pedido do Governo, acerca da formulação e conteúdo jurídico de projetos de diplomas legislativos; pronunciar-se sobre a legalidade dos contratos em que o Estado seja interessado, quando o seu parecer for exigido por lei ou solicitado pelo Governo; e informar o Governo, por intermédio do Ministro da Justiça, acerca de quaisquer obscuridades, deficiências ou contradições dos textos legais e propor as devidas alterações.[59] Também os auditores jurídicos, categoria exercida por Procuradores-Gerais Adjuntos junto da Assembleia da República, de cada Ministério e dos representantes da República junto de cada Região Autónoma, exercem funções de consulta e apoio jurídicos para a entidade junto da qual funcionem.[60]

De entre os novos departamentos criados pelo Estatuto, destacam-se os Departamentos de Contencioso do Estado, o Departamento Central de Investigação e Ação Penal (DCIAP) e os Departamentos de Investigação e Ação Penal (DIAP). Ficaram na dependência da Procuradoria-Geral da República, para além do Departamento Central de Investigação e Ação Penal (DCIAP), o Gabinete de Documentação e de Direito Comparado (GDDC),[61] o Núcleo de Assessoria Técnica (NAT)[62] e os Departamentos de Contencioso do Estado (PGR, 2011).

---

[59] Cf. artigo 37.º do EMP.

[60] Cf. artigos 44.º e 45.º do EMP.

[61] Ao GDDC compete, entre várias competências, prestar assessoria jurídica, recolher, tratar e difundir informação jurídica (cf. artigo 48.º, n.º 1, do EMP).

[62] O NAT foi criado pela Lei n.º 1/97, de 16 de janeiro, destinando-se a «assegurar a assessoria e consultadoria técnica ao Ministério Público em matéria económica, financeira, bancária, contabilística e de mercado de valores mobiliários» (cf. artigo 1.º, n.º 2).

Na já referida Exposição de Motivos da Proposta de Lei n.º 113/VII, o legislador considerou que

> a emergência de novos fenómenos de criminalidade, associada e induzida pelo consumo de estupefacientes, a mobilidade e estruturação de grupos e de subculturas delinquentes, a sofisticação das novas formas de acção e organização da criminalidade de colarinho branco, tornaram patentes as insuficiências e fragilidades do sistema.
>
> Tornou-se manifesto que um órgão fechado em si mesmo, sem valências de especialização, modelado segundo critérios rígidos de competência territorial na base da comarca, sem ligação à prevenção e à investigação policial e às suas formas de organização territorial e material, não poderia dar resposta suficiente às novas solicitações.

Assim, foram criados o Departamento Central de Investigação e Ação Penal (DCIAP) e os Departamentos de Investigação e Ação Penal (DIAP). O DCIAP é um órgão de coordenação e de direção da investigação e de prevenção da criminalidade violenta, altamente organizada ou de especial complexidade.[63] O DCIAP é uma estrutura interdisciplinar, integrando magistrados do Ministério Público, elementos de Órgãos de Polícia Criminal e funcionários de justiça, podendo ser coadjuvado pelo NAT em matéria económica, financeira, bancária, contabilística e de mercado de valores mobiliários. É constituído por um procurador-geral adjunto, que o dirige, por procuradores da República e por funcionários de justiça. Em cada um dos Distritos Judiciais (atualmente Lisboa, Porto, Coimbra e Évora) existe um Departamento de Investigação e Ação Penal,[64] de acordo com as competências definidas pelo EMP,[65] prevendo-se a possibilidade de criação, através de portaria do Ministério da Justiça, ouvido o Conselho Superior do Ministério Público, de DIAP em comarcas de elevado volume processual, ou seja, em comarcas que «registem entradas superiores a 5000 inquéritos anualmente e em, pelo menos, três dos últimos cinco anos judiciais».[66]

---

[63] Ver rol de competências elencadas no artigo 47.º, n.º 1, do EMP.

[64] Atualmente, existem sete DIAP: quatro instalados pela Portaria n.º 754/99, de 27 de agosto, na sede de cada Distrito Judicial <http://dre.pt/pdf1sdip/1999/08/200B00/59085908.pdf>, e três instalados com as comarcas-piloto instituídas em 2009 (Grande-Lisboa Noroeste – instalado em Sintra e com delegação na Amadora –; Alentejo Litoral – com sede em Santiago do Cacém –; e Baixo-Vouga – com sede em Aveiro e com delegação em Águeda) pelo Decreto-Lei n.º 25/2009, de 26 de janeiro <http://dre.pt/pdf1sdip/2009/01/01700/0050000514.pdf>.

[65] Cf. n.º 1 do artigo 73.º do EMP.

[66] Cf artigo 71.º do EMP.

A implementação do modelo experimental de Mapa Judiciário,[67] aprovado pelo Governo do Partido Socialista liderado por José Sócrates (atualmente ainda em curso em três comarcas-piloto, enquanto não é implementada a nova reforma apresentada em 2012, na sequência do inscrito no Memorando da Troika)[68] veio criar uma nova função ou "órgão": o magistrado do Ministério Público Coordenador.[69] A partir de 2009, com a entrada em vigor do novo Mapa Judiciário nas comarcas-piloto, passou a existir em cada uma dessas comarcas experimentais um magistrado do Ministério Público coordenador, que é «um procurador-geral adjunto que dirige os serviços do Ministério Público, nomeado em comissão de serviço, pelo Conselho Superior do Ministério Público, de entre três nomes propostos pelo procurador-geral distrital».[70]

O projeto-piloto,[71] e como é referido no seu preâmbulo, define, «[d]e acordo com os termos da reforma, os novos modelos de gestão e de divisão territorial [que] deverão ser aplicados, numa fase inicial, apenas [às] três comarcas piloto». O preâmbulo acrescenta ainda que, nas comarcas piloto, se atingiu um «índice de especialização por comarca sem paralelo nas actuais circunscrições e uma reafectação substancial dos meios humanos em cada comarca», com «um novo modelo de gestão dos tribunais» orientado para os resultados, o que é notório nas competências e nas exigências de "formação" do magistrado coordenador.[72]

Na avaliação efetuada pelo Observatório Permanente da Justiça Portuguesa, por solicitação do Ministério da Justiça, às experiências-piloto do novo Mapa Judiciário, defende-se que

[a]pesar das lacunas de preparação e de acompanhamento da reforma, o trabalho de campo realizado permitiu identificar algumas dinâmicas locais consentâneas com os objectivos da reforma. Foi possível identificar experiências positivas de optimização de funcionamento dos serviços, numa postura activa de supervisão e controlo das actividades por parte do juiz presidente, com coadjuvação do administrador judiciário. Desde logo, o estabelecimento de metas e objectivos

---

[67] Lei n.º 52/2008, de 28 de agosto <http://dre.pt/pdf1sdip/2008/08/16600/0608806124.pdf>.

[68] <http://dre.pt/pdf1sdip/2008/08/16600/0608806124.pdf>.

[69] Artigo 90.º da Lei n.º 52/2008, de 28 de agosto

[70] Cf. n.º 1 do artigo 90.º da Lei n.º 52/2008, de 28 de agosto.

[71] Definido pelo Decreto-Lei n.º 25/2009, de 26 de janeiro <http://dre.pt/pdf1sdip/2009/01/01700/0050000514.pdf>.

[72] Que são as que constam no artigo 92.º da Lei 52/2008, de 28 de agosto, conforme se indica no n.º 4 do artigo 90.º da referida Lei.

de produtividade, realização de reuniões de planeamento das actividades com as chefias das secções e com os magistrados coordenadores ou, ainda, a experimentação de outros métodos de trabalho [...]. Registou-se, ainda, um acréscimo de racionalização no que se refere ao pedido de material, requisição de objectos e critérios de ocupação das salas (Santos, Gomes *et al.*, 2010: 120-121).

Os Departamentos de Contencioso do Estado[73] nunca foram efetivamente instalados, continuando a ser letra morta. Estavam-lhes atribuídas competências em matéria cível e/ou administrativa, cujo objetivo se prendia com a prevenção

[d]os possíveis riscos de conflito de deveres ou de interesses e de conferir agilidade à representação do Estado pelo Ministério Público, na defesa dos seus interesses privados, quer nas relações com a Administração, quer no que se refere à sua intervenção junto dos tribunais.[74]

Por último, às procuradorias da República existentes na comarca sede de cada círculo judicial compete a direção, coordenação e fiscalização da atividade do Ministério Público na área da respetiva circunscrição territorial,[75] pelo que, com a criação dos DIAP, em 1998, e a sua expansão em 2009, ficam cada vez mais reduzidas às funções "sociais" do Ministério Público, no âmbito do contencioso do Estado, família, laboral e interesses difusos, assim como à direção da ação penal junto dos tribunais nas fases de instrução e de julgamento.

4.2.2. *O Conselho Superior do Ministério Público*
A estrutura do Ministério Público inclui o Conselho Superior do Ministério Público.[76] Enquanto o Conselho Superior da Magistratura, para os juízes, é um verdadeiro órgão de governo da magistratura judicial (autorregulação), o governo do Ministério Público reparte-se entre o Procurador-Geral da República

---

[73] Também criados pela Lei n.º 60/98 (EMP).

[74] Ponto 12 da Exposição de Motivos da Proposta de Lei n.º 113/VII, *Diário da Assembleia da República*, II Série A, n.º 53/VII/3, de 23 de maio de 1998.

[75] Cf. artigo 61.º do EMP.

[76] Em Portugal, na estrutura judiciária, existe ainda o Conselho Superior da Magistratura (para os juízes), o Conselho Superior dos Tribunais Administrativos e Fiscais (para os magistrados judiciais nestes tribunais) e o Conselho de Oficiais de Justiça. Para mais informações sobre os diferentes conselhos e sobre o seu desempenho, ver Dias (2001, 2004). Uma das suas propostas passa pela fusão dos vários órgãos de governo das magistraturas e dos funcionários judiciais, de modo a otimizar os recursos e garantir uma gestão dos recursos humanos integrada, eficiente e transparente (Dias, 2004).

e o Conselho Superior do Ministério Público, tendo o PGR primazia sobre o CSMP. Segundo Cunha Rodrigues, isto deve-se ao facto de,

> sendo o Ministério Público uma magistratura predominantemente monocrática, isto é, funcionando normalmente por intermédio de órgãos ou agentes unipessoais, concentra-se na posição do Procurador-Geral da República a representação do Ministério Público e as atribuições que, pertencendo à Procuradoria-Geral da República, não se encontram confiadas a outros órgãos (Rodrigues, 1978, *apud* Cluny, 1994: 48-49).

Cunha Rodrigues acrescenta, ainda, que a hierarquia existente nesta magistratura «corresponde também a necessidades impostas pela natureza das funções e por um objectivo de democratização da administração da justiça» (*ibidem*, 1994: 49), regendo-se por estritos critérios legais. Cunha Rodrigues considera, deste modo, que a tradição portuguesa foi sempre de um Ministério Público indivisível e policêntrico, tratando-se, assim, de «um modelo com raízes muito antigas, cuja evolução se realizou principalmente segundo as exigências da justiça e da administração do país» (Rodrigues, 1999a: 92). Por conseguinte,

> [a] organização hierárquica do Ministério Público poderá representar-se por um eixo em que, de um lado, estão os poderes directivos e, do outro, os poderes de gestão e disciplinares. Os poderes directivos, correspondendo *lato sensu* a intervenções de carácter técnico e processual, encontram-se distribuídos por escalões e funcionam segundo uma estrutura monocrática cujo vértice é o Procurador-Geral da República, não distinguindo a lei entre poderes directivos genéricos e específicos nem entre instruções ou ordens de natureza preventiva e *a posteriori*. Os poderes de gestão e disciplina competem a um órgão colegial – o Conselho Superior do Ministério Público (1999a: 305-306).

O âmbito de atuação do Conselho Superior do Ministério Público, perante esta estrutura organizativa, está limitado pelas próprias competências do Procurador-Geral da República, numa espécie de prolongamento ou de delegação de atribuições. Destas atribuições, decorre que, ainda por razões que se prendem com a natureza do cargo, o Procurador-Geral da República não está sujeito à autoridade do Conselho, algo que se depreende deste extrato retirado do *site* da Procuradoria-Geral da República e que confirma o caráter monocrático do Ministério Público: «as funções que não se ligam directamente ao exercício da acção disciplinar e à apreciação do mérito profissional são exercidas pelo

Conselho de forma opinativa, remetendo-se para o Procurador-Geral da República os poderes de decisão».[77]

A composição deste órgão, após uma sucessão de mudanças ao longo dos últimos 30 anos, apresenta atualmente três características: 1) a predominância de magistrados do Ministério Público face aos membros *laicos*;[78] 2) uma forte representação de membros do Ministério Público a exercer o cargo por inerência, nomeadamente os quatro procuradores-gerais distritais; 3) uma baixa representatividade de membros *laicos* representando os órgãos políticos. Deste modo, e apesar da presença de membros *laicos*, verifica-se a existência de uma predominância de membros do Ministério Público e uma forte presença das hierarquias da Procuradoria-Geral da República, podendo traduzir-se numa menor pluralidade de opiniões e numa diminuição da operacionalidade, funcionando num verdadeiro regime de autogoverno. A atual composição de 19 membros é a seguinte: Procurador-Geral da República; quatro procuradores-gerais distritais;[79] um Procurador-Geral Adjunto, dois procuradores e quatro procuradores adjuntos, eleitos entre os seus pares; cinco juristas designados pela Assembleia da República; e dois juristas designados pelo Ministro da Justiça.

O funcionamento deste órgão divide-se por quatro secções: o plenário, a primeira secção de classificação e mérito, a segunda secção de classificação e mérito, e a secção disciplinar (esta de composição mais reduzida, para abordar apenas questões de natureza disciplinar, quando justificado). As reuniões ordinárias são de periodicidade bimensal, podendo ser extraordinárias sempre que convocadas pelo Procurador-Geral da República ou por um mínimo de sete membros. O serviço de inspeções funciona com magistrados recrutados entre procuradores-gerais adjuntos ou procuradores da República com mais de 15 anos de serviço e em que a sua última classificação seja de *Muito Bom*.

Os membros do Conselho Superior do Ministério Público têm um mandato de três anos, podendo ser reeleitos uma vez. Os vogais eleitos ou nomeados

---

[77] <http://www.pgr.pt/grupo_pgr/CSMP.html>.

[78] *Laico* refere-se ao facto de não serem magistrados. Normalmente, são juristas ou professores de direito, com ou sem proximidade a partidos políticos.

[79] A organização judiciária do território nacional está ainda dividida em quatro distritos judiciais, havendo, portanto, quatro Procuradores-Gerais Distritais, que são os seus responsáveis máximos. Com a nova proposta de Mapa Judiciário, que vem alterar a organização dos distritos e comarcas, não é ainda percetível se irá ocorrer uma alteração nas estruturas hierárquicas de forma a adaptá-las a esta nova realidade.

não magistrados ficam com o direito a auferir um vencimento correspondente ao cargo de origem, se público, ou ao de Diretor-Geral, caso optem por ficar a tempo inteiro. As competências do Conselho Superior do Ministério Público estão definidas no art.º 27.º do Estatuto do Ministério Público e são, entre outras:

> *a*) Nomear, colocar, transferir, promover, exonerar, apreciar o mérito profissio-nal, exercer a acção disciplinar e, em geral, praticar todos os actos de idêntica natureza respeitantes aos magistrados do Ministério Público, com excepção do Procurador-Geral da República;
> *b*) Aprovar o regulamento eleitoral do Conselho, o regulamento interno da Procuradoria-Geral da República, [...] e a proposta do orçamento [...];
> *c*) Deliberar e emitir directivas em matéria de organização interna e de gestão de quadros;
> *d*) Propor ao Procurador-Geral da República a emissão de directivas a que deve obedecer a actuação dos magistrados do Ministério Público;
> *e*) Propor ao Ministro da Justiça, por intermédio do Procurador-Geral da Repú-blica, providências legislativas com vista à eficiência do Ministério Público e ao aperfeiçoamento das instituições judiciárias;
> *f*) Conhecer das reclamações previstas nesta lei;
> *g*) Aprovar o plano anual de inspecções e determinar a realização de inspecções, sindicâncias e inquéritos
> [...].

Ao contrário do que sucede com os juízes, em que o Conselho Superior da Magistratura é um verdadeiro órgão de gestão da profissão, o Conselho Superior do Ministério Público está bastante limitado na sua capacidade de intervenção e gestão, devido à ação, por um lado, dos poderes detidos pelo Procurador-Geral da República e, por outro, por a sua composição limitar, ao contrário do que sucede com os juízes, uma maior independência face às estruturas hierárqui-cas. Acresce ainda a estes fatores a grande autonomia, em termos de gestão e exercício de poder hierárquico, por parte dos Procuradores-Gerais Distritais, que diminui, igualmente, qualquer capacidade de intervenção por parte do Conselho. Contudo, tais limitações são, em parte, justificadas pelas exigências de estruturas hierarquizadas e coordenadas entre si para um melhor exercício das suas competências a diversos níveis de intervenção, com especial destaque para a área criminal.

5. O acesso à carreira e a formação dos magistrados do Ministério Público

O recrutamento dos magistrados do Ministério Público é feito em simultâneo com os juízes, através de um concurso público de ingresso para o Centro de Estudos Judiciários (CEJ).[80] Esta escola de magistrados iniciou a sua atividade em 1980, rompendo com o anterior modelo de ingresso nas magistraturas (CEJ, 2006).

De 1998[81] até 2008, o concurso de acesso era aberto aos cidadãos de nacionalidade portuguesa que tivessem concluído a licenciatura em Direito há, pelo menos, dois anos. Para além de ministrar a formação aos futuros magistrados, o CEJ também realiza ações de formação para advogados, solicitadores e outros setores profissionais (Dias, 2004). Durante o período acima referido, as provas de acesso eram conjuntas e avaliadas por um júri composto por magistrados, nomeados pelos conselhos superiores, e outras personalidades externas à estrutura judiciária, designadas pelo Ministro da Justiça.[82] Quanto à formação ministrada na fase inicial, após a fase de admissão, repartia-se por três momentos, com uma duração de 22 meses: 5 meses de formação teórico-prática; 12 meses no estágio de iniciação nos tribunais judiciais (metade do tempo junto de um juiz, metade junto de um magistrado do Ministério Público); e 5 novamente no Centro de Estudos Judiciários para consolidação da formação após os estágios nos tribunais. Só após o término desta fase é que os auditores podiam selecionar, de acordo com a respetiva classificação, a magistratura em que pretendiam ingressar. Após esta fase, eram colocados durante 10 meses em regime de estágio de pré-afetação (com os formadores a serem designados pelos respetivos Conselhos Superiores) junto da magistratura entretanto escolhida. No final deste período, eram nomeados definitivamente magistrados e colocados, como efetivos, num tribunal.

Nos dois anos seguintes, os magistrados eram obrigados a frequentar uma formação complementar, através de atividades de reflexão sobre problemas atuais, jurídicos e relativos a outros assuntos de relevo para o exercício da função. Posteriormente, o Centro de Estudos Judiciários oferecia, anualmente, uma formação permanente, com programas de caráter interdisciplinar, de frequência

---

[80] Regido atualmente pela Lei n.º 2/2008, de 14 de janeiro <http://dre.pt/pdf1sdip/2008/01/00900/0039100412.pdf>.

[81] Lei n.º 16/98, até à entrada em vigor da Lei n.º 2/2008.

[82] Entravam, em média, 150 auditores para o curso de juiz ou magistrado do Ministério Público, sendo a repartição por cada magistratura definida pelo CEJ após opinião emitida pelos Conselhos Superiores da Magistratura e do Ministério Público.

facultativa, para debater problemáticas relacionadas com as instituições judiciais (Santos, Pedroso e Branco, 2006).

As ações de formação, complementar e permanente, tiveram desde sempre, e no geral, pouco êxito, dada a fraca presença de magistrados, em especial das primeiras instâncias. Embora a formação complementar tivesse um caráter obrigatório, a sua não frequência não impunha qualquer tipo de sanção nem era alvo de censura.

Em resultado da aprovação da Lei 2/2008, entrou em vigor um novo modelo de formação de magistrados e de organização do próprio Centro de Estudos Judiciários. Entre as inovações introduzidas é de destacar o enquadramento no CEJ da seleção, recrutamento e formação de magistrados para os Tribunais Administrativos e Fiscais, tendo-se passado a prever também a representação do Conselho Superior dos Tribunais Administrativos e Fiscais nos órgãos do CEJ, em termos análogos à dos Conselhos Superiores da Magistratura e do Ministério Público. No que diz respeito ao ingresso na formação inicial de magistrados, foi revogada a exigência do decurso de dois anos após a conclusão da licenciatura, medida muito criticada desde a sua entrada em vigor por vários autores (Santos, 2001; Dias, 2004; Santos, Pedroso e Branco, 2006).

A nova lei veio criar, contudo, dois conjuntos alternativos de requisitos de ingresso a acrescer à formação generalista proporcionada pela licenciatura em Direito: um baseado nas habilitações académicas obtidas; outro baseado na experiência adquirida, qualificada e relevante para o futuro exercício da profissão. Como se refere na Exposição de Motivos da proposta de lei,[83]

> Valoriza-se, pois, no espírito de «Bolonha», o saber especializado e o «aprender fazendo» e estimula-se a diversificação de saberes e experiências dos candidatos que ingressarão na formação profissional orientada para o exercício das magistraturas que, essa sim, cabe ao CEJ garantir.[84]

As fases e os métodos de seleção foram também objeto de revisão, sendo que a principal se relaciona com a diferenciação das funções de cada magistratura, impondo-se, desde o início da seleção, a opção por uma das magistraturas (judicial ou do Ministério Público). Esta obrigatoriedade de escolher a magistratura logo no início constituiu uma cedência à exigência dos juízes, organizados por

---

[83] Proposta de Lei n.º 156/X, que depois deu origem à Lei n.º 2/2008.

[84] Exposição de Motivos da Proposta de Lei n.º 156/X, pp. 1-2. Disponível em <http://www.parlamento.pt/ActividadeParlamentar/Paginas/DetalheIniciativa.aspx?BID=33545>.

via do Conselho Superior da Magistratura ou da Associação Sindical dos Juízes Portugueses, contra a posição das estruturas superiores ou o sindicato do Ministério Público, procurando, assim, garantir que os melhores candidatos seguissem, logo à partida, a carreira judicial. Embora não haja qualquer estudo que fundamente esta opinião, discutia-se publicamente que, ao ficarem a conhecer a atividade do Ministério Público, muitos dos melhores alunos acabavam por optar pela magistratura do Ministério Público. Esta alteração veio, igualmente, dar cobertura a outra pretensão dos juízes, de procurar separar, desde o início, a formação das duas magistraturas, defendendo que o tronco comum é desnecessário, ao contrário dos magistrados do Ministério Público, que veem nessa estratégia uma desvalorização da sua carreira e um ataque ao princípio do paralelismo existente entre as duas profissões.

Os três ciclos de formação têm agora uma duração combinada de 38 meses (os primeiro e segundo ciclos do curso de formação teórico-prática têm a duração de 10 meses cada, tendo ambos início no dia 15 de setembro e terminando no dia 15 de julho do ano seguinte, e o terceiro ciclo – de estágio – tem a duração de 18 meses). Em consequência, os planos curriculares e os conteúdos dos programas da formação teórico-prática refletem essa diferenciação, prevendo, para além da formação em matérias comuns às duas magistraturas, módulos orientados especificamente para cada magistratura. Preveem ainda, para além do núcleo essencial da formação, matérias opcionais com o intuito de promover a individualização da formação, também no espírito de "Bolonha". No segundo ciclo da formação, que decorre nos tribunais, já no âmbito da magistratura escolhida, para além das atividades no tribunal, os auditores realizam estágios de curta duração em entidades não judiciárias, no sentido de proporcionar uma perspetiva abrangente e diversificada da realidade social e de outras realidades profissionais. Já o período de estágio passou a obedecer a um plano individual e viu a sua duração aumentada de 10 para 18 meses, precedendo a nomeação em regime de efetividade pelos Conselhos, permitindo um maior período de observação e avaliação antes da entrada definitiva nas carreiras.

Um dos principais problemas com a formação inicial dos magistrados, no período de 1998 a 2008, foi o sucessivo encurtamento dos vários cursos de formação dada a necessidade premente de mais magistrados nos tribunais para responder às exigências do aumento de pendência processual. Desde 2008, já várias peripécias atingiram o CEJ e os cursos de formação organizados desde então, com especial destaque para a paralisação de novas admissões ocorridas entre 2010 e 2012. Esta medida, tomada a pretexto da necessidade de repensar o modelo de formação em vigor, apesar das várias alterações introduzidas ao longo dos anos, foi igualmente decidida por dificuldades financeiras acumuladas pelo Ministério da Justiça. Provocou, em consequência, o congelamento das admissões, o que se traduziu, em resultado das aposentações que foram ocorrendo, numa diminuição dos quadros das magistraturas, incluindo a do Ministério Público.

A atual Ministra da Justiça, Paula Teixeira da Cruz, anunciou no início da 2012, no IX Congresso do Ministério Público, o descongelamento da admissão de novos magistrados nesse ano, com a entrada de 40 novos juízes e 40 novos magistrados do Ministério Público (que não vão conseguir reverter a diminuição ocorrida com o não funcionamento da formação durante os dois anos anteriores). Mas a estrutura, agora liderada por António Barbas-Homem, por nomeação da Ministra da Justiça, apenas conseguiu lançar o processo de abertura do concurso volvidos alguns meses, com os exames escritos a decorrer durante junho e julho de 2012, o que significa que o processo de formação irá decorrer em períodos diferentes dos habituais, o que pode ter algum impacto por poder não coincidir com o funcionamento dos anos judiciais.[85]

Continua-se, todavia, desde 2008, a efetuar a formação permanente dos magistrados tendo em conta o acelerado ritmo das alterações sociais e jurídicas, recentrando a missão do CEJ em atividades de formação contínua e especializada que devem incluir não apenas ações dirigidas às magistraturas, mas também ações dirigidas à advocacia e a outras profissões ligadas à atividade forense, de forma a poderem constituir um traço de união entre diferentes experiências profissionais. As ações e atividades promovidas atualmente pelo CEJ incluem programas de formação *online* e cursos de especialização em áreas onde as alterações legislativas ocorreram com maior impacto. Estas atividades mantêm um caráter isolacionista, dado que se dedicam, quase exclusivamente, a juízes e magistrados do Ministério Público, além de serem organizadas, na maior parte das vezes, sem estabelecer parcerias com outras instituições de investigação, do ensino superior ou outras adequadas às temáticas em discussão, como, por exemplo, o Centro de Estudos Sociais que, através da sua Unidade de Formação Jurídica e Judicial, tem promovido múltiplos cursos de formação avançada e,

---

[85] Em finais de 2013 continuava-se sem saber, ao certo, se abrirá qualquer concurso, não no corrente ano, mas em 2014. Perante a atual situação financeira do Estado, poderá gerar-se o avolumar do défice de quadros nos tribunais, com o conhecido efeito dominó em termos do desempenho.

inclusivamente, um Curso de Especialização em Gestão e Administração dos Tribunais, sempre com grande sucesso e avaliações muito positivas.

6. Recomendação (2012)11 do Conselho da Europa: para além do crime

A análise das funções e competências do Ministério Público em Portugal não pode ser efetuada sem se procurar contextualizar com as grandes linhas orientadoras das instâncias internacionais. Entre as várias produzidas pela União Europeia, Organização das Nações Unidas ou Conselho da Europa, entre outras, há uma que se destaca, não só por ser recente, mas por conferir grande legitimidade institucional ao modelo de Ministério Público português. Deste modo, pese embora a relevância de outras diretivas, recomendações ou cartas internacionais sobre a temática do modelo de Ministério Público, como se pode ver em Dias (2013b), o realce neste livro vai exclusivamente para a Recomendação CM/Rec(2012)11 do Conselho da Europa.

O Conselho da Europa debruçou-se, em 2012, sobre as competências não criminais do Ministério Público através da aprovação de uma Recomendação específica. O processo de preparação do trabalho, que levou à recente aprovação da Recomendação CM/Rec(2012)11 sobre o "O papel dos procuradores fora do sistema criminal de justiça" (Conselho da Europa, 2012), adotada a 19 de setembro de 2012 pelo Conselho de Ministros do Conselho da Europa, iniciou-se após a criação do Conselho Consultivo de Procuradores Europeus, em 2005, tendo sido incluído no Plano de Ação do Quadro Geral, aprovado em 2006, que definiu as prioridades de trabalho para os anos seguintes. O Parecer n.º 3(2008), aprovado pelo Conselho Consultivo de Procuradores Europeus, sobre "O papel do Ministério Público fora do sistema da justiça penal" (Conselho da Europa, 2008) foi o primeiro documento conhecido a abordar e integrar a análise, potenciais benefícios e princípios orientadores do exercício de competências do Ministério Público noutras áreas jurídicas.[86]

Este documento, que resulta da reflexão parcial introduzida em documentos anteriores, ainda que relacionados com outros assuntos (Dias, 2013b: 159 e ss.), é muito importante por constituir o primeiro reconhecimento de uma diversidade de situações e modelos existente nos diversos países, que confere ao Ministério Público configurações funcionais bastante diferenciadas. Começa

---

[86] O Conselho da Europa já se tinha debruçado, em 1997 e 2000, sobre o papel do Ministério Público em sociedades democráticas. Contudo, as abordagens centravam-se quase exclusivamente na esfera penal (Conselho da Europa, 1997, 2000a).

por descrever a diversidade de competências que podem ser exercidas na área cível e, dentro desta, nas suas diversas ramificações, assim como nas áreas do ambiente, trabalho, família ou comercial, ou mesmo na fiscalização da ação governamental, mas sempre ancoradas no respeito pelos direitos humanos, pelas liberdades fundamentais, o Estado de Direito e os compromissos internacionais. Procura agrupar a diversidade de modelos entre os países em que o Ministério Público detém apenas competências na área criminal e aqueles em que integra um conjunto alargado de competências em diversas áreas jurídicas. Na maioria dos países membros do Conselho da Europa, o Ministério Público detém mais competências do que as circunscritas à área criminal, embora a abrangência, diversidade e grau de intervenção sejam muito diversificados, destacando-se a capacidade de iniciativa, mesmo para propor ações em tribunal, a autonomia funcional e legal e a possibilidade de interpor recurso das decisões, sempre em nome do interesse público do *fazer* justiça (Conselho da Europa, 2008).

Os serviços do Ministério Público, como se reconhece nas conclusões e apesar das diferenças detetadas, exercem um papel importante na proteção dos direitos humanos, na defesa da legalidade e do Estado de Direito e no reforço da sociedade civil, razão pela qual se deve estimular o seu funcionamento adequado às competências que exerce em cada país. Reconhece-se ainda que, na ausência de princípios, recomendações ou padrões de funcionamento comuns para o exercício de funções fora da área criminal, os países em que o Ministério Público detém competências abrangentes devem seguir, entre outros, os seguintes princípios gerais: a separação equilibrada de poderes, de acordo com as competências exercidas pelo Ministério Público na salvaguarda dos direitos humanos; o respeito pelos princípios da imparcialidade e equidade na sua ação; a atuação na defesa do interesse público e dos princípios inscritos na lei e nas cartas ou convenções internacionais; a existência de uma regulação nacional que enquadre a sua atividade, de forma tão precisa quanto possível; a atuação livre de influências ou interferências externas; o usufruto dos mesmos direitos que qualquer outra parte envolvida (igualdade de armas); a existência do direito de recurso das ações interpostas pelo Ministério Público; e a fiscalização das atividades desenvolvidas pelos seus agentes. O Parecer n.º 3 defende ainda a existência, sempre que possível, de serviços especializados nas diferentes áreas de intervenção para uma melhor operacionalização das suas competências, à imagem do que ocorre, por exemplo, em Portugal ou em Espanha (Conselho da Europa, 2008).

A disseminação de boas práticas, a formação especializada, a cooperação interinstitucional e internacional e, por fim, a recomendação para que o Conselho de Ministros do Conselho da Europa adote uma recomendação sobre esta temática são ainda elementos incluídos nas conclusões finais (Conselho da Europa, 2008). Como se pode observar de seguida, a Recomendação demorou seis anos a ser adotada.

Na sequência dos trabalhos preparatórios desenvolvidos durante cerca de seis anos e do Parecer n.º 3 (Conselho da Europa, 2008), a Recomendação Rec(2012)11 (Conselho da Europa, 2012) veio fixar um conjunto de princípios orientadores fundamentais para a configuração dos modelos do Ministério Público nas áreas jurídicas não relacionadas com a vertente criminal. A grande diferença face ao Parecer n.º 3 reside na "força" do documento aprovado, agora ao nível do Conselho de Ministros do Conselho da Europa, o que torna os seus conteúdos incontornáveis deste momento em diante. Deste modo, é não só importante o conteúdo da Recomendação como também o seu Anexo, onde vêm contextualizados e fundamentados os princípios e a terminologia adotada, dado que as diferenças entre sistemas judiciais e modelos de Ministério Público implicam um maior cuidado na elaboração de documentos que se baseiam em princípios que são recomendados para serem comuns. A grande novidade deste documento é, no entanto, o reconhecimento oficial, a nível internacional, da diversidade de competências que o Ministério Público pode e deve assumir, para além das suas tradicionais competências na esfera penal.

As inovações desta Recomendação face ao Parecer n.º 3 centram-se na inscrição de uma maior clareza e organização do articulado, bem como da terminologia utilizada. Desde logo, no seu Anexo, clarifica-se a aplicação desta Recomendação em função das características que o Ministério Público assume em cada país, repartindo-a em quatro categorias: os países onde o Ministério Púbico não detém qualquer competência para além da esfera penal; os países onde o Ministério Púbico apenas detém competências mínimas ou reduzidas na área cível; os países onde o Ministério Púbico detém competências nas áreas cível e administrativa para propor ações em tribunal; e os países onde o Ministério Púbico detém competências administrativas extraordinárias, para além das competências nas áreas cível e administrativa inseridas na categoria anterior. Ou seja, complexifica-se a categorização da diversidade de situações nacionais em que o Ministério Público atua e, nesse sentido, como veremos abaixo, estimula-se a circulação da informação para que as melhores práticas possam assumir um papel de destaque e relevância (Conselho da Europa, 2012).

Deste modo, e sem se procurar repetir o que já vinha integrado no Parecer n.º 3, é possível apontar um conjunto de elementos agora incorporados e que se apresentam de seguida. Partindo dos mesmos pressupostos do Parecer n.º 3 – a atuação do Ministério Público deve defender o interesse público, proteger os direitos humanos e as liberdades fundamentais e contribuir para o reforço do Estado de Direito –, define-se com maior representação que o seu exercício profissional deve ser norteado pela aplicação dos princípios da legalidade, objetividade, imparcialidade e equidade. Realce para a assunção do princípio da legalidade como elemento estruturante, em vez de colocar em discussão, de forma alternativa ou complementar, a aplicação do princípio da oportunidade (Conselho da Europa, 2012).

O documento defende a aplicação nas diversas áreas jurídicas, para além da penal, dos requisitos mínimos contidos na Recomendação Rec(2000)19 (Conselho da Europa, 2000b) para o exercício da ação penal por parte do Ministério Público, nomeadamente, a salvaguarda das condições básicas para o exercício das suas competências, a clarificação das relações com os restantes poderes estatais e os seus deveres e responsabilidades em relação aos cidadãos e demais profissionais envolvidos.

Defendendo uma estratégia de harmonização gradual, a Recomendação pugna pela circulação dos estudos comparados e pela disseminação das melhores práticas no que respeita à atuação do Ministério Público nas diversas áreas jurídicas. Contudo, realça os cuidados a ter na competência do Ministério Público propor uma ação ou de assumir a defesa de uma das partes envolvidas de modo a salvaguardar os direitos individuais, assim como na clarificação das competências aquando da tomada de decisões judiciais que permitam sempre que as partes possam recorrer ou juntar outros documentos e informações junto dos processos que correm em tribunal. Já no exercício das suas competências junto de uma das partes, defende-se a salvaguarda do equilíbrio entre as partes (igualdade de armas) de modo a não se obter uma vantagem apenas pelas competências que detém. Deste modo, a Recomendação aceita que o Ministério Público assuma a defesa de uma das partes, nas diversas áreas jurídicas, desde que no contexto dos princípios atrás referidos (Conselho da Europa, 2012).

O exercício do poder de fiscalização de órgãos ou autoridades públicas está igualmente previsto nesta Recomendação, devendo este ser desenvolvido com independência e transparência e no contexto do Estado de Direito. A fiscalização de entidades privadas está igualmente prevista sempre que estas estejam a violar as suas obrigações legais ou as diretivas de cartas ou convenções internacionais.

No último capítulo desta Recomendação, relativa à cooperação nacional e internacional com outras entidades ou organizações, destaca-se a importância de esta ocorrer como forma de melhorar e contribuir para o prosseguimento da sua missão como órgão do Estado no exercício das suas competências. Este último aspeto é bastante importante porque vem defender uma relação entre um órgão de Estado e a sociedade civil como forma de melhor capacitar a sua atuação e tirar o máximo proveito das suas competências nas diversas áreas jurídicas, como na da família, do trabalho, do ambiente, do comércio, administrativa ou mesmo da fiscalização da ação governamental. A cooperação internacional com agências internacionais ou serviços do Ministério Público noutros países, mesmo na promoção de boas práticas, é igualmente estimulada nestas áreas dada a natureza transnacional de muitos dos assuntos envolvidos nas áreas jurídicas referidas (Conselho da Europa, 2012).

Tendo em consideração os diversos documentos aprovados pelo Conselho da Europa ao longo das últimas décadas, é possível verificar uma evolução gradual dos conteúdos neles inseridos, com a introdução de novas disposições que contemplam as preocupações mais recentes em termos de respostas às exigências e aos problemas que se vão colocando aos sistemas judiciais. Deste modo, apesar de se observar a manutenção dos princípios essenciais ao funcionamento da justiça num Estado de Direito, existe uma incorporação constante de novas ideias para ajudar a balizar as reformas judiciais, que, um pouco por todos os países, se vão institucionalizando, procurando, no fundo, garantir a existência de sistemas judiciais independentes e capazes de garantir a aplicação da justiça em nome dos cidadãos.

Este processo, no que respeita ao Ministério Público em particular, ganhou maior impulso a partir do ano 2000, com a Recomendação Rec(2000)19 (Conselho da Europa, 2000b), a que se seguiu o Parecer n.º 3 (Conselho da Europa, 2008), até se chegar à Recomendação Rec(2012)11 (Conselho da Europa, 2012), que constitui efetivamente um momento estruturante para a assunção de um Ministério Público com competências abrangentes, complexas e potencialmente de grande importância para a promoção de um Estado de Direito democrático e para a defesa dos direitos humanos e das liberdades fundamentais. Este documento configura um salto qualitativo que estabelece o início de uma nova fase na afirmação deste órgão como elemento incontornável na conformação dos modernos sistemas judiciais, dando maior força ao modelo existente em Portugal, por força das competências que assume, em perfeita sintonia com as previstas nesta Recomendação.

7. Notas finais

O Ministério Público em Portugal, ao contrário do que é corrente afirmar-se, alterou bastante as suas características ao longo dos tempos. Ainda que mantendo uma matriz de defensor da legalidade, tal como antes defendia os interesses do Rei, a diversidade de funções que foi assumindo conferiu-lhe uma cada vez maior importância na "arquitetura" do sistema judicial português e como garante da legalidade e dos direitos dos cidadãos. Apesar de, no período do Estado Novo, o Ministério Público ter seguido as "instruções" da ditadura, em especial nas questões sociais e políticas relevantes, a transição para a democracia não levou a uma diminuição de funções, mas antes a um crescendo de competências e responsabilidades.

A partir do período revolucionário pós-1974, o papel do Ministério Público foi crescendo, quer no âmbito das competências, quer na autonomia no desempenho profissional. Verificou-se igualmente uma preocupação para modernizar a formação dos magistrados, os serviços e a própria organização interna de uma magistratura que, em função das suas competências, tem uma estrutura hierarquizada ainda que funcionalmente autónoma.

O leque de competências é diversificado, ainda que se centre, em termos de volume processual e notoriedade mediática, na área penal, fonte geradora de muitas polémicas. É na investigação e acusação das matérias penais que o Ministério Público desempenha as suas principais funções e onde existem mais estruturas especializadas de apoio e maiores recursos humanos e materiais afetos. Contudo, a sua ação não se limita à área penal, dado que as suas funções nas áreas laboral, de família e menores, administrativa, interesses difusos (ambiente, consumo, urbanismo, etc.) e/ou na defesa dos mais fracos e incapazes têm adquirido um lugar preponderante na defesa da legalidade e na promoção do acesso dos cidadãos ao direito e à justiça.

A especialização do exercício da ação penal, e a sua concentração nos DIAP e no DCIAP, tem aberto, cada vez mais, a possibilidade de os magistrados que são colocados nas procuradorias poderem dedicar maior tempo e atenção às áreas "sociais", sendo que, todavia, estas ainda são muito residuais nas prioridades estratégicas, como é bem visível nos relatórios anuais da Procuradoria-Geral da República. Há, contudo, um permanente conflito entre a vontade política de congelar ou, mesmo, contrair as competências do Ministério Público, dada a perceção de uma menor eficiência no combate ao crime e do aumento das despesas com o exercício da atividade do Ministério Púbico (que, por vezes, é contrariada pelos dados estatísticos), e a vontade das associações representativas dos magistrados do Ministério Público de reforçar as competências existentes ou mesmo de as expandir.

Apesar das dificuldades sentidas – devido ao volume processual, à crescente complexidade dos assuntos que chegam aos tribunais e às limitações em termos de recursos humanos, materiais e financeiros –, é hoje inquestionável o seu papel no seio do poder judicial português. O equilíbrio no interior do poder judicial, conseguido ao longo dos últimos 39 anos, não só em função do paralelismo profissional e estatutário com os juízes, tem permitido sedimentar uma prática profissional coerente e estruturada. Ou seja, de um mero ator institucional o seu papel ganhou uma relevância acrescida que transformou o Ministério Público num ator social incontornável, deixando de ter simplesmente uma componente de resposta administrativa para ganhar uma autonomia e capacidade de intervenção primordial para o bom desempenho do sistema judicial.

Internacionalmente, os recentes desenvolvimentos vêm reforçar a ideia de que o modelo português de arquitetura judicial é equilibrado e bem construído, em particular no que respeita ao modelo de organização da estrutura do Ministério Público, ainda que as competências detidas nacionalmente vão mais além do que que as que estão configuradas nos documentos internacionais, que se reduzem, na maior parte das vezes, à vertente criminal das suas funções. Neste sentido, a Recomendação (2012)11 sobre o "O papel dos procuradores fora do sistema de justiça penal" (Conselho da Europa, 2012) marca um salto importante na aceitação e afirmação internacional de modelos de Ministério Público mais complexos e com grandes potencialidades de atuação nas diversas áreas jurídicas no contexto da promoção do Estado de Direito, da proteção dos direitos humanos e das liberdades individuais, e da defesa do interesse público.

O Ministério Público está, de momento, expectante sobre o curso das reformas judiciais previstas e o impacto que estas poderão ter, em concreto, na sua estrutura organizativa. Deste modo, não é fácil perspetivar quais os contornos que irá adquirir a relação entre o Ministério da Justiça, a nova Procuradora-Geral da República e o Sindicato dos Magistrados do Ministério Público. É, sim, possível afirmar, comprovando o argumento principal deste capítulo, que a análise histórica da evolução da legislação relativa ao Ministério Público é demonstrativa, em muitos períodos, de uma capacidade de afirmação gradual e contínua na consolidação das suas funções e competências, tornando-se inquestionavelmente num ator preponderante, social, judicial e politicamente, na administração e aplicação da justiça.

CAPÍTULO 2

O MINISTÉRIO PÚBLICO E O PAPEL DE INTERFACE: ESTRATÉGIAS PROFISSIONAIS NA PROMOÇÃO DO ACESSO AO DIREITO E À JUSTIÇA[87]

1. Introdução

O Ministério Público é, como se pôde observar no capítulo anterior, um ator importante no seio dos mecanismos existentes de acesso ao direito e à justiça dos cidadãos. A evolução deste órgão judicial tem conferido uma importância cada vez mais relevante à sua ação devido não só ao alargamento das suas competências, mas também à melhoria da capacidade de exercício das suas funções, sendo estas em parte resultantes de um processo de afirmação institucional contínuo que tem decorrido desde o 25 de Abril de 1974.

O atual modelo de autonomia do Ministério Público compreende um vasto conjunto de competências, entre as quais a direção da investigação criminal e o exercício da ação penal, a promoção e coordenação de ações de prevenção criminal, o controlo da constitucionalidade das leis e regulamentos, a fiscalização da Polícia Judiciária, a promoção dos direitos sociais (laborais e menores e família), para além da defesa dos interesses do Estado e dos interesses difusos (p. ex., ambiente, consumo, etc.). No entanto, e radicado em tradições históricas, o Ministério Público desempenha igualmente um papel crucial no acesso dos cidadãos ao direito e à justiça, visto ser em muitas situações o primeiro contacto dos cidadãos com o sistema judicial. Este papel de proximidade é desempenhado no âmbito das suas competências, mas inclui igualmente mecanismos informais de exercício, conferindo-lhe uma importância muito superior à visível nas estatísticas judiciais (em particular nas áreas de cariz mais social, ao nível dos trabalhadores e da família e menores, mas também nos tribunais de competência genérica e até mesmo nas circunscrições criminais).

---

[87] Este capítulo tem por base um artigo publicado, numa versão centrada na intervenção do Ministério Público nas áreas laboral e de família e menores, na *Revista do Ministério Público* (Dias, 2008). A versão aqui contida atualiza, aprofunda e reformula bastante a reflexão iniciada no referido artigo.

A sua posição de "interface" com o sistema oficial de justiça e a cooperação com outras instituições estatais, entidades privadas ou da sociedade civil numa fase anterior à instauração de um processo judicial permite-lhe exercer um papel preponderante na articulação entre os meios formais e os informais de resolução de conflitos, para além de poder, concomitantemente, assumir qualquer um destes papéis. O facto de poder exercer esse papel, e de muitas vezes o fazer, não significa que o faça sempre, sendo esta uma das questões preponderantes que se colocam hoje em dia face à potencial reconfiguração profissional que esta atividade pode constituir, não só como plataforma de assunção de uma função social relevante, mas igualmente como patamar privilegiado para uma (re)valorização profissional.

Este tema é de grande importância pelo facto de se observar nos últimos anos uma tendência para a reformulação das competências e do papel desempenhado pelas várias (novas e velhas) profissões jurídicas que operam no sistema judicial português, através, entre outras medidas, da introdução de processos de desjudicialização e informalização da justiça que facilitem o acesso dos cidadãos ao direito e à justiça (Dias e Pedroso, 2002; Pedroso, Trincão e Dias, 2002, 2003a; Dias, 2005, 2008, 2013b). Acresce ainda que – numa fase de implementação de importantes reformas, seja em termos organizacionais (mapa judiciário e gestão dos tribunais), profissionais (alterações nas competências profissionais), legais (movimento de simplificação processual tendente a uma informalização e desjudicialização de litígios), informáticos (reforço e renovação do parque informático, incluindo os programas informáticos), físicos (seja na necessária reestruturação dos tribunais na sequência da reorganização do mapa judiciário, seja construindo novos ou renovando ou adaptando os atuais,) ou na criação de mais e melhores mecanismos de acesso ao direito e à justiça – é necessário pensar o papel desempenhado pelos diferentes atores judiciais de uma forma global, integrada e complementar.

A diversidade de papéis que o Ministério Público desempenha confere-lhe um caráter de multifuncionalidade,[88] o que levanta diversas dúvidas e questões e é alvo de diferentes opiniões, nem sempre consensuais.

A hipótese de trabalho neste capítulo é que o desempenho desta magistratura no atual contexto social, político e judicial é incontornável e não pode nem deve

---

[88] A diversidade de funções a que se assiste no Ministério Público português não é muito diferente das características que enformam outros Ministérios Públicos. Sobre as competências e funções do Ministério Público em vários ordenamentos jurídicos, ver, por exemplo, Machado (2007) e Dias e Azevedo (2008).

ser diminuído sem se correr o risco de se verificar uma redução da efetividade dos direitos por parte dos cidadãos. Por conseguinte, o objetivo neste capítulo é abordar – em parte recorrendo a levantamentos e estudos já realizados em diferentes investigações – as formas de relacionamento que os cidadãos e as instituições estabelecem com o Ministério Público nas diversas áreas jurídicas de atuação (quer no âmbito das suas competências legais, quer através da sua prática informal), procurando retirar as devidas ilações sobre as mudanças que é necessário introduzir no exercício das suas competências para que desempenhe efetivamente um papel preponderante na promoção do acesso dos cidadãos ao direito e à justiça.

Naturalmente, esta discussão deve ter em consideração as atividades exercidas pelas restantes profissões jurídicas e a legitimidade com que o Ministério Público atua num campo onde a definição de competências é ainda relativamente híbrida, sendo necessária a existência de uma boa articulação interprofissional dos diversos atores judiciais para garantir o funcionamento do sistema de acesso ao direito e à justiça.

2. O acesso ao direito e à justiça: a consagração de um Direito Humano

As políticas públicas de promoção de um acesso fácil e digno ao direito e à justiça têm tido grandes oscilações ao longo dos anos, não só por necessidade de as adaptar ao financiamento disponível, mas também pelas diferentes opções em termos de modelos instituídos. A trajetória histórica das políticas públicas promotoras dos direitos de cidadania, no que se relaciona com o acesso ao direito e à justiça, tem mais de quatro décadas, podendo ser analisada, de forma organizada e sintética, nos trabalhos realizados no âmbito do Observatório Permanente da Justiça no início da década passada, quando em Portugal se iniciou um processo de reforma nesta área (Pedroso, Trincão, e Dias, 2002, 2003a; Ferreira *et al.*, 2007). Não se efetuará aqui uma análise sobre a evolução das políticas nesta área, mas apenas a contextualização de algumas das preocupações e temáticas resultantes dos estudos efetuados.

O acesso ao direito e à justiça está consagrado na Declaração Universal dos Direitos Humanos e na Convenção Europeia para proteção dos Direitos Humanos e das Liberdades Fundamentais. Ao nível da União Europeia, está consagrado no Tratado de Amesterdão e na Carta dos Direitos Fundamentais,[89]

---

[89] Ver os artigos 61.º a 67.º do Tratado de Amesterdão e o artigo 47.º da Carta dos Direitos Fundamentais.

que, apesar de não ter caráter impositivo, serve como referência.[90] A efetiva concretização deste direito implica a existência de mecanismos que garantam três etapas: a informação jurídica, a consulta jurídica e o patrocínio judiciário. Mas a mera existência destas três dimensões, essenciais à garantia do exercício da cidadania, não tem sido uma tarefa de fácil concretização pela maioria dos Estados-Membros da União Europeia. Aliás, a sucessão de turbulências que se fez sentir após a crise do choque petrolífero da década de 1970 e o agudizar da sustentabilidade dos Estados-Providência a partir da de 1980 levou a que se iniciasse uma fase de regressão em termos dos apoios concedidos à promoção dos direitos dos cidadãos. Na verdade, esta realidade com mais de 40 anos foi pouco desenvolvida pelos Estados-Membros e pela própria União Europeia e, ainda que a fase de crescimento sustentado e a elevação dos direitos de cidadania tenham facilitado a emergência de alguns sistemas de promoção do acesso ao direito e à justiça (alguns deles com coerência e robustez assinaláveis), vários estudos comparados demonstram que as soluções aplicadas divergem de país para país. Verifica-se, pois, um desenvolvimento assimétrico quanto aos sistemas de acesso ao direito e à justiça no espaço europeu.

É verdade que a União Europeia tem desenvolvido nos últimos anos a harmonização e a introdução de mecanismos alternativos e/ou complementares nas áreas civis e comerciais e dos direitos dos consumidores (caso da Diretiva relativa ao apoio judiciário no âmbito de litígios transfronteiriços,[91] do Livro Verde sobre os modos alternativos de resolução de litígios ou das Diretivas referentes à defesa do consumidor). Ao nível penal, foram apresentados o Livro Verde e a proposta de Diretiva relativos à indemnização das vítimas da criminalidade, bem como o Livro Verde relativo aos procedimentos penais.[92]

Ser europeu, no entanto, não significa ser apenas consumidor ou um mero ator da vida económica e social. Existe hoje um conjunto vasto e complexo de direitos que, vezes de mais, se encontra desprotegido, como no caso das mino-

---

[90] Este e os dois parágrafos seguintes, que foram adaptados e modificados, constituem parte do contributo de Dias, Pedroso e Branco (2007) no âmbito de uma reflexão sobre políticas públicas à escala europeia

[91] Diretiva 2002/8/CE do Conselho, de 27 de janeiro de 2003, relativa à melhoria do acesso à justiça nos litígios transfronteiriços, através do estabelecimento de regras mínimas comuns relativas ao apoio judiciário no âmbito desses litígios <http://eur-lex.europa.eu/LexUriServ/LexUriServ.do?uri=OJ:L:2003:026:0041:0047:PT:PDF>.

[92] COM(2003)75, Livro Verde da Comissão: garantias processuais dos suspeitos e arguidos em procedimentos penais na União Europeia <http://eur-lex.europa.eu/LexUriServ/site/pt/com/2003/com2003_0075pt01.pdf>.

rias étnicas e dos imigrantes, dos direitos laborais e/ou do direito do ambiente. Constata-se, sobretudo nos diferentes modelos de promoção do acesso ao direito e à justiça, que os cidadãos ainda se encontram longe do patamar de exigência para a prossecução de todos os direitos previstos legalmente, pelo que, «se a União pretende que os seus cidadãos partilhem o mesmo conceito de justiça, deve dispor de sistemas judiciários que facilitem a vida das pessoas e não que a dificultem».[93] Assim, uma verdadeira Europa, assente na cidadania, tem de ir mais longe, razão pela qual não pode ignorar as três dimensões seguintes: a) a consideração do acesso ao direito e à justiça à escala europeia, em que qualquer cidadão deve poder aceder aos mecanismos existentes de informação, consulta e patrocínio judiciário, estando isentos de pagamento, desde que cumpram um conjunto mínimo de requisitos; b) a harmonização de princípios e procedimentos que permita, sem grandes burocracias ou dificuldades, requerer o patrocínio judiciário em qualquer país da União Europeia, após uma avaliação prévia da viabilidade da ação resultante da prestação de informações jurídicas e/ou de uma consulta jurídica, disponibilizando serviços dotados de profissionais/juristas que prestem informações e proporcionem consultas jurídicas, e que estejam dotados de mecanismos céleres e simplificados de avaliação dos pedidos de patrocínio judiciário; e c) a criação de sistemas integrados de acesso ao direito e à justiça, o que pressupõe a existência, articulação e legitimação de mecanismos judiciais e não judiciais, formais e informais, de composição e resolução de litígios, isto é, a integração, num mesmo sistema, de instrumentos que se apoiem na conciliação, mediação e/ou arbitragem, consoante sejam mais adequados para os diferentes tipos de litígios, em articulação com os mecanismos mais formais ou judiciais (em particular os tribunais), desde que assegurem uma "igualdade de armas" entre as partes e permitam, sempre, o recurso posterior a uma instância judicial. Estes sistemas integrados devem ser promovidos de forma coerente e minimamente harmonizada em todos os países da União Europeia.

A garantia e a concretização dos direitos de cidadania, nas suas variadas vertentes e dimensões, implicam que, à escala da União Europeia, o acesso ao direito e à justiça seja finalmente assumido como um verdadeiro Direito Humano. Só deste modo, com uma multiplicidade de processos articulados entre si, será possível proporcionar uma justiça mais democrática e uma cidadania mais efetiva. Porque só assim se poderá falar de um "verdadeiro espaço judiciário europeu".

---

[93] Frase retirada do Ponto IV, Lição 10, da "Europa em 12 lições", que se refere à construção de um Espaço Europeu de Justiça <http://europa.eu/abc/12lessons/lesson_10/index_pt.htm>.

Os estudos anteriores que identificaram as três vagas de programas públicos de acesso ao direito e à justiça (Pedroso, Trincão e Dias 2002, 2003a) não puderam ter em consideração a atual crise económico-financeira que atravessa a Europa e, em particular, Portugal. O mesmo sucedeu com o estudo posterior, coordenado por António Casimiro Ferreira, que analisou as reformas que foram introduzidas em Portugal até 2007 (Ferreira *et al.*, 2007). No entanto, este estudo mantém a sua relevância, uma vez que procedeu à análise legislativa das leis de acesso ao direito e à justiça em Portugal de 1970 até 2007. A partir das conclusões do relatório, apresenta-se a seguir uma síntese da evolução legislativa do acesso ao direito e à justiça:[94]

1. Dupla dimensão de intervenção do sistema de acesso ao direito e aos tribunais: a garantia de defesa de direitos e a imposição ao Estado do dever de assegurar que, para essa defesa, ninguém fica impedido de aceder à justiça por insuficiência de meios económicos;

2. Introdução da assistência judiciária em Portugal, através da Lei n.º 7/70,[95] que estipulou quem poderia ter direito a usufruir dela e aqueles a quem não podia ser concedida, bem como os trâmites do processo de avaliação da insuficiência económica;

3. Consagração da garantia de que a todos os cidadãos «é assegurado o acesso aos tribunais para defesa dos seus direitos» (artigo 20.º da Constituição da República Portuguesa de 1976[96]). A revisão de 1982 alargou a conceção de acesso ao direito, estabelecendo que todos têm direito inclusivamente à informação e à proteção jurídica;

4. Substituição do regime de assistência pelo regime de acesso ao direito e aos tribunais (Decreto-Lei n.º 387-B/87[97]), alargando o instituto do acesso com a introdução da possibilidade de os cidadãos terem informação jurídica e consulta jurídica gratuita;

5. Alargamento, por um lado, da proteção jurídica de que já gozavam os estrangeiros e apátridas a residir habitualmente em Portugal a quem

---

[94] Para complementar a análise da evolução legislativa do acesso ao direito e à justiça em Portugal, incluindo uma perspetiva internacional (instâncias supranacionais) e comparada com outros países, ver os relatórios de Pedroso, Trincão e Dias (2002) e Pedroso, Branco e Casaleiro (2010).

[95] <http://dre.pt/pdf1sdip/1970/06/13400/07550756.pdf>.

[96] <http://debates.parlamento.pt/r3/dac/constituicao/c_76-3.aspx>.

[97] <http://dre.pt/pdf1sdip/1987/12/29801/00060010.pdf>.

requeresse a concessão de asilo e, por outro, restrição do apoio judiciário às pessoas coletivas com fins não lucrativos, tendo as sociedades e os comerciantes em nome individual, que já estavam sujeitos à prova de insuficiência de meios, passado a ter apenas direito à dispensa, total ou parcial, de preparos e custas (Artigo 7.º da Lei n.º 46/96[98]);

6. Alterações significativas ao regime de acesso ao direito e aos tribunais com a Lei n.º 30-E/2000,[99] tendo a competência da apreciação dos pedidos de concessão de apoio judiciário passado para os serviços da Segurança Social, procurando seguir a tendência de desjudicialização e de reservar os tribunais e o aparelho de administração da justiça para as questões com verdadeira dignidade jurisdicional;

7. Autonomização do procedimento de apoio judiciário «relativamente à causa a que respeite, não tendo qualquer repercussão sobre o andamento desta» (Artigo 17.º da Lei n.º 30-E/2000), reduzindo para 30 dias o «prazo para a conclusão do procedimento administrativo e decisão sobre o pedido de apoio judiciário», após o qual se considera tacitamente deferido o pedido, sem necessidade de fundamentação (Artigo 26.º da Lei n.º 30-E/2000); ·

8. Alargamento dos beneficiários da proteção jurídica, passando a ser todos «os cidadãos nacionais e da União Europeia que demonstrem não dispor de meios económicos bastantes para suportar os honorários dos profissionais forenses [...] e para custear, total ou parcialmente, os encargos normais de uma causa judicial» (Artigo 7.º da Lei n.º 30-E/2000);

9. Delimitação mais clara, através da Lei n.º 34/2004,[100] do conceito de insuficiência económica e transposição da Diretiva comunitária n.º 2003/8/CE do Conselho[101] (no caso de litígio transfronteiriço, em que os tribunais competentes pertençam a outro Estado da União Europeia, de acordo com o Artigo 3.º, a proteção jurídica abrange ainda o apoio pré-contencioso e os encargos específicos decorrentes do caráter transfronteiriço do litígio);

---

[98] <http://dre.pt/pdf1sdip/1996/09/204A00/29012902.pdf>.
[99] <http://dre.pt/pdf1sdip/2000/12/292A03/00150021.pdf>.
[100] <http://dre.pt/pdf1sdip/2004/07/177A00/48024810.pdf>.
[101] <http://eur-lex.europa.eu/LexUriServ/LexUriServ.do?uri=OJ:L:2003:026:0041:00 47:PT:PDF>.

10. Reconhecimento, na Lei n.º 34/2004, de que não são apenas os obstáculos de natureza económica que dificultam o acesso ao direito e aos tribunais, pelo que a realização ou defesa dos direitos dos cidadãos depende, igualmente, do conhecimento da respetiva existência e/ou violação, bem como dos instrumentos legais que podem usar com vista ao respetivo acautelamento;

11. Alargamento do direito à proteção jurídica aos estrangeiros e «apátridas com título de residência válido num Estado-Membro da União Europeia que demonstrem estar em situação de insuficiência económica» (Artigo 7.º da Lei n.º 34/2004);

12. Melhoria do acesso à justiça e aos meios de resolução de litígios, alargando o leque de beneficiários e o leque de benefícios das prestações sociais que garantem o acesso ao direito (Lei n.º 47/2007,[102] que altera a Lei 34/2004). Em contrapartida, o direito à proteção jurídica foi retirado às pessoas coletivas com fins lucrativos e aos estabelecimentos individuais de responsabilidade limitada, restringindo-o às pessoas coletivas sem fins lucrativos e apenas na modalidade de apoio judiciário;

13. Alargamento do âmbito de aplicação da lei, passando a aplicar-se também «nos julgados de paz e noutras estruturas de resolução alternativa de litígios», bem como «nos processos que corram nas conservatórias» (Artigo 17.º da Lei n.º 47/2007);

14. Limitação dos critérios para se considerar a insuficiência económica dos cidadãos, que é condição necessária para o direito ao acesso ao apoio judiciário, na regulamentação da referida Lei n.º 47/2007, em 2008 (portarias 10/2008[103] e 210/2008[104]), tendo gerado diversas polémicas, em particular com os advogados, por reduzir os pagamentos previstos e procurar reduzir os custos financeiros por via da referida limitação dos critérios;

15. Atribuição de maiores competências à Comissão de Acompanhamento do Sistema de Acesso ao Direito[105] através das portarias publicadas em 2010

---

[102] <http://dre.pt/pdf1sdip/2007/08/16500/0579305810.pdf>.
[103] <http://dre.pt/pdf1sdip/2008/01/00200/0008700093.pdf>.
[104] <http://dre.pt/pdf1sdip/2008/02/04300/0135401356.pdf>.
[105] Atualmente, após a publicação da Portaria 654/2010, esta Comissão é composta por quatro representantes do Ministério da Justiça (dos diferentes departamentos envolvidos), quatro representantes da Ordem dos Advogados e um representante do Ministério da Solidariedade e Segurança Social.

(654/2010[106]) e 2011 (319/2011[107]), que aprofundam a regulamentação da referida na lei de 2007 e mostram uma especial preocupação com a moralização e fiscalização do sistema de nomeação de advogados, com o objetivo de controlar os custos financeiros e a ocorrência de irregularidades, como as que foram detetadas por uma auditoria levada a cabo pelo Ministério da Justiça.

O acesso ao direito e à justiça tem sido ao longo dos anos encarado mais como um meio importante em termos de discurso político do que como uma política ativa com instrumentos legais e concretos. Este processo é visível pela pouca "atenção" dada a esta área nos sucessivos programas de governo até 1996, ano da chegada ao poder do Partido Socialista, altura em que passou a ser considerada uma área prioritária. Após esta fase, tem-se verificado um maior frenesim político sempre que um novo Governo toma posse, com a aprovação de novas leis ou regulamentações específicas. Tornou-se, como se comprova pelos estudos referidos, um tema politicamente sensível e com grandes implicações financeiras. De tal modo que, com a crescente dificuldade dos governos devido às restrições orçamentais, algumas destas reformas procuraram, sob a capa dos nobres motivos invocados, essencialmente controlar os custos financeiros.

As alterações sucessivas que ocorreram a partir do início da década passada foram efetuadas, muitas das vezes, sem sequer haver preocupações em estudar os possíveis impactos da sua implementação, levantando a questão sobre a necessidade de estabilizar o sistema de modo a garantir um funcionamento expectável do mesmo. Um modelo de acesso ao direito e à justiça poderá sempre necessitar de acertos e melhorias, até em consequência da maior ou menor folga orçamental. Contudo, as sucessivas mudanças verificadas ao longo dos anos não permitem, sequer, efetuar uma análise correta da sua aplicação, dado que carecem de avaliações efetuadas de forma global. Os relatórios da Comissão de Acompanhamento ou a auditoria efetuada pelo Ministério da Justiça ao apoio judiciário, em 2011, incidiram principalmente sobre os custos financeiros do sistema de acesso ao direito e à justiça, desvalorizando, ou pelo menos omitindo, os impactos que a sua aplicação tem sobre a efetivação dos direitos dos

---

[106] <http://dre.pt/pdf1sdip/2010/08/15500/0332203332.pdf>.
[107] <http://dre.pt/pdf1sdip/2011/12/25000/0553205533.pdf>.

cidadãos e a sua maior ou menor dificuldade em beneficiar do apoio judiciário, principalmente por motivos económicos.[108]

Naturalmente, o acesso dos cidadãos ao direito e à justiça tem que ver com múltiplos fatores, nem todos imputáveis à lei, aos operadores judiciários ou ao funcionamento do sistema judicial de forma global. Entre outros fatores, que muito influem na capacidade de acesso dos cidadãos, podem destacar-se como causas não estritamente judiciais o nível de habilitações das populações, a localização geográfica (onde habitam os cidadãos e onde estão localizados os serviços de justiça), os rendimentos e o nível socioeconómico, o grau de conhecimento sobre o funcionamento do sistema judicial ou o grau de familiaridade e de utilização dos tribunais. A estes fatores, Santos (2011) acrescenta outros igualmente importantes, como

> uma anterior experiência, a gravidade do interesse ou direito violado, avaliação ponderada do custo e do benefício, a capacidade financeira para suportar os custos directos e indirectos com a mobilização do tribunal (custas judiciais, encargos com advogados e peritos, disponibilidade de tempo, sobrecarga emocional na presença de profissionais, linguagens e edifícios especializados em criar distância, etc.) (Santos, 2011: 113 ss.).

Várias são as condições avançadas por Santos (2011) para que os cidadãos tenham um acesso mais facilitado aos tribunais, devendo estas «incorporar medidas que promovam quer a consciência de direitos e a afirmação da capacidade para os reivindicar, quer a mobilização dos tribunais ao serviço dos cidadãos» (*Idem*: 114 ss.). Deste modo, propõe quatro áreas prioritárias de intervenção, que se sintetizam de seguida:

– A valorização do serviço de atendimento ao público do Ministério Público e da sua ação como interface facilitadora do acesso à justiça (em particular nas áreas laboral e de família e menores), procurando disseminar-se territorialmente assegurando uma cobertura nacional;

---

[108] De referir que o relatório da auditoria do Ministério da Justiça ao sistema de apoio judiciário, contestado pela Ordem dos Advogados, deixou de estar disponível *online* no sítio do Ministério da Justiça. A divulgação pública dos resultados, em que se acusava os advogados de mais de 17 mil irregularidades, foi visto como um ataque do Ministério da Justiça à Ordem dos Advogados, liderada pelo Bastonário Marinho Pinto. Após um período de grande crispação, em que a Ordem dos Advogados apontou múltiplas falhas ao relatório, este acabou por deixar de estar *online*. A auditoria devia ter sido validada pela Comissão de Acompanhamento. Em finais de 2013, pouco se sabe do resultado da auditoria e suas posteriores consequências.

– A reforma do regime de informação, consulta e apoio judiciário, em articulação com as múltiplas entidades locais ou nacionais prestadoras de diferentes tipos de serviços jurídicos (ONG, associações profissionais e/ou comunitárias, etc.), que devem ser sinalizadas e apoiadas de modo a criar uma rede de entidades facilitadoras de informação e consulta jurídica e, limitado por determinados critérios e em ligação à condição de advogado, de patrocínio jurídico;

– A criação de uma entidade pública para a gestão do apoio judiciário, que integre todas as respostas existentes no âmbito da informação, consulta e patrocínio judiciário, instituindo-se a figura do defensor público através do recrutamento por concursos públicos temporários e com remuneração adequada para que as funções possam ser exercidas com qualidade;

– A revisão dos critérios de elegibilidade legal para acesso ao patrocínio judiciário, de modo a integrar muitos cidadãos que, apesar das graves limitações financeiras com que se confrontam, não se enquadram nos critérios estabelecidos atualmente para ser considerada a insuficiência económica, deixando de fora grandes franjas da população desfavorecida.

Tal como é referido logo como primeira das quatro medidas, Boaventura de Sousa Santos (2011), face à realidade do nosso sistema de acesso ao direito e à justiça, considera o Ministério Público como um ator fundamental para garantir este direito constitucional. Se ligarmos a primeira e a segunda medida (que se refere à intervenção das múltiplas entidades, públicas e privadas, judiciais e não judiciais, com competências na prestação de serviços jurídicos de alguma índole, em particular, informação e consulta jurídica), verifica-se que este papel do Ministério Público poderá ser potencializado, transformando-o num instrumento poderoso para a melhoria da acessibilidade dos cidadãos ao direito e à justiça. Por conseguinte, nos pontos seguintes do presente capítulo exploram-se diversas características do atual sistema de acesso ao direito e à justiça que podem catapultar o papel do Ministério Público para uma importância renovada, aprofundando e reorganizando o que já se referiu em estudos anteriores (Dias, 2005, 2008, 2013c; Dias, Fernando e Lima, 2011).

3. A intervenção do Ministério Público como promotor do acesso ao direito e à justiça

No estudo do Observatório Permanente da Justiça conduzido por João Pedroso, Catarina Trincão e João Paulo Dias (2002), procedeu-se a uma análise da intervenção do Ministério Público nos conflitos de trabalho e nos conflitos de família e menores. Quer neste estudo, quer noutros mais recentes (Santos,

Gomes *et al.*, 2006; Ferreira *et al.*, 2007), o Ministério Público destaca-se, em termos de movimento processual, não só pela sua intervenção quantitativa, mas principalmente pelas características qualitativas, o que tem vindo a reforçar a importância do seu papel em áreas de crescente sensibilidade social. Ou seja, a complexidade dos assuntos em análise impõe, cada vez mais, um maior grau de exigência a esta magistratura. O aparecimento de casos judiciais muito mediatizados nestas duas áreas, em particular na referente aos processos de menores, é um dos indicadores mais evidentes do crescente dramatismo que envolve a área social de intervenção do Ministério Público. No entanto, esta intervenção adquire igualmente um relevo social determinante na área penal e na área administrativa, sendo ligeiramente mais reduzida na área cível. Contudo, o seu papel nestas últimas áreas, em termos de agente facilitador dos cidadãos no acesso ao direito e à justiça, está ainda pouco estudado.

Além da sua intervenção processual, o Ministério Público atua ainda ao nível do serviço de atendimento ao público, situação que assume igualmente algum relevo, como se abordará mais à frente. Há, contudo, que referir previamente o facto de este papel ser desempenhado em conjunto com outras instituições que prestam informações e consulta jurídica nas diversas áreas de intervenção. A título exemplificativo, e como identifica António Casimiro Ferreira para a área laboral,[109] quer na esfera do Estado (IDICT/IGT,[110] CITE e Ministério Público), quer no âmbito do setor privado (advogados, solicitadores e outras profissões jurídicas), quer ainda na comunidade (sindicatos e associações), existe atualmente um conjunto diversificado de opções na procura de informação ou consulta jurídica na área laboral (Ferreira, 2005a: 404; 2005b). O mesmo sucede, por exemplo, na área da família e menores, ainda que com uma diversidade menor, com a possibilidade de os utentes se dirigirem, para além do Ministério Público ou das polícias, às Comissões de Proteção de Crianças e Jovens, aos serviços da

---

[109] Pode referir-se, a título de exemplo, a forma como o Ministério Público lida com o incumprimento contratual de uma empresa face a um trabalhador, através, numa primeira fase, da informação jurídica prestada ao trabalhador, e, posteriormente, na promoção de uma tentativa de conciliação informal entre as partes (promovendo reuniões individuais e conjuntas e soluções para os diferendos). Numa segunda fase, pode, caso detete alguma situação irregular, da competência de outra entidade, encaminhar o processo para, p. ex., a Autoridade para as Condições de Trabalho. Por fim, pode avançar com o patrocínio da ação do trabalhador, caso este não seja sindicalizado, se entretanto considerar ser a melhor via para a resolução do conflito, na defesa da concretização dos direitos laborais em causa, ou encaminhar para o pedido de apoio judiciário, através do recurso à Segurança Social.

[110] Atual Autoridade para as Condições de Trabalho (ACT).

Segurança Social ou às diversas associações que atuam no âmbito desta problemática (Dias, 2005, 2013a). Na área penal, igualmente a título exemplificativo, para além das polícias, é possível recorrer também à Associação de Apoio às Vítimas e a outras entidades de natureza semelhante, ao Instituto de Medicina Legal, à Segurança Social ou aos serviços das Câmaras Municipais, entre outros. Na área administrativa, realce-se, por exemplo, o papel que as associações de defesa do ambiente ou dos consumidores podem oferecer na identificação, colaboração e intervenção, em conjunto com o Ministério Público, na defesa da legalidade nas suas áreas de atuação. Já na área cível, a dispersão processual tanto pode levar a articulações com as diferentes entidades públicas de registo (conservatórias do registo predial, automóvel, civil ou comercial) como com as associações de apoio às crianças, Segurança Social, notários, entidades religiosas, seguradoras, Instituto de Medicina Legal, associações, entre muitas outras que interagem com os diferentes tipos de processos e partes envolvidas.

Apresentam-se a seguir vários esquemas que procuram ilustrar e operacionalizar, de uma forma relativamente simplificadora, o papel do Ministério Público no âmbito da intervenção que exerce nas diferentes áreas jurídicas, de modo a que se possa observar a natureza de interface da sua atuação. De realçar que, nos tribunais de competência genérica, os magistrados do Ministério Público são, muitas vezes, confrontados com situações que envolvem as diferentes áreas jurídicas às quais são obrigados a dar resposta no seu tribunal ou a remeter, se aplicável, para o tribunal de competência especializada mais adequado e inserido na área de competência geográfica.

Não se pretende repetir aqui a análise do capítulo anterior sobre as diferentes competências do Ministério Público nas diferentes áreas jurídicas de intervenção. Remete-se tão-só para um levantamento do posicionamento do Ministério Público no seio da grande panóplia de atores que intervêm na promoção dos direitos de cidadania sempre que há violações da lei e se mobilizam as diversas entidades, públicas ou privadas, judiciais ou não judiciais, para procurar as melhores soluções para cada caso. A intervenção pode situar-se na prestação de informação ou consulta jurídica ou, em fase mais avançada, no patrocínio jurídico de uma das partes em conflito, ou na indicação para nomeação de defensor oficioso, através dos serviços de Segurança Social, que iniciam o processo de averiguação da (in)suficiência económica para decisão de nomeação de um advogado, em articulação com os serviços da Ordem dos Advogados.

A ordem de apresentação das diferentes áreas de intervenção do Ministério Público inicia-se pelas designadas "áreas sociais", nomeadamente de família e menores e laboral, que têm emergido como zonas de atuação prementes e em que os magistrados do Ministério Público ocupam, cada vez mais, um papel de grande relevância, até pelos valores sociais em causa. É principalmente nestas áreas de atuação que o Ministério Público poderá ocupar, como se poderá ver mais à frente, um papel ainda mais estrutural no sistema de acesso ao direito e à justiça e de promoção dos valores fundamentais ou dos direitos humanos.

3.1. *O Ministério Público na área de família e menores: proteger as vulnerabilidades*

A intervenção do Ministério Público na área de família e menores, nos tribunais de competência genérica ou nos próprios Tribunais de Família e Menores, adquiriu uma importância e visibilidade que não tinha há cerca de 20 anos. Fruto da maior atenção dos meios de comunicação, da maior sensibilidade e relevância social, do melhor apetrechamento institucional do Estado e da sociedade civil e, igualmente, da transformação dos valores sociais – que abandonaram a "velha" tradição de não intromissão na esfera privada –, os conflitos relacionados com esta área são atualmente dos que maior alerta provocam, exigindo-se cada vez mais uma resposta célere, abrangente e pacificadora para que os superiores interesses em causa sejam devidamente acautelados. A evolução legislativa foi igualmente nesse sentido, pelo que a responsabilidade dos atores envolvidos nestes conflitos é, assim, muito maior.

A título exemplificativo, basta pensar na forma como o Ministério Público gere os conflitos familiares, como é o caso de um divórcio em que há filhos envolvidos, podendo: numa primeira fase, aconselhar a resolver a situação de forma informal (promovendo reuniões individuais e conjuntas e soluções para os diferendos); numa segunda fase, encaminhar o caso para gabinetes especializados[111]

---

[111]   Atualmente, existe um conjunto diversificado de serviços especializados, coordenados e promovidos pelo Gabinete de Resolução Alternativa de Litígios do Ministério da Justiça. Entre as formas em vigor estão os Centros de Arbitragem (enquadrados pelo Decreto-Lei 60/2011, que criou a Rede Nacional de Centros de Arbitragem Institucionalizada, agregando os relativos a conflitos de consumo, automóvel, etc.), os Julgados de Paz e os Gabinetes de Mediação Familiar, Laboral e Penal (a mediação na área civil está integrada nos Julgados de Paz). Sobre a resolução alternativa de litígios, ver, por exemplo, Pedroso, Trincão e Dias (2001, 2002, 2003b) e Mackie (1991). Os dados disponíveis no Sistema de Informação Estatística do Ministério da Justiça revelam que, por exemplo, em 2011, os diversos centros de arbitragem registaram 2507 novos processos e terminaram 2643, demonstrando uma taxa de eficiência superior a 100%. Contudo, não é possível analisar esta informação por se desconhecer o universo de centros de arbitragem considerados ou a desagregação do n.º de processos por centro. Aparentemente, estes dados não incluem a arbitragem nas áreas de seguros e automóvel. Ver <http://www.siej.dgpj.mj.pt>.

(p. ex., Gabinetes de Mediação Familiar) ou para instituições mais adequadas a determinadas situações; e, por fim, avançar com o processo judicial se entretanto considerar ser essa a melhor via para acautelar os interesse(s) do(s) menor(es). Se, no mesmo caso ou noutro, for detetada uma criança em risco, sinalizada, por exemplo, por um serviço camarário ou pela Comissão de Proteção de Crianças e Jovens da área geográfica, o início do processo já passa por essas entidades, que posteriormente podem envolver o Ministério Público. O sentido inverso é igualmente possível, sempre que o Ministério Público deteta uma situação enquadrável nas competências da Comissão de Proteção de Crianças e Jovens.

A realização de um *focus group* na área de família e menores, em articulação com o projeto de investigação "A acção do Ministério Público no acesso dos cidadãos ao direito e à justiça nos conflitos de família e do trabalho: um estudo de caso nos Tribunais de Coimbra" (Ferreira *et al.*, 2007), permitiu retirar algumas ilações bastante importantes sobre a intervenção do Ministério Público nesta área. Participaram no *focus group* dois magistrados do Ministério Público, um representante da Ordem dos Advogados, um representante dos serviços da Segurança Social e um representante da Comissão de Proteção de Crianças e Jovens. A área geográfica de intervenção dos convidados era o distrito de Coimbra.

> O Ministério Público supre uma deficiência dos tribunais, que é a falta de um serviço de informação ao público. Portanto, as pessoas só vão ao Ministério Público porque não têm, no tribunal, um serviço de informação. [...] Como não há isto, muitas pessoas vão ter ao Ministério Público quando querem saber alguma coisa. Por outro lado, encara-se o Ministério Público, neste sector, como *pivot* do sistema de proteção e de sistema de acesso nesta área e, ainda, como órgão de justiça, mais do que, digamos, patrono das pessoas (Ferreira *et al.*, 2007: 233).

O papel do Ministério Público, de facto, não se resume a ficar expectante no tribunal, esperando que os conflitos lhe cheguem. Para além da posição de relevo que ocupa, por via da lei, nas Comissões de Proteção de Crianças e Jovens, o Ministério Público detém um conhecimento e uma experiência de articulação com as diversas entidades que operam em todas as vertentes relacionadas com os conflitos ou situações de risco na área de família e menores. Por conseguinte, quer de forma proativa ou mesmo reativa, o Ministério Público tem a possibilidade e legitimidade para mobilizar as outras entidades operantes no sistema de acesso ao direito e à justiça nesta área, promovendo a melhor solução para resolver as situações em causa. Desde a sinalização das situações, em que diversas entidades no terreno podem informar o Ministério Público, à deteção de situações de risco reconhecíveis nos processos em tribunal, ou ainda na sua participação ativa nas Comissões de Proteção de Crianças e Jovens, os magistrados do Ministério Público ocupam um espaço crucial numa fase pré-judicial, em que os cidadãos procuram informar-se junto do tribunal, através do serviço do Ministério Público, da forma como resolver o seu problema. Mesmo já na fase judicial, com o processo já entrado no tribunal, podem igualmente mobilizar as diferentes entidades para colaborarem na forma de encontrar as melhores soluções para propor aos juízes para decisão judicial.

FIGURA 2

Ministério Público no sistema de acesso em família e menores[112]

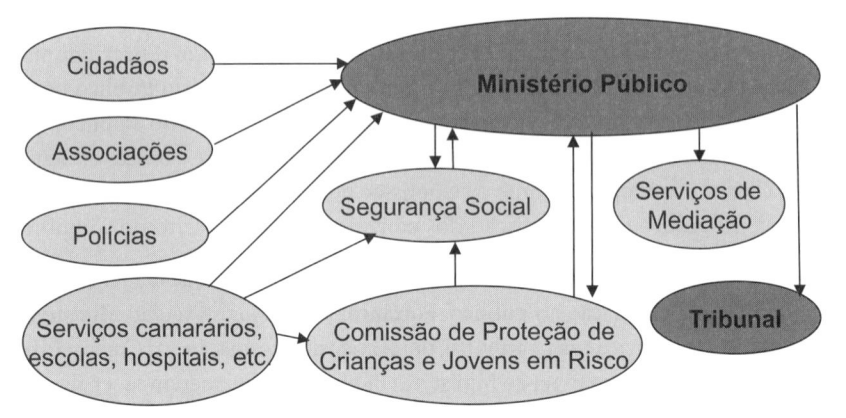

Como se pode observar na Figura 2, são múltiplas as "portas de entrada" no sistema de acesso ao direito e à justiça de família e menores. Todas passam, direta ou indiretamente, pelo Ministério Público. É natural que na referida figura não esteja incluída a intervenção de algumas entidades ou que estas possam estar integradas em categorias abrangentes, sem que isso implique a desvalorização do papel relevante que cada uma ocupa neste processo. Consoante os conflitos ou as situações de risco em causa, os processos podem ser sinalizados ou iniciados por cidadãos, associações e outras entidades não públicas, polícias (as

---

[112] Nesta figura, tal como nas seguintes, a inclusão dos "Serviços de Mediação" é feita num sentido abrangente, tal como é explicado na nota de rodapé anterior, incluindo a arbitragem, mediação, conciliação e/ou os Julgados de Paz, sempre que aplicável nas diferentes áreas jurídicas.

várias existentes), serviços camarários, escolas, hospitais, entre outras instituições públicas ou privadas que operam na área de prestação de serviços básicos
necessários (p. ex., o Instituto de Medicina Legal), serviços da segurança social,
serviços de mediação (como o Sistema de Mediação Familiar)[113] ou Comissões
de Proteção de Crianças e Jovens. Forçosamente, também o Ministério Público
pode ser o elemento que inicia todo o processo. Só mais tarde, e sempre passando
pelo Ministério Público, é que o caso pode chegar à fase judicial, em tribunal.
Os advogados, não estando aqui inseridos, detêm um papel importante sempre
que os cidadãos os mobilizam para defender os seus interesses, razão pela qual,
em regra, não são eles os agentes iniciadores do processo que se refere atrás.

A dotação de competências e de conhecimentos por parte dos magistrados
do Ministério Público relativamente às funções e papéis desempenhados pelos
diversos atores do sistema de acesso na área de família e menores é fundamental
para que esta área sensível e relevante para a prossecução dos direitos de cidadania funcione adequadamente face às necessidades de quem procura resolver
os seus problemas.

3.2. O Ministério Público na área laboral: equilibrar as desigualdades

O Ministério Público tem um papel preponderante na área laboral – nos tribunais de competência genérica ou nos próprios Tribunais de Trabalho –, que
se transformou em "zona" crucial, em particular quando os tempos de crise
financeira e económica são imensamente desfavoráveis aos interesses e direitos
das partes mais frágeis nos conflitos laborais: os trabalhadores. As fragilidades
das diversas causas que chegam a tribunal são notórias, sejam elas relacionadas
com contratos de trabalho ou precariedade laboral (Ferreira, 2005a, 2012), acidentes de trabalho (Lima, 2012; Santos, Gomes e Ribeiro, 2012) ou condições
de trabalho em geral (Neto *et al.*, 2012).

No capítulo anterior, ao discorrer sobre as competências do Ministério
Público, ressalvou-se, em matéria laboral, que a este compete exercer o patrocínio oficioso dos trabalhadores e suas famílias na defesa dos seus direitos de
caráter social, assim como apoiar gratuitamente os trabalhadores e as suas
famílias na resolução dos litígios de natureza contratual, fazendo atendimento

---

[113] Sobre o sistema de mediação familiar, coordenado pelo Ministério da Justiça, ver <http://
www.citius.mj.pt/Portal/article.aspx?ArticleId=54&EmulatedPage=MediacaoFamiliar>. Este
serviço, de âmbito nacional, mas com um custo de 50 euros (apesar de poder haver isenção ou
apoio judiciário), tem a função de proporcionar um serviço qualificado para a resolução das
divergências, conflitos e ruturas familiares.

ao público e recebendo os trabalhadores ou familiares na fase inicial da sua intervenção processual. Neste âmbito, deve o Ministério Público privilegiar a busca de soluções consensuais, procurando evitar ao máximo o recurso à ação litigiosa, em especial em matéria de acidentes de trabalho, incluindo os casos que respeitam à morte do trabalhador. No que respeita aos litígios decorrentes da relação de trabalho subordinado, o Ministério Público pode patrocinar os trabalhadores que o solicitem e que não tenham recorrido ao patrocínio de advogado da associação sindical que os represente, ou que não tenham pedido apoio judiciário na modalidade de nomeação de patrono. O Ministério Público tem ainda intervenção nos processos de contraordenação instruídos por deficientes condições de trabalho, assegurando igualmente melhores níveis de organização nas empresas e melhores condições de higiene e saúde no trabalho. Contudo, em todas as áreas abrangidas pela sua ação, o Ministério Público pode atuar de diferentes modos na busca da melhor solução para as partes envolvidas, em particular as mais frágeis.

Num contexto em que se verifica um desmantelamento da legislação laboral que vigorou, com naturais alterações, ao longo dos últimos 30 anos, procurando restringir ao máximo as regras de proteção do trabalho em nome de uma apregoada maior eficiência dos mercados e da promoção do crescimento económico,[114] os trabalhadores encontram-se atualmente em processo de crescente vulnerabilidade social num contexto de austeridade exacerbada, tal como bem afirmou António Casimiro Ferreira (2012) ao referir que

> as dinâmicas de vulnerabilização reforçam-se quando a desarticulação entre produção económica e reprodução social é facilitada pelo mau desempenho das instituições, cuja finalidade é justamente a de regular esta descoincidência. [...] uma das estratégias da sociedade de austeridade é a de vulnerabilizar uma instituição chave do equilíbrio entre o económico e o social: o direito do trabalho acarretando a vulnerabilização dos trabalhadores (Ferreira, 2012: 135).

---

[114] A consulta das alterações legislativas na área laboral permite observar a tendência evidente de liberalização da legislação, quase sempre em desfavor dos direitos dos trabalhadores, numa orientação de diminuição das garantias da proteção do trabalho, como é visível, por exemplo, na última alteração do Código do Trabalho, que entrou em vigor a 1 de agosto de 2012 (Lei N.º 23/2012, de 25 de junho <http://dre.pt/pdf1sdip/2012/06/12100/0315803169. pdf>). Esta lei, que veio proceder à quarta grande alteração do Código do Trabalho de 2009, foi apressadamente elaborada para responder às exigências contidas nas disposições inseridas no já mencionado Memorando de Entendimento assinado com a *Troika*.

A área de intervenção do Ministério Público, por razões diferentes das referidas para a área de família e menores, ganha uma importância particular na garantia dos direitos dos trabalhadores num contexto legislativo adverso, sendo, para isso, necessário mobilizar não só a sua intervenção processual, mas essencialmente a articulação entre os diversos atores que operam nesta área.

A realização de um *focus group* na área laboral, tal como foi efetuado na área de família e menores, no âmbito do projeto de investigação já referido (Ferreira *et al.*, 2007), contribuiu bastante para compreender o funcionamento do sistema de acesso ao direito e à justiça na área laboral, para além do que vem estipulado nas diferentes leis que o enquadram. No *focus group* participaram os seguintes atores: um magistrado do Ministério Público, um juiz de direito, um representante da Ordem dos Advogados, um representante dos serviços da Segurança Social, um representante dos serviços da Autoridade para as Condições do Trabalho, um representante dos sindicatos e um representante das associações empresariais. A área geográfica de intervenção dos intervenientes foi, igualmente, o distrito de Coimbra.

O papel ocupado pelo Ministério Público no sistema de acesso ao direito e à justiça na área laboral ressalta de imediato do seguinte excerto do *focus group* efetuado:

> [A informação] é um dos pontos que eu acho que é essencial, porque é extremamente importante que as pessoas saibam o que fazer [...] para que não haja um qualquer atropelo dos seus direitos. [...] E, hoje em dia, é algo que mais se evidencia, com o terror que está instalado no meio empresarial. Hoje em dia ninguém está seguro no emprego, principalmente nesta zona [Coimbra], onde o tecido empresarial é confundido com o patronato (Ferreira *et al.*, 2007: 184).

À imagem do exemplificado na área de família e menores, a Figura 3 ilustra o papel de interface do Ministério Público no seio do conjunto de atores envolvidos na área laboral. Procurando não repetir a exposição realizada no ponto anterior, há que realçar que, na área laboral, os atores são, em parte, diferentes, quer pela natureza dos conflitos em causa, quer pela sua maior consolidação histórica, que resulta de um processo negocial – arbitrado pelo Estado, ao nível da concertação social – que tem procurado, em particular após o 25 de Abril de 1974, promover o consenso entre as entidades patronais e os trabalhadores, organizados em sindicatos. Deste modo, é um sistema de acesso mais modelado e regulado que o anterior, mas que, tal como se referiu atrás, começa a ter no Estado um ator que promove o desequilíbrio entre as partes através das suas opções legislativas, que rompem consensos construídos laboriosamente ao longo de décadas, tornando-se o ator principal nas mudanças na regulação do mundo do trabalho (Ferreira, 2005a, 2012).

FIGURA 3
Ministério Público no sistema de acesso laboral

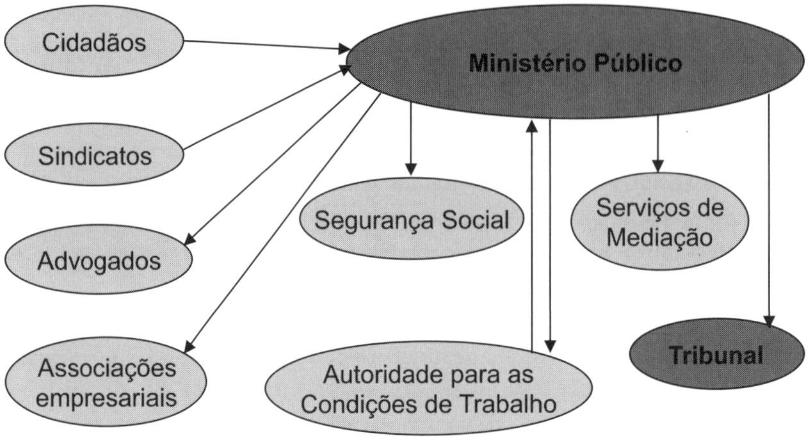

O Ministério Público tem, assim, um papel mais importante do que anteriormente, pelo dever de ativamente procurar soluções que, respeitando a lei, promovam a diminuição das desigualdades estruturais resultantes da mera aplicação da lei e protejam os direitos remanescentes dos trabalhadores num quadro legal cada vez mais difícil de operacionalizar em nome dos direitos fundamentais. Deste modo, como se pode vislumbrar pela figura apresentada, as "portas de entrada" do sistema são múltiplas, podendo passar pelos cidadãos, sindicatos, advogados (em nome das empresas ou dos trabalhadores), associações empresariais, Autoridade para as Condições do Trabalho ou Segurança Social. O Ministério Público pode igualmente, ao ser solicitado por qualquer um dos atores referidos, encaminhar os trabalhadores em causa para qualquer uma das entidades que opera na área caso considere que poderá ter uma solução mais célere e justa para o problema em causa. O Ministério Público pode ainda, no exercício das suas competências, sugerir ou enviar as partes para o Sistema de Mediação Laboral para mediar litígios surgidos no âmbito de contratos individuais de trabalho, com exceção das matérias relativas aos direitos indisponíveis.[115]

Existem igualmente outros atores nesta área jurídica que são chamados a intervir nos processos consoante as necessidades e o tipo de litígios, como é, por exemplo, o caso do Instituto de Medicina Legal na determinação do grau de incapacidade do trabalhador nos processos relativos a acidentes de trabalho (Lima, 2011). Os trabalhadores em situação de vulnerabilidade podem ser apoiados por um conjunto alargado de atores, de forma organizada ou a título individual, pelo mero recurso a umas das entidades, entre as quais o Ministério Público, que pode atuar de imediato para atender ou encaminhar o trabalhador para a entidade mais competente nas matérias em causa.

A atuação dos magistrados do Ministério Público na articulação entre os diversos atores do sistema de acesso à justiça na área laboral é crucial para que esta área funcione de forma mais equilibrada e procure em tempo útil, face às emergências em causa, a busca de soluções dignas, em conformidade com a lei e salvaguardando os direitos de cidadania em causa.

3.3. *O Ministério Público na área penal: o virtuosismo da articulação insti-tucional*

A área penal constitui o principal campo de atuação do Ministério Público em Portugal. Se se efetuar uma comparação com os diferentes modelos de Minis-tério Público existentes noutros países, europeus ou de outros continentes, a principal semelhança reside na intervenção na luta contra o crime. É nesta área que se concentra a maioria das violações dos direitos humanos dos cidadãos, seja em casos de roubo, homicídio, violação, tráfico de estupefacientes ou de seres humanos, agressão ou violação das regras sociais básicas e que são lesivas do bem-estar de todos, como são os casos relacionados com corrupção e fraudes financeiras, entre muitas outras situações que não se vão aqui enumerar por fazerem parte de uma longa lista. Importa, sim, referir que a atuação do Minis-tério Público se reveste de uma multiplicidade de características na receção das queixas, na ativação dos procedimentos, na coordenação das investigações, na dedução das acusações ou na promoção de soluções, judiciais ou alternativas.

---

[115] Sobre as competências do Sistema de Mediação Laboral, coordenado pelo Gabinete para a Resolução Alternativa de Litígios do Ministério da Justiça, ver <http://www.gral.mj.pt/categoria/conteudo/id/15>. Já em fase judicial do litígio, o juiz pode, igualmente, determinar que as partes devem recorrer à mediação, salvo se uma das partes se opuser.

É pelo Ministério Público que todos os crimes passam, pela obrigatoriedade de lhe serem reportados pelos diversos agentes a atuar no sistema de acesso penal. Mas também compete ao Ministério Público ser o próprio agente ativador dos processos sempre que tenha indícios de haver crimes praticados – o que decorre do princípio da legalidade atualmente em vigor.[116]

É no âmbito desta última atividade que importa, neste trabalho, analisar o papel desempenhado pelo Ministério Público como elemento facilitador e promotor do acesso dos cidadãos ao direito e à justiça penal, de modo a que os seus direitos sejam acautelados, reparados e garantidos. Por conseguinte, a panóplia de instituições que servem de "porta de entrada" no sistema é imensa. Incluem-se aqui, naturalmente, os crimes de natureza pública, como é o caso da violência doméstica, em que qualquer pessoa que tenha conhecimento da sua prática deve comunicá-lo a uma autoridade policial ou judicial. Nesse sentido, e continuando neste exemplo, quer os cidadãos, quer as associações que atuam nesta área desempenham uma ação importantíssima na denúncia e no combate a estes crimes. Assim, enunciam-se apenas os atores que podem ativar o Ministério Público em situações de violência doméstica: cidadãos, associações de apoio à vítima ou de luta contra a violência, polícias, serviços de Segurança Social, Câmaras, Comissões de Proteção de Crianças e Jovens, hospitais ou escolas ou outros serviços públicos que tenham indícios de que estas práticas ocorrem. Ao Ministério Público, cabe analisar os indícios e procurar apurar os factos, procurando de seguida atuar, chamando as partes ou, caso avalie que a auscultação das partes não resolverá a situação, abrindo

---

[116] Sobre esta matéria, ver a Lei de Organização da Investigação Criminal (Lei n.º 49/2008 <http://dre.pt/pdf1sdip/2008/08/16500/0603806042.pdf>) que estipula o modo de articulação e coordenação e as competências entre as diversas forças policiais e órgãos judiciais. Consultar, igualmente, o Estatuto do Ministério Público, a Lei-Quadro da Política Criminal e as sucessivas leis de política criminal (<http://www.dgpj.mj.pt/sections/leis-da-justica/livro-iv-leis-criminais/leis-processuais/outra-legislacao/lei-quadro-da-politica>) que estabelecem as prioridades da investigação criminal para os biénios seguintes. De referir que a definição das prioridades em termos de política criminal vem introduzir um enquadramento misto na atividade do Ministério Público na área penal, dado que procura articular o princípio da legalidade com o princípio da oportunidade, ainda que a nível estrutural. Contudo, como é sabido, o próprio Ministério Público e os magistrados no seu dia-a-dia, definem, de acordo com os meios limitados de que dispõem, as prioridades de atuação. Esta é uma polémica pouco discutida que tarda em emergir para o debate público, mas tão sensível como imprescindível, em particular em tempos de escassez de meios, para que a sociedade portuguesa possa definir onde aplicar com maior ênfase os meios operacionais na luta contra a criminalidade.

logo uma investigação criminal. Pode, contudo, e ainda numa fase pré-judicial, mobilizar diferentes instituições para procurar soluções céleres para problemas prementes, recorrendo, se necessário, a casas de abrigo ou à Segurança Social, entre outras, para acautelar a continuação das práticas criminais, e simultaneamente aplicar medidas de coação. Também pode atuar de uma forma mais informal, envolvendo ou não outras entidades, se as situações apuradas demonstrarem um potencial de resolução apenas com uma intervenção "moral", ou seja, chamando as partes para as avisar das consequências que advirão da continuação dos atos e apelando à resolução consensual dos problemas, daí resultando um mero processo administrativo. Neste contexto, pode mobilizar outras entidades para acompanhar a situação, de modo a acautelar os riscos inerentes ao conflito em causa.

FIGURA 4
Ministério Público no sistema de acesso penal

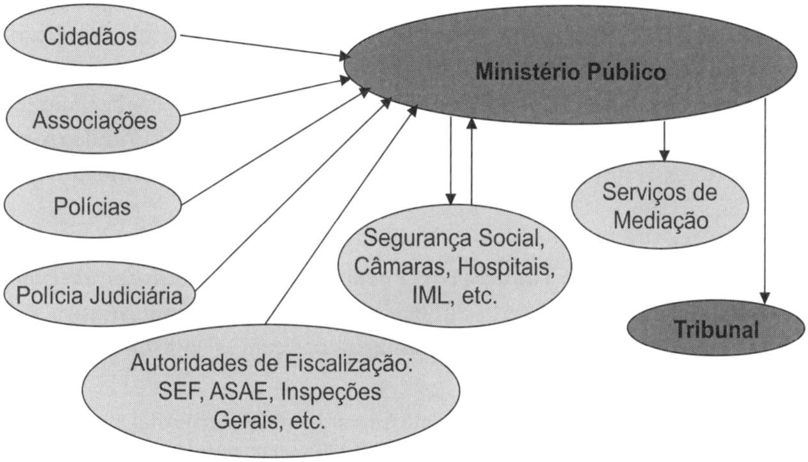

A apresentação de um esquema que apure toda a atividade do Ministério Público na área do sistema de acesso ao direito e à justiça penal é, por conseguinte, uma tarefa quase impossível, tão grande é o número de entidades envolvidas e de possibilidades de ativação do sistema. Na Figura 4, são referidos os cidadãos, as associações, as polícias, a Polícia Judiciária, as autoridades públicas de fiscalização e inspeção (Serviços de Estrangeiros e Fronteiras, Autoridade para a Segurança Alimentar e Económica, Inspeção-Geral do Ambiente, da

Saúde, das Finanças, entre muitas outras), os serviços da Segurança Social, as câmaras municipais, os hospitais, escolas e outros serviços públicos. Embora não esteja na figura, a comunicação social contribui em muito para a denúncia pública dos crimes. Quando solicitado pelos cidadãos, pode o Ministério Público remeter para qualquer das entidades referidas, ou mesmo para o Sistema de Mediação Penal,[117] a procura de uma solução ou, se for o caso, de informações sobre os procedimentos que o cidadão deve seguir. Muitas vezes, o referido encaminhamento é apenas para poder avaliar uma situação antes de tomar uma decisão sobre se deve apresentar queixa ou se o serviço contactado pode resolver, no âmbito das suas competências, o caso que lhe é apresentado.

A atuação informal do Ministério Público pode, nalgumas situações, ser tão importante como a sua ação formal, sem que seja necessário abrir um procedimento administrativo e/ou judicial. A capacidade de avaliação e de conhecimento das entidades que atuam no sistema é uma condição imprescindível para que os magistrados do Ministério Público possam atuar de forma clarividente e transparente na procura da melhor solução para cada situação, salvaguardando sempre os direitos dos cidadãos. A capacidade de estabelecer articulações virtuosas dentro e fora do sistema judicial só pode ser considerada uma mais-valia para os cidadãos, razão pela qual deve ser estimulada a dotação de conhecimentos e experiência suficiente por parte dos magistrados do Ministério Público, para além da necessária humildade em procurar soluções junto das entidades que atuam no terreno.

3.4. *O Ministério Público na área cível e administrativa: à procura de um rumo*
As competências do Ministério Público nas áreas cível e administrativa são, por um lado, pouco precisas quando comparadas com as anteriores mas, por

---

[117]   A Mediação Penal foi introduzida no ordenamento português através da Lei n.º 21/2007 <http://dre.pt/pdf1sdip/2007/06/11200/37983801.pdf>, seguindo o disposto no artigo 10.º da Decisão Quadro n.º 2001/220/JAI do Conselho da União Europeia relativa ao estatuto da vítima em processo penal <http://eur-lex.europa.eu/LexUriServ/LexUriServ.do?uri=CELE X:32001F0220:pt:HTML>, que determina que os Estados-Membros se devem esforçar por promover a mediação no âmbito de processos de natureza criminal. Para mais informações, ver <http://www.gral.mj.pt/categoria/conteudo/id/16>. De referir que a grande maioria dos magistrados do Ministério Público contactados não tem uma opinião favorável sobre o funcionamento deste mecanismo em termos gerais nem é defensora da sua existência por considerar que desempenha uma função para a qual o MP está mais habilitado e que se enquadra dentro das suas competências. Contudo, os magistrados do MP queixam-se de que lhes falta tempo e meios para a poderem efetuar com mais frequência.

outro, muito diversificadas na sua abrangência da natureza dos processos, razão pela qual não é simples apresentar, de forma organizada e operacional, a intervenção e papel que o Ministério Público tem no sistema de acesso dos cidadãos ao direito e à justiça em matérias cíveis e administrativas (e que se esquematiza na Figura 5). A opção por juntar as competências nas áreas cíveis e administrativas, apesar de integrarem, inclusivamente, duas jurisdições distintas (Tribunais Judiciais e Tribunais Administrativos e Fiscais[118]), justifica-se pela sobreposição de temáticas que ocorre, como se pode constatar a seguir, em particular nas áreas da defesa dos interesses do Estado e dos interesses difusos. Além disso, a junção da análise da intervenção do Ministério Público nas áreas cíveis e administrativas também tem que ver com a defesa que se faz, neste como noutros trabalhos (Dias, 2004), da eliminação das atuais duas jurisdições, integrando-as nos Tribunais Judiciais, eventualmente com uma área de especialização administrativa. Naturalmente, do ponto de vista meramente "jurídico", esta opção pode constituir um erro ou, pelo menos, uma confusão na apresentação da ação do Ministério Público que pode provocar equívocos e não ser devidamente esclarecedora.

FIGURA 5
O Ministério Público no sistema de acesso cível e administrativo-fiscal

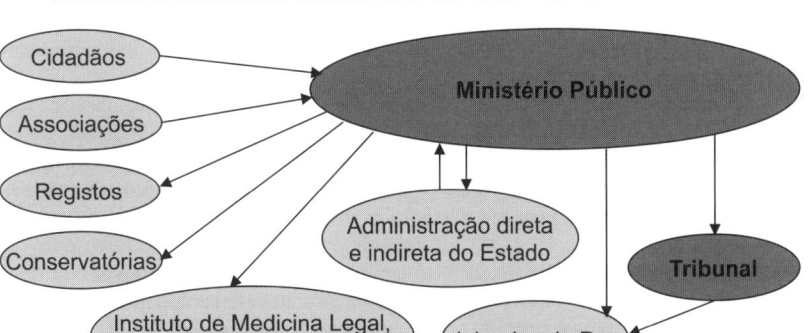

---

[118] O Estatuto dos Tribunais Administrativos e Fiscais é regido pela Lei N.º 13/2002, de 19 de fevereiro, e foi entretanto alterado por duas vezes (Leis N.ᵒˢ 4-A/2003 e 107-D/2003). No Estatuto estão discriminadas as competências dos Tribunais Administrativos e Fiscais, que vão mais além do que as que são consideradas nesta análise, como se pode observar pela sua consulta.

As diversas intervenções do Ministério Público na área cível podem ser organizadas em três grandes categorias de modo a permitir uma melhor operacionalização: 1) na representação do Estado e de entidades públicas; 2) na tutela do Estado enquanto coletividade, relativamente a questões de personalidade; 3) e na tutela do ordenamento jurídico na defesa dos interesses difusos. Assim, na primeira categoria, encontra-se, entre outras, a reclamação de créditos e a instauração de ações paulianas em nome da Fazenda Nacional, as ações em representação do Estado ou das suas direções regionais,[119] a gestão do património (privado) do Estado, a liquidação de herança vaga a benefício do Estado, a execução por custas e multas impostas em processo civil, a declaração

---

[119] A alteração do Estatuto dos Tribunais Administrativos e Fiscais suscitou algumas dúvidas e provocou análises distintas, em particular no que respeita ao litígio dos contratos, onde se continuou a manter a opção por um sistema jurisdicional com uma bipartição de competências entre a jurisdição administrativa e a jurisdição comum. Assim, segundo a análise efetuada por Silva (2006), que se transcreve quase na íntegra, a «delimitação de competências dos tribunais administrativos e fiscais consistiu em formular critérios de qualificação dos contratos. Em primeiro lugar, o critério do procedimento pré-contratual: a jurisdição administrativa é competente para apreciar todas as questões relativas à interpretação, validade e execução de contratos a respeito dos quais exista lei que os submeta a um procedimento pré-contratual de direito administrativo (alínea e) do nº 1 do artigo 4º). Por obrigação da (já abundante) legislação comunitária, o ordenamento jurídico submete vários contratos a procedimentos pré-contratuais específicos. Quando assim seja, e independentemente de se tratar de contratos tradicionalmente de direito privado ou público, é a jurisdição administrativa a materialmente competente.

«Em segundo lugar, o critério substantivo: a jurisdição administrativa é competente para apreciar todas as questões relativas à interpretação, validade e execução de contratos de objecto passível de acto administrativo, de contratos especificamente acerca dos quais existam normas de direito público que regulem aspectos do respectivo regime substantivo, ou de contratos que as partes tenham expressamente submetido a um regime substantivo de direito público (alínea f) do nº 1 do artigo 4º). [...] O que mais releva é a sujeição do contrato a normas de direito público, o que sempre acarreta um esforço do intérprete ou do aplicador do Direito na procura desse regime, na certeza, porém, de que estão hoje bem melhor definidas as competências, em matéria contratual, entre a jurisdição administrativa e jurisdição comum.

«Uma última referência: é ainda da competência dos tribunais administrativos e fiscais a apreciação da invalidade de quaisquer contratos (independentemente de serem administrativos ou de direito privado) que directamente resulte da invalidade do acto administrativo no qual se fundou a respectiva celebração (alínea b) do nº 1 do artigo 4º). Tal solução é apenas o corolário, a nosso ver, de uma cláusula geral de suficiência e plenitude da jurisdição administrativa: a submissão de eventuais contratos de direito privado aos tribunais administrativos, em virtude da origem do contrato – um acto administrativo – só pode compreender-se no âmbito da completa remissão para esta ordem de tribunais de toda e qualquer relação contratual que tenha na sua origem uma relação jurídica administrativa».

de nulidade de contrato de sociedades ou o controlo da legalidade de associações e cooperativas. Nestas ações, o Ministério Público interage, para além dos cidadãos (ou seus representantes), com o Estado e seus múltiplos organismos, bem como com as conservatórias de registo comercial.

Na segunda categoria, encontram-se igualmente, entre outras possibilidades previstas nas diversas leis aplicáveis, as ações de interdição e inabilitação, as autorizações para alienação de bens do interdito, inabilitado ou incapacitado de facto, a representação dos incapazes (menores, interditos e inabilitados), a justificação de ausência e declaração de morte presumida, as ações de registo, as autorizações para remoção de cadáveres, as ações respeitantes a reembolsos à Associação Portuguesa de Apoio à Vítima (respeitantes a adiantamentos da APAV por conta das indemnizações devidas pelo Estado às vítimas de violência doméstica), ou os processos administrativos relacionados com interditos e com queixas respeitantes à saúde pública. Neste âmbito, o Ministério Público articula a sua atuação, por um lado, com os cidadãos (ou seus representantes) e, por outro, com uma diversidade de entidades, entre as quais, a Segurança Social, os Hospitais Psiquiátricos, o Instituto de Medicina Legal, as Câmaras Municipais, os Delegados de Saúde, as Instituições Privadas de Solidariedade Social, as Conservatórias de Registo Civil ou a Associação Portuguesa de Apoio à Vítima.

Por último, na terceira categoria identificada, no âmbito da defesa dos interesses difusos, o Ministério Público atua em diversas áreas distintas, como o ambiente, o ordenamento do território, o urbanismo, o património cultural, a saúde pública ou a defesa dos consumidores. Nestas intervenções, encontram-se especialmente previstos dois tipos de ações: a *ação inibitória*,[120] destinada a prevenir, corrigir ou fazer cessar práticas lesivas dos direitos dos consumidores que atentem contra a saúde pública, se traduzam no uso de cláusulas gerais proibidas, ou consistam em práticas comerciais expressamente proibidas por lei; e a *ação popular*,[121] que visa a proteção da saúde pública, do ambiente, da qualidade de

---

[120] Estas ações, previstas na Lei de Defesa dos Consumidores e na Lei das Cláusulas Contratuais Gerais, podem ser propostas pelos consumidores e associações de consumidores, pelo Ministério Público ou pelo Instituto do Consumidor quando estejam em causa interesses individuais homogéneos, coletivos ou difusos.

[121] Estas ações, previstas na Lei n.º 83/95, de 31 de agosto, podem ser propostas por qualquer cidadão no gozo dos seus direitos civis e políticos, pelas associações e fundações defensoras dos interesses em causa ou pelas autarquias locais em relação aos interesses de que sejam titulares residentes na área da respetiva circunscrição. O Ministério Público estará sempre presente nestes procedimentos ou ações, enquanto fiscalizador da legalidade ou como representante do Estado ou de algum incapaz, caso algum destes seja autor ou réu.

vida, da proteção do consumo de bens e serviços, do património cultural e do domínio público. Aqui, há que referir a distinção entre: a *ação procedimental administrativa*,[122] abrangendo a ação para defesa dos interesses identificados junto do tribunal administrativo; o *recurso contencioso*, com fundamento em ilegalidades de quaisquer atos administrativos lesivos,[123] a apreciar pelos tribunais administrativos; e a *ação popular civil*, a interpor nos tribunais civis. O Ministério Público intervém em tais procedimentos ou ações fiscalizando a legalidade e podendo substituir-se ao autor se este desistir ou transigir, representando o Estado, se este for parte na causa, ou outras pessoas coletivas públicas, quando tal for autorizado por lei, ou representando os ausentes, os menores e demais incapazes. A intervenção do Ministério Público nesta diversidade de intervenções faz-se com os cidadãos e em articulação, entre outras possibilidades, com o Estado (e seus organismos), as autarquias locais ou as associações e outras formas de organização da sociedade civil.

O papel do Ministério Público nas áreas cível e administrativa tem uma grande relevância, em particular pelo potencial de promoção e defesa de uma multiplicidade de interesses que comumente se designam de direitos de terceira geração, como são, em termos genéricos, os relativos ao consumo, ambiente e urbanismo ou qualidade de vida (Bobbio, 1992; Santos, 2003; Duarte, 2011). Tal como nas áreas anteriormente analisadas, a atuação formal do Ministério Público é fundamental para levar a bom porto a concretização dos direitos em disputa, estando num ponto de interface em que, em determinados assuntos, pode ser importante a sua capacidade de mobilização de vários atores para a recolha da informação necessária, de forma independente, antes de tomar qualquer decisão. Os assuntos relacionados com o ambiente são exemplo desta ação, em que é possível mobilizar peritos ou associações de defesa do ambiente para a recolha de informação relevante para uma avaliação correta e abrangente

---

[122] Configurada como mecanismo de participação dos cidadãos, individualmente ou de forma organizada, no controlo da legalidade da atuação administrativa, constituindo um instrumento da democracia participativa, infelizmente, ainda é pouco usada dada a existência de alguma burocracia na sua configuração e a resistência de muitos atores judiciais e profissionais das áreas envolvidas em deixarem nas mãos dos cidadãos o poder de ativação e fiscalização das ações/omissões do Estado em sentido lato. Algum desconhecimento público da existência deste mecanismo, assim como da forma como funciona, poderá igualmente contribuir para que seja, na prática, um instrumento que fica aquém das suas potencialidades.

[123] Foi no âmbito destes procedimentos que, por exemplo, foram interpostas junto do tribunal administrativo várias ações respeitantes à luta contra a coincineração de resíduos nas cimenteiras, numa polémica que durou vários anos, na viragem do século (Matias, 2010).

dos valores em causa. Sabendo que certas matérias exigem um conhecimento aprofundado não só do direito, mas também dos contextos, causas e consequências das ações/omissões, em conflitos específicos, a capacidade do Ministério Público para interagir e articular a análise da lei e das especificidades que cada processo engloba torna o seu papel imprescindível para uma boa decisão (arquivamento, acusação ou simples chamada de atenção, de forma informal, aos responsáveis envolvidos).

Uma nota final para o papel desempenhado pelos Julgados de Paz, que, no ordenamento jurídico português, têm competência para apreciar e decidir ações declarativas cíveis, com exceção das que envolvam matérias de direito da família, direito das sucessões e direito do trabalho, cujo valor não ultrapassasse os 5000 euros. Em 2012 existiam 25 Julgados de Paz, abrangendo, na área de competência dos 61 concelhos envolvidos, 3,4 milhões de habitantes (Costa. *et al.*, 2002; Gonçalves, 2007; Pires, 2008; Almeida, 2009).[124] Neste sentido, a interação do Ministério Público com os Julgados de Paz pode decorrer principalmente do aconselhamento aos cidadãos para usarem este mecanismo para, mais célere e informalmente, resolverem os seus conflitos. Contudo, o funcionamento e utilização dos Julgados de Paz, como se viu anteriormente, não é consensual nem pacífico junto de todos os atores judiciais e políticos, incluindo a comunidade científica, por suscitar um conjunto de dúvidas sobre, por exemplo, a excessiva informalidade, a formação dos profissionais, a alegada celeridade (em particular, nalguns Julgados de Paz que evidenciam já uma certa morosidade), os resultados alcançados e, ainda, os custos envolvidos, que em termos comparativos podem ser superiores, em valores médios, às ações que correm em tribunal.

---

[124] As informações sobre a legislação enquadradora, as competências, a distribuição territorial ou as atividades desenvolvidas, entre outras, podem ser consultadas nos *sites* do Gabinete para a Resolução Alternativa de Litígios do Ministério da Justiça <http://www.gral.mj.pt/categoria/conteudo/id/7> ou do Conselho de Acompanhamento dos Julgados de Paz <http://www.conselhodosjulgadosdepaz.com.pt/index.asp>. De acordo com a informação disponibilizada pelo Sistema de Informação Estatística do Ministério da Justiça <http://www.siej.dgpj.mj.pt>, em 2011 entraram 10 025 processos nos 25 Julgados de Paz registados, tendo findado 9647. O número de processos cresceu anualmente desde o primeiro ano que consta do relatório, sendo que em 2005 tinham sido registados 3541 processos entrados nos 12 Julgados existentes na altura. Isto significa que a abertura de mais Julgados de Paz permitiu aumentar o número de processos entrados e alargar o âmbito territorial, configurando ainda uma intervenção muito reduzida se considerarmos, comparativamente, o volume processual nos tribunais, em que no ano de 2011 se registou a entrada global de mais de 769 mil processos nos tribunais judiciais de 1.ª instância (MJ, 2012b). O movimento nos Julgados de Paz é de cerca de 1,3% do volume global dos tribunais.

3.5. O "lugar e o espaço" do Ministério Público: interface entre a justiça e a sociedade

O "lugar e o espaço" ocupado pelo Ministério Público pode, na sequência do exposto atrás, ser classificado como de interface, ou seja, o elemento que permite o estabelecimento de articulações entre as diversas partes e entidades envolvidas nos litígios ou na prestação de informações aos cidadãos, ou partes envolvidas, para que possam recorrer a quem estiver melhor habilitado para ajudar a resolver a situação, seja uma entidade pública ou privada, judicial ou não judicial. Este espaço e lugar que o Ministério Público ocupa confere-lhe, em termos profissionais, características atípicas para o ideal-tipo de magistrado e coloca os magistrados num grau de grande proximidade com os cidadãos, sem que para isso tenham sido formados durante os últimos 35 anos.

A posição de interface, que se caracteriza, assim, por estar dentro do sistema oficial de justiça e poder cooperar e estabelecer parcerias com outras instituições estatais, entidades privadas ou da sociedade civil numa fase prévia à instauração de um processo judicial,[125] permite-lhe ter um papel preponderante na articulação entre os meios formais e os informais de resolução de conflitos, para além de poder, concomitantemente, assumir qualquer um destes papéis. Por outras palavras, consoante as áreas jurídicas, o Ministério Público desempenha, no conjunto deste sistema multilateral a que podemos juntar os serviços de conciliação, mediação e arbitragem existentes, um papel de interface entre, por um lado, os cidadãos que procuram a sua "tutela" e, por outro, a diversidade de instituições que "oferecem" diferentes respostas à multiplicidade de necessidades apresentadas pelos cidadãos.

---

[125] Pode referir-se, igualmente a título exemplificativo, a forma como o Ministério Público lida com o incumprimento contratual de uma empresa face a um trabalhador, numa primeira fase, através da informação jurídica prestada ao trabalhador e, posteriormente, na promoção de uma tentativa de conciliação informal entre as partes (promovendo reuniões individuais e/ou conjuntas e soluções para os diferendos). Numa segunda fase, caso detete alguma situação irregular da competência de outra entidade, pode encaminhar o processo para, p. ex., a Autoridade para as Condições de Trabalho. Por fim, pode avançar com o patrocínio da ação do trabalhador, caso este não seja sindicalizado, se entretanto considerar ser a melhor via para a resolução do conflito na defesa da concretização dos direitos laborais em causa, ou encaminhar para o pedido de apoio judiciário, através do recurso à Segurança Social.

A partir de uma análise da justiça de menores, João Pedroso propõe o termo "charneira", ao referir que

> só o Ministério Público poderá articular e acompanhar a intervenção da comunidade e da administração, em primeira linha numa relação dual com as famílias e as Comissões de Protecção de Menores, em segunda linha quando ao nível anterior não foi possível retirar a criança do perigo e, por último, a intervenção do Tribunal quando anteriormente os pais não deram o seu consentimento a qualquer intervenção ou ela não foi possível de modo eficaz (Pedroso, 1998: 75)

Optou-se, neste trabalho, contudo, pelo conceito de "interface" por permitir dar não só a imagem de um "ator" privilegiado entre duas entidades ou cidadãos, mas também por se referir à vertente de facilitador de "troca de informações", que, para quem procura soluções para resolver os seus problemas, é uma componente fundamental. Já "charneira", num sentido mais literal, aponta mais para "elo de ligação" ou "intermediário", excluindo a componente de ator (pro)ativo na troca de informações.

O Ministério Público exerce, assim, um roteiro de funções, formais e informais, que o catapultam para um patamar de importância provavelmente muito superior ao expectável. E isto é tanto mais assim quando nos deparamos com a inexistência de alternativas realmente credíveis e efetivas para o exercício do acesso ao direito e à justiça dos cidadãos, dado que, por exemplo, o acesso à informação e consulta jurídica[126] pode acarretar dificuldades e os mecanismos

---

[126] A prestação de informação e consulta jurídica remete para um assunto polémico, em particular com a Ordem dos Advogados, gerado a partir do papel que os Gabinetes de Consulta Jurídica desempenham, ou deviam desempenhar, para colmatar a necessidade dos cidadãos em aceder à informação. A consulta jurídica, de acordo com o Gabinete para a Resolução Alternativa de Litígios, «consiste no esclarecimento técnico sobre o direito aplicável a questões ou casos concretos nos quais avultem interesses pessoais legítimos ou direitos próprios lesados ou ameaçados de lesão. Compreende também a realização de diligências extrajudiciais que decorram directamente do conselho jurídico prestado e que se mostre essencial para o esclarecimento da questão colocada. O Ministério da Justiça em cooperação com a Ordem dos Advogados e com as Autarquias Locais garante a existência de Gabinetes de Consulta Jurídica, com vista à gradual cobertura territorial do País» <http://www.gral.mj.pt/categoria/conteudo/id/13>. Atualmente, existem registados 24 Gabinetes de Consulta Jurídica, dos quais 4 se encontram suspensos. De referir que os Gabinetes são constituídos através da celebração de protocolos entre o Ministério da Justiça, a Ordem dos Advogados e as autarquias locais, assumindo cada uma das partes determinadas obrigações, sendo o Ministério da Justiça a suportar os custos dos honorários estabelecidos para o pagamento dos serviços prestados pelos advogados. A informação sobre estes gabinetes é cada vez mais diminuta.

de resolução alternativa de litígios atualmente em vigor apenas muito parcialmente ocupam funções que o Ministério Público pode exercer de forma mais abrangente, credível e até com menores custos, como se irá observar nos pontos seguintes.

O Ministério Público, no âmbito deste papel de interface nas diferentes áreas de intervenção, adquire uma relevância social que permite, se devidamente internalizada e operacionalizada, contrariar as atuais tradições judiciárias, virando a sua atuação para responder em primeiro lugar aos interesses dos cidadãos, como bem analisa Laborinho Lúcio:

> Temos uma tradição judiciária muito marcada por dois pilares fundamentais: o positivismo jurídico na interpretação da lei e do direito; e um corporativismo institucional (não no sentido pejorativo) que leva a que o sistema se feche sobre si próprio e procure um discurso de auto-legitimação. [...] a centralidade do sistema tem de estar no cidadão e não é isso que acontece num sistema tributário de uma visão positivista e autoritária, em que quem está no centro é o tribunal e o juiz, e o cidadão surge como alguma coisa externa que é visto como beneficiária. A independência dos tribunais, que é sagrada num Estado de Direito, é um direito dos cidadãos e um dever dos tribunais (Laborinho Lúcio, *Público*, 29/01/2007).

Esta temática tem vindo a adquirir maior importância igualmente pelo facto de se observar, nos últimos anos, uma tendência para a reformulação das competências e do papel desempenhado pelas várias (novas e velhas) profissões jurídicas que operam no sistema judicial português, num conjunto de alterações que procuram, em termos de objetivos e fundamentos, facilitar o acesso dos cidadãos ao direito e à justiça (Dias e Pedroso, 2002; Pedroso, Trincão e Dias, 2001, 2002, 2003a). Acresce, contudo, que – numa fase de implementação de importantes reformas, quer em termos organizacionais (mapa judiciário e gestão dos tribunais), profissionais (alterações nas competências profissionais), legais (movimento de simplificação processual: informalização e desjudicialização), informáticos (reforço e/ou renovação dos programas informáticos e do equipamento), quer na reformulação/aprofundamento dos mecanismos alternativos de resolução de litígios – é necessário repensar o papel desempenhado pelos diferentes atores judiciais de uma forma global, integrada e complementar.

O Ministério Público é, neste contexto, um ator crucial que importa posicionar no lugar e no espaço correto no seio do sistema global de justiça para permitir que possam ser internalizadas e concretizadas em benefício dos cidadãos todas as potencialidades decorrentes das competências que exerce, das práticas que os magistrados foram adotando e da experiência das últimas décadas. Esta diversidade de papéis que o Ministério Público desempenha confere-lhe, igualmente, um caráter de multifuncionalidade, que levanta diversas dúvidas e questões, e é alvo de diferentes opiniões, nem sempre consensuais. Contudo, a hipótese de trabalho aqui aprofundada é que o desempenho desta magistratura, no atual contexto social, político e judicial, é incontornável e não pode, nem deve, ser diminuído, correndo-se o risco de, se assim não for, se verificar uma redução da efetividade dos direitos por parte dos cidadãos (Dias, 2005, 2013a).

4. O Ministério Público e os cidadãos: um relacionamento de múltiplas facetas

A prestação de informação e aconselhamento jurídico, a promoção de formas de conciliação, o patrocínio judiciário ou o encaminhamento para outras entidades ou instâncias de resolução de conflitos são algumas das atividades quotidianas dos magistrados do Ministério Público, nas diferentes áreas jurídicas em que intervêm, que, na maior parte das vezes, não decorrem diretamente das suas competências legais.[127] Os cidadãos têm, deste modo, na maior parte das vezes através do serviço de atendimento ao público, acesso a um órgão judicial de múltiplas facetas que proporciona não só a prossecução dos seus direitos por via judicial, mas igualmente a resolução dos seus conflitos através de práticas de informação/consulta jurídica, conciliação e/ou mediação.[128] No entanto, o

---

[127] Os relatórios apresentados pelo Ministério da Justiça e pela Procuradoria-Geral da República até recentemente não referiam quaisquer dados estatísticos relacionados com estas práticas, limitando-se aos casos que ficam registados em tribunal. Esta ausência não permite ter uma ideia correta da atividade real do Ministério Público. Apenas a partir de 2005, como se refere no capítulo seguinte, aparecem dados globais relativos ao serviço de atendimento existente em muitos tribunais, sem que seja possível compreender se essa informação se reporta à totalidade dos tribunais ou apenas àqueles em que se registam as atividades relacionadas com o atendimento ao público e aos resultados dessa ação (encaminhamento, esclarecimento, apoio na proposição de uma ação, etc.).

[128] Esta é uma dialética, não assumida, entre a opção pelo tempo da justiça real (nos tribunais) e o tempo da justiça social (que produz o maior efeito junto dos cidadãos), em que a segunda opção é muito mais curta do que a primeira (Ferreira e Pedroso, 1997; Gérard et al., 2000; Ost, 2001). Consoante as áreas jurídicas, os casos concretos e a prática profissional individual, os magistrados do Ministério Público assumem, assim, uma destas opções, numa avaliação que "mistura" o princípio da legalidade (em vigor no nosso ordenamento jurídico) e o princípio da oportunidade, aplicado na prática sempre que se opta por uma outra solução que não a da aplicação do princípio da legalidade, pelo motivo que lhe pareça mais correto na sua avaliação individual.

reconhecimento desta prática é muito reduzido, quer por parte dos restantes operadores judiciais e políticos, quer mesmo pela desvalorização (não) propositada dos próprios magistrados do Ministério Público, do Sindicato dos Magistrados do Ministério Público e da Procuradoria-Geral da República (por intermédio do Procurador-Geral da República ou do próprio Conselho Superior do Ministério Público).

Para António Casimiro Ferreira (2005a), esta atividade, por exemplo na área do trabalho, insere-se num quadro em que, nos últimos anos, foi conferida à jurisdição laboral uma maior importância e reconhecimento por parte do Ministério Público. Considera o autor que, entre as várias funções desempenhadas,

> o atendimento ao público tornou-se [...] numa das principais actividades a desenvolver pelo magistrado nesta área, reduzindo-se o seu papel, por vezes, à mera informação jurídica, sem necessidade de requerer qualquer providência judicial, ou a uma muito conseguida tentativa de resolução extrajudicial dos conflitos (Ferreira, 2005a: 430).

O mesmo se pode aplicar à jurisdição de família e menores, dado que a realidade, em muitos casos, é muito semelhante no que concerne à importância do serviço de atendimento.

A temática do lugar e espaço que o Ministério Público deve desempenhar como elemento facilitador e promotor do acesso dos cidadãos ao direito e à justiça registou, a partir do ano de 2007, vários desenvolvimentos que merecem ser destacados pela inversão de tendência que manifestam, ainda que de forma gradual e ténue (conjuntural, em vários aspetos, pelas discussões e tensões existentes no próprio seio do Ministério Público, e não estrutural). Em primeiro lugar, há a realçar a preocupação do Sindicato dos Magistrados do Ministério Público (SMMP), no seu penúltimo congresso, que decorreu de 1 a 3 de fevereiro de 2007, sob o tema "Responsabilidade Comunitária da Justiça: o papel do Ministério Público". De facto, estrategicamente, o SMMP reorientou o discurso público da legitimidade do Ministério Público não apenas para as suas funções constitucionais numa visão restrita, como era habitual, mas para uma perspetiva alargada, centrando as atenções no contributo da sua função para os desejos dos cidadãos. E, neste contexto, realçou o dever/responsabilidade/papel que o Ministério Público tem para com o cidadão nas suas diversas funções, entre elas, o atendimento ao público. O último congresso, que teve lugar em 2012, entre 1 e 4 de março, voltou a integrar, embora numa perspetiva um pouco mais difusa, as questões do papel do Ministério Público, num evento que decorreu sob o tema da "Justiça, Cidadania e Desenvolvimento". No programa, foi possível observar mais em pormenor que a questão fulcral do lugar do Ministério Público no acesso dos cidadãos ao direito e à justiça ocupou um espaço razoável, tendo inclusivamente ficado inscrito nas conclusões gerais do congresso, ainda que, no atual contexto de crise económico-financeira e de restrições na área da justiça, o debate se tenha centrado noutras temáticas.

Em segundo lugar, a tomada de posse do anterior Procurador-Geral da República, Fernando Pinto Monteiro, em outubro de 2006, pareceu indiciar uma mudança no que respeita à valorização da relação do Ministério Público com o cidadão. Deste modo, emitiu um despacho a 16 de maio de 2007 em que refere que

> A magistratura do Ministério Público deve ser vista cada vez mais como uma magistratura activa, cooperante, próxima da comunidade a quem serve, capaz de em todas as situações em que o exercício das suas funções o exige, dar resposta atempada às necessidades dos cidadãos e da justiça.
> [...]
> [É] imperativo que os serviços do Ministério Público estejam organizados de forma a poder dar resposta eficaz e em tempo útil às solicitações que se insiram na esfera das suas competências, numa cultura de proximidade com os cidadãos. Para tanto, importará redobrar esforços no sentido de que os serviços de atendimento ao público, que já se encontram instituídos, sejam valorizados como uma componente importante do exercício das funções do Ministério Público, bem como providenciar pela instituição desse serviço nos locais em que não se encontre implementado.[129]

Contudo, desconhecem-se novos despachos ou diretrizes a instituir mecanismos ou práticas comuns, coordenadas superiormente, no que é demonstrativo de um deixar à iniciativa de cada magistrado, *per se*, a capacidade de implementar a reorganização dos serviços para garantir o cumprimento deste despacho vago. Ainda mais flagrante se torna a ausência (pública, pelo menos) de preocupações com esta temática ao nível do topo da hierarquia do Ministério Público quando está em curso a discussão pública para a reforma do mapa judiciário, em que

---

[129] Despacho do Procurador-Geral da República – *Organização dos serviços de atendimento ao público por parte do Ministério Público*, 16/05/2007, pág. 1 <http://www.pgr.pt/Despachos/DESPACHO-PGR-30-05-2007.pdf>.

esta atividade, para ser preponderante, devia estar inserida nas preocupações e prioridades do Ministério da Justiça na hora de se concretizar em que moldes a reforma se vai sentir no terreno. As intervenções da nova Procuradora-Geral da República, Joana Marques Vidal, indiciam uma integração desta preocupação, ainda que sem se manifestar de forma muito vincada e assertiva.[130]

Em terceiro lugar, no âmbito do processo de avaliação de que são alvo os magistrados do Ministério Público, o documento de reflexão para a revisão do "Regulamento de Inspecções do Ministério Público", elaborado em 2007 pela comissão presidida pelo então Procurador-Geral Adjunto, Rodrigues Maximiano, realçava a importância desta vertente profissional com tradição histórica, mas entretanto desvalorizada. Uma das conclusões do relatório considera, assim, que

> A análise inspectiva para a apreciação do mérito profissional dos magistrados do Ministério Público deve aferir todas as suas áreas de desempenho, o que implica não só a análise dos resultados obtidos e do cumprimento dos objectivos fixados, como ainda a análise de tarefas normalmente pouco consideradas pelas Inspecções, como, por exemplo os dossiers do correio, recebido e expedido, a forma como o Magistrado efectua o atendimento do público, a consideração da sua actuação dentro e fora do Tribunal.[131]

Ao que se sabe, até ao momento esta preocupação, apoiada pelo SMMP no seu parecer de 6 de março de 2007,[132] ainda não foi vertida em termos de prática

---

[130] O discurso de tomada de posse da nova Procuradora-Geral da República, Joana Marques Vidal, de 12 de outubro de 2012, tendo sido necessariamente curto, permite realçar duas temáticas que podem indiciar as prioridades a desenvolver no futuro: organização e promoção da igualdade dos cidadãos. Como referiu, é preciso que o Ministério Público «assuma as responsabilidades de coordenação, orientação e articulação, no âmbito da procura de uma organização moderna, mais flexível e mais eficaz que responda às exigências e desafios atuais e que por esta forma, também, seja um fator essencial da promoção da igualdade do cidadão perante a lei». Estas ideias foram reforçadas no discurso de Abertura do Ano Judicial, que ocorreu a 1 de fevereiro de 2013. Ver os dois discursos na íntegra em <http://www.pgr.pt/intervencoes/intervencoes.html>.

[131] Documento de reflexão elaborado pela Comissão de Revisão do Regulamento de Inspeções do Ministério Público, presidida por Rodrigues Maximiano, em 2007, para o Conselho Superior do Ministério Público (ver <http://www.smmp.pt/wp-content/reginspeccoes.pdf>).

[132] *Parecer do SMMP para o CSMP sobre a "Revisão do Regulamento e Sistema de Inspecções" endereçado ao Exmo. Senhor Conselheiro Dr. Rodrigues Maximiano*, 6 de março de 2007 <www.smmp.pt/wp-content/parecer_-revisao_reg_sist_inspeccoes.pdf>.

inspetiva e não foi assumida pelo Conselho Superior do Ministério Público como fazendo parte integrante do modelo de avaliação dos magistrados.

Por último, ao Ministério da Justiça cabe a missão, em articulação com as restantes áreas governamentais, de legislar no sentido de promover o funcionamento do sistema judicial da melhor forma possível, elaborando, com esse objetivo, medidas que promovam melhorias na gestão dos tribunais e dos processos, celeridade na resolução dos litígios e efetividade na aplicação da justiça. Contudo, as reformas legislativas mais recentes procuram operar mais sobre as consequências do que nas causas, ao tentar resolver legislativamente o número crescente de ações que entra em tribunal, sem integrar soluções para muitas das causas, que envolvem a resolução de problemas abrangentes, da competência de outros ministérios, do Governo em geral e do modo de funcionamento da sociedade. Deste modo, muitas das prioridades delineadas acabam por ter efeitos na procura dos tribunais através, principalmente, da introdução de critérios restritivos e/ou de aumento das custas judiciais, bem como introduzindo novas medidas desjudicializadoras e/ou de informalização da justiça (mecanismos de resolução alternativa de litígios, que assumem, em casos pontuais, um caráter obrigatório). A junção do contexto descrito a uma situação de grave crise financeira do Estado, a que já se aludiu diversas vezes, provoca no sistema judicial um acréscimo de dificuldades e um potencial aumento da conflitualidade que chega aos tribunais, mesmo numa tendência de introdução de critérios restritivos e de aumento de custas judiciais (onde as condições para aceder ao apoio judiciário são cada vez mais difíceis, por se ter reduzido bastante o limite dos valores dos rendimentos acima dos quais os cidadãos deixam de ter direito ao apoio).

Perante as dificuldades acrescidas que se colocam ao acesso dos cidadãos ao direito e à justiça, e que já foram descritas, de seguida serão analisadas de forma sucinta algumas questões que envolvem a atividade profissional dos magistrados do Ministério Público na relação de proximidade com os cidadãos e que têm um grande potencial para a superação de algumas das atuais lacunas do sistema judicial. Desde logo, através do atendimento ao público por parte dos magistrados do Ministério Público, incluindo as práticas desenvolvidas, a proximidade dos serviços em relação aos cidadãos, por via da geografia da distribuição territorial, e a "confiança" que os cidadãos depositam nos tribunais, neste caso, através dos magistrados do Ministério Público.

4.1. *"Porta de entrada" no sistema: os serviços do Ministério Público*

A maior parte dos magistrados do Ministério Público que desempenha funções nos tribunais de primeira instância, de competência genérica ou especializados, como é a área penal, cível, administrativa, laboral ou de família e menores, tem horários de atendimento ao público, permitindo o acesso dos cidadãos a um processo informal de auscultação de opinião por parte de uma autoridade judicial. Estes processos, segundo os relatos de muitos magistrados do Ministério Público que foram contactados ao longo deste e de outros projetos, bem como dos dados do inquérito aplicado (que são analisados no Capítulo 4), permitem confirmar, assim, a prestação de informação e consulta jurídica aos cidadãos. É, de facto, uma "porta de entrada" no sistema integrado de acesso ao direito e à justiça dos cidadãos. Contudo, sendo uma "porta de entrada" judicial, tem características multifacetadas, como se continuará a analisar neste capítulo.

A prestação destes serviços permite fazer uma triagem dos assuntos levados pelos cidadãos, podendo estes ser esclarecidos logo no momento ou, então, ser encaminhados para a apresentação de um processo judicial ou, pelo menos, haver um aconselhamento dos cidadãos nesse sentido. No âmbito da prestação de informação e consulta jurídica, os magistrados do Ministério Público podem ajudar a resolver de imediato os assuntos que preocupam e afligem os cidadãos. Foi importante auscultar diversos magistrados durante os debates públicos em que esta temática foi apresentada – por exemplo, no decurso dos dois congressos anteriores organizados pelo Sindicato dos Magistrados do Ministério Público –, tendo sido relatadas práticas muito diferenciadas sobre a forma como operacionalizaram este serviço, muitas das vezes sem o considerarem como um serviço de grande potencial de resolução de conflitos, mas apenas como um mecanismo que procura responder à procura dos cidadãos.

As situações que os magistrados são "chamados" a resolver envolvem os mais diversificados assuntos, dependendo do tribunal em que exercem funções. O estudo financiado pelo Instituto de Investigação Interdisciplinar, relativo ao Tribunal de Trabalho e ao Tribunal de Família e Menores de Coimbra, permitiu, por exemplo, recolher alguns indicadores sobre os assuntos mais comuns, bem como o desfecho do primeiro contacto dos cidadãos com os tribunais.[133]

---

[133] Os dados recolhidos não são, contudo, sistematizados nem completamente fiáveis. Por um lado, nem sempre são preenchidos pelos próprios magistrados e, por outro, nem sempre os arquivos destas fichas de atendimento são preservadas relativamente aos anos anteriores. Esta última situação verificou-se em ambos os tribunais estudados em Coimbra (Ferreira *et al.*, 2007).

A grande maioria da procura dos cidadãos busca o esclarecimento das mais variadas questões (75 a 85%, consoante os anos), não sendo possível determinar, em concreto, por falta de informação, a natureza dos esclarecimentos solicitados. No entanto, foi possível constatar que 7 a 15% dos cidadãos, consoante os anos, foram reencaminhados para uma outra entidade ou serviço mais adequado para a solução do seu caso. A informação contida nas fichas de atendimento não permite, contudo, verificar se os esclarecimentos providenciados tiveram como desfecho, entre outras possibilidades, o aconselhamento de reencaminhamento para outra entidade, de forma integrada com as informações prestadas. A impossibilidade de obter informações mais discriminadas, quer em tribunais concretos, quer na recolha dos dados efetuada de forma centralizada pela Procuradoria-Geral da República, dificulta a construção de uma análise mais profunda, apenas complementada com os resultados das entrevistas e intervenções orais de muitos magistrados, em conversas ou nos congressos, que mais não fazem do que permitir ilustrar a diversidade de situações existentes nos mais variados tribunais.

O atendimento dos cidadãos por parte dos magistrados do Ministério Público não é igual em todos os tribunais, como foi possível constatar pelo levantamento que foi realizado (Ferreira *et al.*, 2007) e pelos relatos de magistrados do Ministério Público que nos últimos anos foram interpelados sobre a temática. De facto, a variação de situações é enorme. Há, contudo, que efetuar uma diferenciação *a priori* entre dois tipos de atendimento, como se pode constatar com bastante clareza:

– o *atendimento administrativo*, em que o cidadão apenas junta uma peça ao processo em curso no tribunal ou procura saber o estado do seu processo, sendo atendido maioritariamente por um funcionário judicial, e

– o *atendimento jurídico*, em que há prestação de informações e uma eventual solução do problema ou o seu reencaminhamento para uma outra fase processual ou entidade competente, com um atendimento efetuado principalmente pelo magistrado do Ministério Público.

Esta distinção é importante porque implica analisar dois tipos de atividades cujos protagonistas são os magistrados do Ministério Público e os funcionários judiciais dos serviços do Ministério Público. Os segundos operacionalizam o *atendimento administrativo*, que, na maior parte das situações, se centra na prestação de informações básicas sobre o andamento do processo, os procedimentos a adotar em caso de pretensão de interpor ação em tribunal ou a simples entrega de documentos para juntar a processos já a correr; os primeiros reportam-se, principalmente, ao esclarecimento de questões jurídicas sobre a viabilidade de uma possível ação, a definição da entidade mais competente para solucionar o problema, as questões jurídicas em causa no litígio ou, ainda, e entre outras possibilidades, a viabilidade da ação tendo em consideração os dados fornecidos, de forma provisória, pelos cidadãos. A estes esclarecimentos, providenciados pelos magistrados do Ministério Público, acresce a possibilidade de, logo nesta fase inicial de contacto, se poder estabelecer uma estratégia de intervenção, em fase pré-judicial, de auscultação das partes para tentativa de chegar a uma solução consensual, como a adoção de procedimentos que, tecnicamente, se podem descrever como práticas de conciliação, mediação ou arbitragem (ainda que sem caráter vinculativo).[134]

Há a realçar, nesta análise da referida distinção, que, tal como se inferiu no trabalho referido de Ferreira *et al.* (2007), em muitas das situações, parte dos esclarecimentos prestados no *atendimento jurídico* são efetuados por funcionários judiciais com experiência, sem confirmar junto do magistrado do Ministério Público a validade da informação transmitida. O facto de muitos funcionários judiciais exercerem funções durante vários anos nos serviços do Ministério Público (ou nos tribunais em geral), confere-lhes, segundo vários magistrados entrevistados, competências suficientes para esclarecer situações mais rotineiras e simples. No entanto, não existe a verificação ou validação da informação prestada, nem é possível indagar se os cidadãos foram devidamente esclarecidos e, mais importante, se confiaram nas respostas obtidas, dado que procuraram uma legitimidade "judicial", corporizada nos magistrados do Ministério Público, e apenas conseguiram o que se pode designar por informação "em segunda mão".

As fichas de atendimento consultadas, para os casos dos tribunais de Família e Menores e do Trabalho de Coimbra, não permitem, na maioria dos casos, inferir as situações em que esta situação ocorreu. Também os dados nacionais, obtidos através dos relatórios de atividades da Procuradoria-Geral da República, que disponibilizam dados a partir de 2005, não permitem efetuar uma análise mais profunda onde essa distinção possa ser confirmada. Finalmente, não é igualmente possível perceber se muito do *atendimento administrativo* é registado

---

[134] Por curiosidade, segundo o relatório da *European Commission for the Efficiency of Justice*, do Conselho da Europa, existem Ministérios Públicos que desempenham oficialmente funções de mediação, como é o caso de França na área penal ou da Croácia em diferentes áreas de intervenção (CEPEJ, 2010: 109 ss.), embora na maioria dos países este "serviço" seja providenciado fora do tribunal, principalmente por entidades privadas.

ou se, simplesmente, é prestado de forma informal, sem ser contabilizado na atividade geral dos serviços.

É, assim, possível constatar que nem sempre os dados disponibilizados pelos poucos tribunais que recolhem informações referentes ao atendimento permitem efetuar esta distinção, sendo difícil de avaliar qual a percentagem efetiva que se refere apenas a *atendimento administrativo*. Mais, a reflexão sobre o funcionamento e pertinência dos serviços de atendimento ao público no Ministério Público só pode ter maior consistência se a recolha de informação, que requer práticas harmonizadas e procedimentos de registo bem definidos, for efetuada a nível nacional. Já a questão relativa ao papel que os magistrados do Ministério Público e os funcionários judiciais devem ocupar – de forma diferenciada e devidamente balizada, mas garantindo uma boa articulação entre si – é crucial não só para o reconhecimento que o Ministério Público atribui à sua relação com os cidadãos, mas essencialmente para o direito que o cidadão tem de ser esclarecido pelo ator mais capacitado para o efeito. O atendimento ao público não pode estar, portanto, como foi possível observar, sujeito à boa vontade de funcionários judiciais com experiência e competência, salvaguardando o magistrado do Ministério Público, sem que tal opção seja devidamente definida pelos serviços competentes do Ministério Público, seja a nível nacional, pela Procuradoria-Geral da República, seja a nível das competências dos distritos judiciais, por via da coordenação do Procurador-Geral Distrital.

Em suma, a distinção que se efetua, entre *atendimento jurídico* e *atendimento administrativo* é importante para o repensar das práticas em curso nos serviços do Ministério Público, avaliando os resultados deste serviço, adaptando a sua existência às necessidades dos cidadãos e reorganizando o seu funcionamento em função da necessidade de garantir que o atendimento é prestado, em cada momento, pelo profissional que tem a competência para o exercer (e não ser exercido por delegação, formal ou informal). Sendo uma das "portas de entrada" mais importantes no acesso ao direito e à justiça, os serviços do Ministério Público, magistrados e funcionários, assumem uma importância assinalável no desempenho do já referido papel de interface.

4.2. O atendimento ao público: a formação na diversidade de práticas (in)formais

A recolha de dados, efetuada ao longo dos últimos 10 anos, em diversos projetos de investigação (Pedroso, Trincão e Dias, 2003b; Ferreira, 2005a; Ferreira *et al.*, 2007), a realização de entrevistas e *focus groups*, o contacto (in)formal com vários magistrados, os resultados do inquérito realizado (e analisado no

Capítulo 4) e a discussão pública desta problemática permitiram recolher os elementos necessários para concluir pela existência de múltiplas práticas de exercício nos serviços de atendimento ao público no Ministério Público. A variedade de práticas nos diferentes serviços de atendimento ao público do Ministério Público resulta não só da inexistência de uma estratégia nacional ou até distrital, mas também das especificidades existentes no trabalho dos magistrados do Ministério Público a desempenhar funções em tribunais de especialidade, dimensão e número de magistrados diferentes, como se verá ao longo deste ponto. Face à atual realidade, a existência de um serviço institucionalizado depende assim da vontade dos magistrados do Ministério Público, atendendo a diversos fatores já enumerados, levando a que as práticas possam ser alteradas, mesmo de forma mais profunda, pela simples mudança dos titulares com competência para implementar este serviço, por exemplo, aquando dos movimentos de magistrados que ocorrem anualmente.

Existem tribunais que promovem o atendimento diário, normalmente quando existe um quadro de magistrados em número suficiente. Outros promovem um horário fixo, semanal, quando o número de magistrados se reduz a um ou dois. Outros ainda promovem diversos dias de atendimento, com horários diferenciados para permitir a cidadãos com diferentes disponibilidades aceder aos serviços do Ministério Público. A exceção vai para o atendimento de cidadãos com processos já a correr em tribunal, sendo este processado pelo magistrado responsável pelo processo. Neste aspeto, tribunais de Trabalho e de Família e Menores, como os de Lisboa, com uma dimensão considerável, conseguem operacionalizar o serviço de atendimento com estabilidade, rotatividade de magistrados e capacidade de adequação da resposta à variação da procura. Já outros serviços do Ministério Público aplicam um regime inconstante, sem estabilização de horário e ficando, em muito, dependente da disponibilidade/disposição e do "perfil" do magistrado em funções, bem como dos funcionários que o assistem, podendo estes ser mais ou menos proativos na triagem que efetuam junto dos cidadãos.

A harmonização de procedimentos e horários, adequados ao contexto social e económico e aos recursos humanos dos tribunais, parece ser um caminho aconselhável dada a diversidade de situações. Se os cidadãos souberem com antecedência os horários de atendimento, mais facilmente organizam a sua vida pessoal e profissional. No entanto, a prevalência do horário de funcionamento atual dos tribunais, das 9h30 às 12h30 e das 13h30 às 16, limita sobremaneira a facilidade de acesso dos cidadãos, dado que, na maioria das vezes, os seus horários profissionais são incompatíveis com este horário.[135] Naturalmente, este não é um problema exclusivo dos tribunais, mas exige que uma multiplicidade de mecanismos de resposta seja disponibilizada (consultas *online* ou por telefone, escalas ou pontos de contacto privilegiados, marcação prévia do atendimento, etc.), para que a limitação dos horários não diminua as possibilidades de acesso dos cidadãos ao direito e à justiça.

O atendimento ao público é uma competência que exige formação e preparação jurídica, bem como uma sensibilidade social apurada.[136] Deste modo, é preocupante e potencialmente lesivo dos direitos e interesses dos cidadãos que, algumas vezes, este serviço seja prestado não por magistrados, mas por funcionários judiciais. Este é um dado importante, que se reforça neste ponto, porque é no primeiro contacto com o tribunal que o cidadão pode, efetivamente, ter consciência dos seus direitos e ser confrontando com as diversas alternativas que o seu problema pode suscitar e permitir. Deixar esta competência aos funcionários judiciais – por muita experiência que possuam em termos da realização de uma primeira triagem, decidindo se é ou não um problema "digno" de ser levado ao magistrado do Ministério Público – parece ser um risco demasiado elevado para os valores que, em regra, estão em causa.

Na senda do exposto no ponto anterior, a existência da distinção nos serviços de atendimento entre *atendimento administrativo* e *atendimento jurídico* levanta diversos problemas que urge considerar. Em primeiro lugar, o facto de haver ocorrências nas fichas de atendimento relativas a entregas de documentos para juntar aos processos, situação que os funcionários podem gerir facilmente, não diminui a importância da necessidade de o magistrado

---

[135] A aprovação pela Assembleia da República, na generalidade, da proposta de alargamento do horário dos funcionários dos serviços públicos, de 35 para 40 horas semanais, a 29 de julho de 2013, deverá ter um impacto no horário de funcionamento dos tribunais, alargando o horário de atendimento ao público (proposta de Lei n.º 153/XII/2.ª). O Decreto N.º 167/XII, da Assembleia da República, foi publicado a 2 de agosto de 2013 e enviado para promulgação pelo Presidente da República a 8 de agosto de 2013. Ver <http://www.parlamento.pt/ActividadeParlamentar/Paginas/DetalheIniciativa.aspx?ID=37782>.

[136] Paulo Morgado de Carvalho, magistrado do Ministério Público e ex-Inspetor-Geral do Trabalho, defendeu que, face à variabilidade de práticas e aptidões, se torna necessário institucionalizar e registar os serviços de atendimento do Ministério Público, reinventando de forma credível uma "tradição histórica" que confere ao Ministério Público uma especificidade muito positiva na relação com os cidadãos (intervenção no âmbito do Curso de Formação sobre "Os novos desafios do direito do trabalho", organizado em Coimbra pelo Centro de Estudos Sociais e a Associação Sindical dos Juízes Portugueses, entre 9 e 17 de maio de 2008).

do Ministério Público poder/dever avaliar as restantes situações, como, por exemplo, as que dizem respeito aos contratos de trabalho ou a situações com menores. Em segundo lugar, quando o atendimento não é efetuado pelo magistrado do Ministério Público, pode ocorrer uma dupla descredibilização: a da justiça em geral, dado poder provocar uma frustração das expectativas do cidadão face ao seu intento inicial ao procurar o Ministério Público, sendo lesivo da imagem que tem do Ministério Público e dos seus profissionais; e a do próprio Ministério Público, por considerar menos digna esta função de contacto direto com o cidadão, situação que vai contra as funções previstas no Estatuto, a tradição histórica institucional, o papel que reivindicam no cômputo geral do sistema judicial e o caráter distintivo da função de magistrado (face ao paralelismo com o juiz).

No que respeita à alegada tradição histórica institucional em que os magistrados do Ministério Público atuavam, convém lançar um olhar particular para o papel desempenhado, com grande proximidade das populações, até pela natureza mais rural do país, por exemplo, antes do 25 de Abril de 1974. A intervenção de natureza mais informal era então uma prática comum, onde o exercício da autoridade, até pelo contexto histórico do Estado Novo, dava em regra resultados positivos, pelo menos no sentido em que os magistrados procuravam exercer a sua influência. Mesmo atualmente, as situações relatadas por muitos magistrados do Ministério Público, em particular quando exercem funções em tribunais de competência genérica em meios rurais ou urbanos de pequena dimensão, remetem para essa dimensão de proximidade, onde o conselho, a ameaça ou a simples intervenção apaziguadora do conflito é suficiente para se obter uma resolução do problema. Estas práticas foram igualmente relatadas noutros tribunais instalados em meios urbanos de maior dimensão, sendo, no entanto, até pela massificação processual, mais difícil ao magistrado exercer essa "magistratura de proximidade".

O atendimento ao público efetuado pelos magistrados do Ministério Público levanta, assim, dúvidas quanto à forma como vem sendo executado em termos de horário e estabilidade do seu funcionamento, às práticas e procedimentos adotados e à qualidade/credibilidade do serviço prestado. Atualmente começa a sentir-se que o Ministério Público, enquanto instituição e profissão, está a valorizar mais esta componente da sua atividade jurisdicional, admitindo cada vez mais que pode ter uma importância diferenciadora no exercício da profissão em nome dos direitos dos cidadãos e, na perspetiva com que o assumem, em nome de uma revalorização profissional e legitimação externa pelo papel que podem desempenhar na promoção do acesso ao direito e à justiça. Por conseguinte, organizar, definir, profissionalizar e revalorizar estas práticas passou a estar nas prioridades das agendas políticas dos diversos intervenientes que defendem o Ministério Público, mesmo que não tenha um caráter prioritário face a outras problemáticas que afetam o Ministério Público.

4.3. A geografia dos direitos dos cidadãos: a territorialização do Ministério Público

A prestação de um serviço de âmbito nacional, com uma distribuição geográfica efetiva, garante aos cidadãos um acesso fácil, rápido, informado e gratuito. Esta é uma das vantagens que a atual distribuição territorial dos serviços do Ministério Público assegura, pelo modelo de organização judiciária que ainda vigora e as funções que desempenha. Naturalmente, a reforma do mapa judiciário que está atualmente em discussão pública pode vir a alterar substancialmente esta realidade se não for acautelada a sua existência e asseguradas, e melhoradas, as características atuais do serviço de atendimento ao público. Contudo, a análise que se pode efetuar consubstancia-se, principalmente, no modelo vigente, ainda que se pondere, desde já, a tendência de concentração dos tribunais (DGAJ, 2012). A prestação do apoio aos cidadãos na perspetiva da distribuição territorial dos serviços, nas várias facetas que o atendimento pode integrar, levanta, entre outras, quatro questões principais, nomeadamente: 1) a inexistência de alternativas; 2) a tradição histórica do papel do Ministério Público; 3) a complementaridade ou concentração de serviços; 4) e os custos financeiros associados (incluindo as componentes ligadas à deslocação e à prestação de serviços, que de seguida se apresentam em mais detalhe).

Em primeiro lugar, a inexistência de serviços alternativos na prestação de informações ou na atuação junto dos cidadãos com a mesma cobertura territorial, bem como, e tal como se referiu atrás, a deficiente cobertura nacional dos Gabinetes de Consulta Jurídica,[137] da responsabilidade da Ordem dos

---

[137] Sobre a cobertura territorial dos Gabinetes de Consulta Jurídica, o serviço prestado aos cidadãos e a sua avaliação, ver o trabalho de Pedroso, Trincão e Dias (2002), onde é possível verificar que nunca foi um serviço em que a Ordem dos Advogados e o próprio Ministério da Justiça apostassem para prestar um verdadeiro serviço de consulta jurídica aos cidadãos, face ao funcionamento irregular e precário efetuado no momento da avaliação. Desde então, os poucos dados disponibilizados no *site* do Ministério da Justiça apenas permitem confirmar que a situação pouco se alterou. Ao consultar o relatório relativo ao ano de 2011 (<http://www.siej.dgpj.mj.pt>), constata-se que foram efetuados apenas 2732 atendimentos nos 17 Gabinetes que, alegadamente, estiveram em funcionamento, apesar de nem todos disponibilizarem os dados. O número de consultas tem vindo a descer, tendo sido de 4896 em 2008, 3112 em 2009 e 3008 em 2010.

Advogados e das Câmaras Municipais (num acordo contratualizado com o Ministério da Justiça), torna a presença do Ministério Público ainda mais imprescindível. Também o baixo número de outras estruturas não judiciais de informação e consulta jurídica, mesmo em áreas mais especializadas, limita as possibilidades de escolha dos cidadãos. De realçar ainda que a distribuição nacional de advogados ou de gabinetes/postos de atendimento de várias entidades públicas (como, por exemplo, a Autoridade para as Condições do Trabalho, Comissões de Proteção de Crianças e Jovens), também não garante a mesma cobertura que os magistrados do Ministério Público podem proporcionar. No caso dos advogados, há ainda a questão da necessidade de pagamento dos seus serviços, algo que não ocorre com a alternativa de recorrer aos magistrados do Ministério Público, facto que, para muitos cidadãos, pode fazer a diferença, ainda mais em contexto de grave crise económico-financeira, em que a redução de rendimentos, em particular nas classes médias e baixas, tem ocorrido com uma profundidade preocupante.

Em segundo lugar, esta distribuição territorial tem permitido aludir a alguma tradição histórica no estabelecimento de uma relação direta e informal entre os cidadãos e os magistrados do Ministério Público. Esta tradição é bem vincada na área penal – nos tribunais de Competência Genérica – e tem vindo a ser reforçada no âmbito da justiça laboral e de família e menores. De referir, no entanto, que esta alegada tradição resulta bastante da inexistência histórica de alternativas que permitissem aos cidadãos optar por outra entidade, incluindo advogados, que rareavam em muitas zonas de Portugal até há poucas décadas, algo que ainda acontece atualmente nalgumas zonas. É que a distribuição nacional dos advogados corresponde também ao nível da procura dos tribunais, pelo que o Bastonário da Ordem dos Advogados e os Presidentes de Câmaras Municipais em que está prevista a extinção de tribunais na proposta de reforma do Mapa Judiciário (MJ, 2012a) alertam para a dupla discriminação negativa a que as áreas com menor densidade populacional são votadas: a desertificação da população e dos serviços públicos de apoio. Naturalmente, este fenómeno contribuirá, tanto na justiça como nos restantes serviços públicos, com especial destaque para a saúde, educação e segurança social, para uma lógica de concentração territorial em aglomerados urbanos de maiores dimensões, com os consequentes problemas que daí advêm, como a necessidade de adaptar as estruturas, equipamentos e serviços a uma maior procura, os custos acrescidos nas deslocações, o desmembramento das organizações de caráter mais rural ou semiurbano, ou seja, e em suma, desequilíbrios maiores na coesão territorial e social.[138]

Uma terceira dimensão importante, relacionada com a distribuição territorial dos Tribunais, diz respeito à possibilidade/necessidade de, nas localidades onde não existem tribunais especializados, o primeiro atendimento em diversas áreas jurídicas (como, por exemplo, nas áreas laboral, de família e menores ou administrativa) poder ser feito pelo magistrado do Ministério Público a exercer funções junto do tribunal de competência genérica. Em caso de incapacidade de satisfazer o cidadão ou de manifestar algumas dúvidas jurídicas, este magistrado poderá sempre contactar o magistrado do Tribunal competente mais próximo, em termos de competência territorial, para poder efetuar não só um esclarecimento rápido, mas também para poder marcar, previamente, uma ida do cidadão ao respetivo tribunal especializado, indicando os procedimentos a adotar. Esta articulação intraprofissional é importante para alargar a capacidade de resposta do próprio Ministério Público, dotando-o de uma maior flexibilidade e assegurando ao cidadão que apenas efetuará uma deslocação em caso de necessidade. Deste modo, a complementaridade e articulação dos magistrados do Ministério Público pode evitar algumas dificuldades que a concentração dos tribunais especializados provoca no acesso dos cidadãos em determinadas localidades. Esta dimensão pode adquirir uma importância ainda maior na lógica da proposta da nova reforma do mapa judiciário, em que passam a existir as designadas "extensões judiciais" ou Instâncias Locais (MJ, 2012a; Dias, 2013b), que, contudo, não parecem prever a existência de um magistrado do Ministério Público, mas tão-somente funcionários judiciais para efetuar o já referido *atendimento administrativo*.

Por fim, numa quarta dimensão, há o problema dos custos associados, não só a toda a tramitação do processo judicial, com ou sem apoio judiciário (com ou sem

---

[138] Sobre a problemática da importância da coesão social e territorial, veja-se, por exemplo, o *Livro Verde sobre a Coesão Territorial Europeia – Tirar Partido da Diversidade Territorial*, elaborado pela União Europeia, em 2008 <http://www.dgotdu.pt/ue/LivroVerdeTC_pt.pdf>, ou os trabalhos de Alves (2001) e Reis (2011), e, fazendo um paralelismo com as políticas de distribuição territorial na área da saúde, Santana (2005). As políticas públicas nacionais não têm conseguido, ao longo das últimas décadas, inverter as tendências de litoralização territorial, com o consequente agravamento das dificuldades de gestão das zonas urbanas litorais que provocam um decréscimo da qualidade de vida global. Os trabalhos do OPJ realçaram já, em diferentes momentos e com objetivos distintos, a importância das questões do território e da distribuição geográfica, incluindo, numa perspetiva comparada, na área da justiça. Ver Pedroso, Trincão e Dias (2002) e Santos, Gomes *et al.* (2006, 2010).

constituição de advogado), mas igualmente aos custos de deslocação e de ausência do posto de trabalho. A globalidade destes custos pode ser, assim, um fator limitativo ao exercício da justiça por parte dos cidadãos. Deste modo, um bom atendimento que contemple as diversas opções de que os cidadãos dispõem é uma mais-valia para o cidadão e pode ajudar, numa fase precoce, a resolver situações que, à partida, seriam resolvidas apenas em sede de julgamento ou, numa outra perspetiva, ajudar a chegar a uma solução consensual (mesmo que informal) ou reencaminhar para a entidade que pode prestar apoio adequado na resolução do problema. Por conseguinte, é dever do Ministério Público ter em consideração, na organização e avaliação dos serviços que presta à comunidade, a dimensão dos custos para os cidadãos e também para o Estado, dado que um maior esforço em termos organizacionais e profissionais na prestação de um serviço a montante pode diminuir os custos globais a jusante. Basta pensar nos custos que tem para o sistema judicial o arrastar dos processos nos tribunais, onde, muitas vezes, um litígio de solução simples pode levar muito tempo a resolver, envolvendo múltiplos atos administrativos e judiciais.

A análise anterior permite constatar que a articulação intraprofissional é uma realidade ainda muito frágil, que decorre mais do ativismo do magistrado do que de uma prática profissional institucionalizada resultante da formação profissional ou de diretivas superiores. Deste modo, pelo que foi possível inferir, esta articulação é ténue, limitada e dependente das relações pessoais entre magistrados. Existe, mas com uma amplitude e eficácia muito limitadas. A "sensibilidade" social dos magistrados também é diversa, sendo ainda dependente do volume processual que acumulam, dos meios humanos e materiais de que dispõem e do volume da procura que existe junto do seu serviço. Deste modo, o planeamento adequado da resposta está limitado pelo enquadramento institucional e pelos meios disponíveis, pelo que a superação destas dificuldades coloca à prova as qualidades dos magistrados, que, como se verá mais à frente, acabam por contar mais para a satisfação pessoal e profissional do que para o reconhecimento institucional (por via das avaliações).

4.4. A "confiança" dos cidadãos: credibilidade, competência e independência

A "imagem" de credibilidade, competência e independência que emana dos magistrados é um outro fator que pode contribuir para a confiança dos cidadãos nos serviços prestados através do atendimento. Apesar de todas as polémicas à volta da justiça, os inquéritos ou as sondagens demonstram que os tribunais e os magistrados geram, ainda, um clima de confiança junto dos cidadãos, pela sua aura de competência e independência na prestação de um serviço público, sem nada que os mova, em geral, para além do cumprimento da sua função de forma isenta (Santos *et al.*, 1996; Mendes, 2004).

Neste contexto, é importante ter em consideração os mecanismos que influenciam a construção social da "confiança" dos cidadãos na justiça e nos seus profissionais, já que os discursos dos meios de comunicação aludem, na maioria das vezes, a situações de "crise" na justiça ou, pelo menos, de mau funcionamento e desempenho. Como refere Santos, há que integrar na análise da imagem pública da justiça a distinção

> entre duas grandes formas de justiça: a justiça de rotina e a justiça que designo de justiça dramática. A justiça de rotina é aquela que ocupa 99% do trabalho dos magistrados e funcionários. São as intervenções nos processos de cidadãos anónimos, os quais, ainda que levantem problemas jurídicos mais complexos ou obriguem a uma investigação criminal mais complexa, nunca terão interesse para a opinião pública. Ao contrário, a justiça dramática, apesar de representar uma pequena fracção do trabalho judicial, é a que atrai a atenção da comunicação social. A justiça dramática tem lugar sempre que os tribunais «julgam para cima», ou seja, sempre que julgam arguidos económica, social ou politicamente poderosos. A justiça dramática traz os tribunais para a ribalta mediática e não envolve necessariamente problemas juridicamente complexos (Santos, 2005a: 78-79).

A construção da imagem que os cidadãos têm da justiça é, assim, muito influenciada pela visibilidade mediática de um conjunto reduzido de processos, que, mesmo assim, acabam por não levar a uma avaliação consentânea com o que os meios de comunicação transmitem, ou seja, apesar deste discurso mediático recorrente e do avolumar de casos sucessivos de insucesso da justiça na investigação e/ou condenação de "poderosos", a imagem que os cidadãos consolidam é muito mais positiva do que seria de prever.[139,140] De referir que,

---

[139] Este fenómeno não é exclusivo da justiça, como é possível observar nos dois inquéritos realizados no Observatório Permanente da Justiça, no Centro de Estudos Sociais (Santos *et al.*, 1996; Mendes, 2004), alargando-se, por exemplo, à área da saúde, onde, em dois inquéritos espaçados temporalmente (2001 e 2008), é possível observar que a "imagem pública" do funcionamento dos serviços de saúde pública é muito mais positiva do que seria de antever face ao discurso mediático, que é excessivamente negativo (Cabral, 2002; Cabral e Silva, 2009; Silva, 2011). Apesar de tudo, existe uma lacuna na investigação sobre a perceção da imagem dos cidadãos em relação à justiça, sendo necessário que os trabalhos referidos na área da saúde fossem também efetuados regularmente na área da justiça.

[140] A mediatização da justiça levanta vários problemas, que Rodrigues (1999a: 51) sintetiza muito bem no seu trabalho de análise da legitimidade social e política da justiça, em que os

nos trabalhos referidos relativos aos inquéritos à população com experiência em tribunal, a perceção sobre o desempenho da justiça é globalmente positiva (Santos *et al.*, 1996; Mendes, 2004), pelo que a legitimidade social e política, como refere Rodrigues (1999c: 51), se encontra assegurada, atribuindo um maior espaço de atuação aos operadores judiciais, em particular juízes e magistrados do Ministério Público.

Os magistrados do Ministério Público beneficiam, assim, do crédito que os cidadãos atribuem à sua competência e à independência com que exercem as suas funções para poderem garantir, com total legitimidade, um conjunto de ações que não estavam, nas últimas décadas, completamente assimiladas como constituintes do núcleo da profissão. No entanto, embora atribuindo-se-lhes pouca relevância, como se referiu atrás, eram desempenhadas de uma forma muito condicionada pela formação profissional recebida no Centro de Estudos Judiciários e pelas posições e prioridades da Procuradoria-Geral da República e, também, do Sindicato dos Magistrados do Ministério Público (mais preocupados, por vezes, em garantir um estatuto paralelo ao dos juízes, por replicação, do que em construírem uma profissão com especificidades próprias). Mesmo assim, a capacidade dos magistrados do Ministério Público poderem resolver as situações com que são confrontados através do encaminhamento dos cidadãos para outras entidades mais competentes e especializadas confere-lhes um grau de confiança e competência por conhecerem bem o sistema que integram.

A atuação dos magistrados do Ministério Público pode, deste modo, passar por várias etapas, em sequência, em alternativa ou em simultâneo. A título de exemplo, na área laboral, o magistrado pode: a) (re)enviar o trabalhador para o sindicato, caso seja sindicalizado e o sindicato possa oferecer serviços jurídicos; b) encaminhar o trabalhador para requerer o apoio judiciário junto da Segurança Social, quando aplicável, para que lhe seja nomeado um advogado; c) proceder ao esclarecimento da situação que preocupa o trabalhador; d) implementar uma estratégia de conciliação, procurando uma solução entre as partes; e) efetuar uma queixa à Autoridade para as Condições do Trabalho ou informar as entidades competentes de situações que não são da sua competência; e/ou f) aconselhar o trabalhador a intentar uma ação, a ser patrocinada pelo Ministério Público.

---

perigos emergentes de uma deficiente comunicação podem provocar uma grave erosão na sua capacidade de afirmação e funcionamento. Santos (2005b) complementa esta análise, sobre os perigos de uma deficiente comunicação entre a justiça e os meios de comunicação, no seu trabalho reflexivo sobre a transformação dos mecanismos de comunicação e diálogo num momento em que há uma introdução maciça de novos instrumentos tecnológicos.

Este conjunto de ações permite, com grande celeridade e conhecimento de causa, ajudar os cidadãos a procurar a melhor solução ou pelo menos a conhecer alguns dos mecanismos que estão à sua disposição. A intervenção, financeira e funcionalmente desinteressada, por parte dos magistrados do Ministério Público leva a que estes profissionais possam, de forma eficaz, servir de interface entre a multiplicidade de mecanismos existentes dentro do sistema e os interesses e anseios dos cidadãos.

O sucesso nesta atuação permite, por um lado, efetuar uma triagem efetiva dos processos que chegam à fase judicial em tribunal, diminuindo a procura, reduzindo os custos e participando na realização de uma justiça mais célere e, logo, mais eficaz, e, por outro lado, contribuir para que, profissionalmente, o Ministério Público construa uma imagem pública baseada na confiança, em que elementos como a credibilidade, competência e independência são fulcrais para a reconstrução de um projeto profissional sustentado numa legitimidade não só judicial, mas essencialmente social, política e cidadã.

4.5. *O espaço e o lugar de interface do Ministério Público: breve caracterização*
O papel de interface que se procurou descrever, em várias dimensões, confere ao Ministério Público um lugar privilegiado na resolução de litígios, tanto em fases pré-judiciais como judiciais, na busca das melhores soluções para a realização da justiça e dos anseios dos cidadãos e, ao mesmo tempo, permite-lhe ocupar na arena do sistema integrado de resolução de conflitos um espaço muito mais abrangente, complexo e dotado de atributos que transforma esta magistratura num interlocutor com instrumentos poderosos para o cumprimento dos valores constitucionais atribuídos ao poder judicial.

A descrição efetuada atrás, das diversas dimensões que compõem este seu papel, permite sintetizar algumas das características que envolvem a sua atuação como ponto fulcral de interface na resolução dos problemas dos cidadãos. Em primeiro lugar, a capacidade de intervir informalmente, através do serviço de atendimento ao público, logo numa fase inicial de procura dos cidadãos, ava- liando as necessidades que os cidadãos sentem. Em segundo lugar, a intervenção na prestação de informações jurídicas adequadas, revestindo a forma de consulta jurídica, podendo ainda aconselhar os cidadãos a avançar com um processo judicial que, posteriormente, poderá vir a ter o seu patrocínio em tribunal, sem- pre que a legislação o permita. Em terceiro lugar, a convocação das partes em conflito, de forma informal, procurando efetuar procedimentos conciliatórios ou de mediação num momento pré-judicial, apelando ao bom senso para que se atinja uma solução a contento das partes e dentro da legalidade exigida para o conflito em causa. Em quarto lugar, o encaminhamento dos cidadãos para outras entidades que podem ser mais adequadas para resolver o seu problema ou clarificar as suas dúvidas, ou convocando outros atores do sistema com uma maior responsabilidade/capacidade para resolver o problema, de entre as múltiplas entidades, públicas e privadas, que atuam junto das diferentes áreas jurídicas. Por fim, em quinto lugar, a promoção da articulação entre as diversas entidades ou atores que podem contribuir para uma melhor e mais célere resolução dos problemas apresentados pelos cidadãos, que, por vezes, pode implicar a necessidade de efetuar reuniões e contactos telefónicos, entre outras diligências, para que a resposta dessas entidades seja completamente eficaz.

As características descritas têm a potencialidade de conferir a este papel de interface uma importância que, até ao momento, ainda não foi reconhecida, quer pelos magistrados do Ministério Público (e suas instâncias de governo e defesa profissional), quer pelos restantes operadores judiciais, em particular os advogados, que veem nesta atividade uma concorrência desleal e uma usurpação de competências, defendendo que o Ministério Público não pode atuar numa área onde aos advogados deve caber um papel principal. No entanto, é possível conceber esta intervenção sem se verificar um atropelo das competências dos advogados, dado que a legislação, nas diversas áreas jurídicas, define, ainda que com bastantes zonas híbridas, as áreas de atuação de cada profissão jurídica. Contudo, na maior parte das vezes, os cidadãos que recorrem aos serviços do Ministério Público não possuem os meios financeiros ou os conhecimentos suficientes que os levem a ver nos advogados a opção principal sempre que necessitam de esclarecer determinadas dúvidas ou resolver um problema em concreto.

A intervenção do Ministério Público, ao operacionalizar as características acima descritas, efetua-se principalmente junto das populações mais desfavorecidas, pelo que a alternativa a isso é, muitas vezes, vedar o acesso ao direito e à justiça, numa clara violação do princípio consagrado na Constituição Portuguesa. Acresce que a ação do Ministério Público, ainda que se possa efetuar nas diferentes áreas do direito, adquire uma maior relevância nas áreas sociais de intervenção: laboral e família e menores. Por conseguinte, a consolidação destas práticas terá como efeito o aumento do acesso ao direito e à justiça por parte dos cidadãos mais desfavorecidos e vulneráveis socialmente, garantindo-se, assim, o efetivo cumprimento dos direitos de cidadania.

5. O Ministério Público numa encruzilhada profissional: magistratura e cidadania

A afirmação do Ministério Público como um projeto profissional de natureza pública depende, em muito, da sua capacidade para construir um novo perfil de atuação que coloque a relação com o cidadão num espaço central da sua atividade profissional, combinando, em simultâneo, as competências judiciais e sociais. Deste modo, a transformação da profissão de magistrado do Ministério Público, tal como vem ocorrendo em diversas profissões jurídicas (Dias e Pedroso, 2002; Dias, 2013b), encerra em si mesma um potencial de revalorização que não pode ser ignorado pelos atores intervenientes no campo político e judicial.

Apresentam-se, de seguida, três dimensões que podem ajudar a compreender e a refletir sobre o potencial de transformação da magistratura do Ministério Público, que pode passar pela legitimação profissional, nas suas diversas vertentes, pela aquisição e/ou dotação de competências judiciais e cívicas e pela clarificação das fronteiras profissionais com outros operadores judiciais.

5.1. A valorização profissional do papel de interface: legitimação profissional

O atendimento ao público no acesso dos cidadãos ao direito e à justiça tem sido, desde há muito tempo, uma vertente desvalorizada pelo Estado, pelos magistrados ou pelos advogados. Podemos constatar esta realidade através da análise do papel, da evolução e dos dados estatísticos referentes aos Gabinetes de Consulta Jurídica, de responsabilidade da Ordem dos Advogados, Estado e autarquias locais, como já se referiu antes (Pedroso, Trincão e Dias, 2002; MJ, 2005). Também se pode verificar que a criação de diversos mecanismos de resolução de conflitos opera mais na solução de situações em curso do que na prevenção e no esclarecimento. Melhor tem sido a evolução do desempenho de alguns serviços públicos, como, por exemplo, a Autoridade para as Condições do Trabalho (IGT, 2007; ACT, 2011) – que melhorou o acesso dos cidadãos à informação laboral, que é, igualmente, uma informação jurídica – e as Comissões de Proteção de Crianças e Jovens (CNPCJR, 2006, 2012), que permitem, com alguma informalidade, avançar com processos que dificilmente entrariam no sistema por via do acesso ao tribunal (Ferreira *et al.*, 2007). As Lojas do Cidadão e, na sua versão virtual, o Portal do Cidadão vieram, igualmente, contribuir para facilitar o acesso dos cidadãos não só à concretização dos seus direitos e aos serviços providenciados pelas diversas entidades públicas de forma integrada, mas também promover e facilitar o acesso dos cidadãos à obtenção de esclarecimentos, inclusivamente jurídicos, em diversas áreas.[141]

As profissões jurídicas, tal como outras com alto grau de formação, procuraram, em regra e desde sempre, legitimar a sua função através do aumento da especialização e da tecnicidade (Dias e Pedroso, 2002; Dias, 2013b). Contudo, em tempos de crise de identidades profissionais, de reformulação das funções e competências profissionais e de uma crescente exigência de cidadania, as profissões jurídicas procuram revalorizar-se profissionalmente através do contacto direto com a razão da sua existência: os cidadãos. Todavia, estranhamente, isso ainda não ocorre na sua plenitude no caso dos magistrados em Portugal (juízes e magistrados do Ministério Público).

Os magistrados do Ministério Público, como atores privilegiados no contacto com os cidadãos em tribunal, têm operado um triplo erro, que contribui para a não valorização profissional do contacto com os cidadãos, na sua estratégia de (re)valorização da função e de (re)construção de uma identidade profissional:

1. Ao *nível interno*, pelos próprios magistrados (através das estruturas hierárquicas), que não realçam nem questionam esta vertente do seu desempenho quotidiano, nem esta aparece vertida nos seus relatórios oficiais de forma discriminada e equiparada à restante informação, nem é devidamente valorizada nos processos de avaliação do desempenho profissional (Dias, 2004);[142]

2. Ao *nível externo*, por não ser vista com dignidade pelos próprios magistrados e, por isso, não integrar de forma vincada os discursos profissionais, reivindicativos e/ou políticos e de legitimação profissional (através do

---

[141] Para mais informações sobre a diversidade de serviços prestados, quer pelas Lojas do Cidadão, distribuídas territorialmente, quer pelo Portal do Cidadão, ver <http://www.portaldocidadao.pt>.

[142] O Regulamento de Inspeções do Ministério Público inscreve o "atendimento ao público" na alínea f) do n.º 2, relativo aos parâmetros de avaliação. Contudo, a sua inclusão tem um efeito limitado e desproporcionado face ao peso dos restantes parâmetros de avaliação. Deste modo, a avaliação individual de qualquer magistrado privilegia sempre o andamento dos processos em tribunal e não a sua intervenção em fase pré-judicial, dado que os elementos processuais considerados prioritariamente para avaliação, segundo o artigo 15.º, centram-se essencialmente no movimento processual judicial. Ver <http://csmp.pgr.pt/reg_inspeccoes.html>, em particular, o artigo 13.º.

Sindicato dos Magistrados do Ministério Público), assim como por parte da estratégia pública da Procuradoria-Geral da República;[143]

3. Ao *nível interprofissional*, por não ser assumida, valorizada e negociada junto das outras profissões jurídicas, nem pelas outras profissões jurídicas, como o reconhecimento de uma especificidade capaz de garantir um melhor acesso dos cidadãos ao direito e à justiça, para além de conferir um elemento importante para a definição de uma identidade profissional baseada na legitimação social, política e judicial junto dos cidadãos.

Este triplo erro de estratégia profissional origina confusão e dispersão na forma de encarar e integrar os serviços prestados pelos magistrados do Ministério Público. No entanto, este serviço existe. Não é, todavia, devidamente avaliado nem contabilizado de forma significativa para a atividade geral do Ministério Público e, assim, não é valorizado. E muito menos é visto de forma global, como já se referiu, através das características que o papel de interface permite alcançar, reduzindo-se a sua contemplação regulamentar e de desempenho à designação global de "atendimento ao público", sem integrar as mais-valias que daí podem resultar. E o magistrado que mais "tendência" tiver para prestar este serviço será, certamente, penalizado por não despachar tantos processos como devia (estes, sim, a contar prioritariamente para as estatísticas). Basta observar os Relatórios de Atividades da Procuradoria-Geral da República[144] desde 2005, quando os dados globais relativos aos serviços de atendimento começaram a ser integrados, para imediatamente saltar à vista que esta ação tem uma valorização muito ténue no cômputo geral das atividades do Ministério Público, para além de os dados suscitarem um conjunto de dúvidas sobre os métodos de recolha, a sua abrangência nacional ou quem efetivamente prestou o serviço, para não mencionar os resultados práticos do atendimento efetuado junto dos cidadãos. Para esta situação também tem contribuído bastante o Sindicato dos Magistrados do Ministério Público, especialmente por omissão, com a exceção dos últimos 5-7 anos, em que passou a tratar esta temática como tendo uma importância acrescida para a (re)valorização profissional, ainda que não estando integrada como uma das bandeiras principais da sua estratégia sindical. A desvalorização

---

[143] A Procuradoria-Geral da República apenas publicou o Despacho de 16 de maio de 2007, realçando a importância da organização de serviços de atendimento ao público por parte do Ministério Público, informando que instruiria os inspetores a considerar este item na avaliação do desempenho profissional.

[144] Ver <http://www.pgr.pt/pub/relatorio/indice.htm>.

interna desta atividade do Ministério Público influencia, naturalmente, a estratégia profissional nos planos externo e interprofissional, como se pode ver de seguida.

A estratégia profissional do Ministério Público seguida externamente pelos seus órgãos de governo ou pelo Sindicato dos Magistrados do Ministério Público, principalmente junto dos cidadãos, para quem esta mensagem pode adquirir uma natureza mais sensível e crucial, não é muito diferente da que é assumida internamente. Também não é trabalhada ao nível da estratégia de comunicação junto das populações a nível local ou nacional ou dos meios de comunicação social para, assim, divulgar a própria existência do serviço de atendimento ao público, que muitos cidadãos provavelmente desconhecem, e as possibilidades que este pode oferecer. Deste modo, a desvalorização externa do papel de interface contribui para que os elementos essenciais à procura de uma legitimidade social e política sejam descurados, perdendo-se uma oportunidade importante na busca de aliados externos para o equilíbrio de "forças" no interior da configuração das competências profissionais das diversas profissões jurídicas e mesmo para o seu reposicionamento no seio do poder judicial.

A desvalorização profissional do papel de interface desempenhado pelo Ministério Público, através dos serviços de atendimento ao público, a nível interno e externo, tem como consequência lógica a incapacidade de o assumir e afirmar a nível interprofissional, reivindicando uma especificidade junto das restantes profissões jurídicas capaz de lhe conferir uma reconfiguração da identidade profissional com base na proximidade em relação ao cidadão, em vez do que tem ocorrido nas ultimadas décadas – uma estratégia profissional centrada na proximidade em relação ao juiz, suportada num princípio de paralelismo, que se transformou num verdadeiro jogo de espelhos profissional. Este erro estratégico contribui para o enfraquecimento das posições políticas de negociação junto dos outros atores judiciais e políticos, remetendo a profissão para um lugar excessivamente delimitado e um espaço de atuação reduzido à centralidade judicial, em que outro ator, o juiz, ocupa uma posição central, empurrando o Ministério Público para um papel secundário. Sem descurar todas as outras competências cruciais para o exercício profissional do Ministério Público, a desvalorização da ocupação deste lugar e espaço multifacetado, híbrido e de articulação contribui para que, em termos profissionais, não haja uma estratégia de (re)valorização e, ao nível do seu exercício de funções, para que os cidadãos tenham menos possibilidades de exercer os seus direitos de cidadania.

A valorização do papel de interface na atividade dos magistrados do Ministério Público, em particular nas áreas de intervenção social, tem vindo a ser recuperada gradualmente, como se referiu em pontos anteriores, ainda que sem ser de uma forma central nem constituir uma verdadeira prioridade. Nem a inclusão desta preocupação na agenda dos últimos dois congressos do Sindicato dos Magistrados do Ministério Público, nem as preocupações constantes nos documentos referentes às propostas de revisão do Regulamento de Inspeção e do Estatuto do Ministério Público foram elaboradas de forma consistente e programática para constituírem uma verdadeira centralidade na atuação profissional. A inação da Procuradoria-Geral da República na última década, atuando sem qualquer pressão nesta área por parte do Sindicato dos Magistrados do Ministério Público, contribuiu, igualmente, para que a profissão mantenha um elevado grau de estagnação, ao mesmo tempo que noutras profissões, em particular na judicatura, se têm observado nos últimos anos maiores movimentações político-judiciais e capacidades negociais para conseguirem atingir mais objetivos profissionais.

5.2. As competências cívico-profissionais: formação na complexidade

A formação dos magistrados do Ministério Público poderá não ser a mais completa e adequada para exercer o papel de *interface*, em particular quando, muitas vezes, se exige capacidade analítica e avaliativa em situações pessoais que não requerem ou configuram qualquer ilícito legal, ainda que possam gerar alguma diminuição no exercício dos direitos dos cidadãos. A diversidade e a complexidade social dos assuntos colocados levantam, inclusivamente, a questão da qualidade do serviço prestado. Mesmo em termos legais, a informação e aconselhamento prestados podem requerer uma formação diferente da atualmente ministrada no Centro de Estudos Judiciários, visto ser uma função diferente daquela para a qual foram "treinados", com realce para uma componente cívica da sua atuação profissional. Ou seja, não basta conhecer a lei e os procedimentos jurídicos, é preciso saber ouvir, compreender e intervir adequadamente.

A exigência de uma formação complementar obrigatória, aquando da entrada no Centro de Estudos Judiciários ou sempre que um magistrado vá desempenhar funções em tribunais de competência especializada, como os tribunais de Trabalho e de Família e Menores, deve ser uma questão que o Ministério Público deve colocar em cima da mesa, não só em termos de conhecimento jurídico, mas também nos procedimentos a adotar no atendimento e na busca de uma resolução (in)formal dos conflitos numa fase precoce ou pré-judicial.

O exercício do papel de interface, essencialmente através do atendimento direto dos cidadãos, hoje em dia requer práticas profissionais exigentes que podem ser adquiridas através de ações de formação, dado que nem todos desenvolvem essas competências/capacidades com o passar do tempo. No caso em que magistrados a exercer funções em serviços/tribunais em que o contacto com os cidadãos é residual forem movimentados para serviços/tribunais onde esta atividade ocorre com regularidade, impõe-se que haja uma formação adequada para os capacitar a lidar com uma nova realidade de proximidade e contacto direto. E o cidadão não pode esperar que o magistrado adquira "tarimba" ou experiência ou desenvolva uma apetência para o atendimento, correndo-se o risco de, nesse percurso de aquisição de experiência, se cometerem algumas ações lesivas dos reais interesses dos cidadãos.

A opinião expressa por Paulo Morgado de Carvalho no curso atrás referido[145] é que o desempenho do Ministério Público perante os cidadãos não pode estar dependente do "perfil" de cada um, defendendo o apetrechamento dos magistrados, tal como sucede para outras funções, com os instrumentos necessários para garantir um atendimento de qualidade, por via da formação e sensibilização profissional. Embora na sua intervenção não se tenha referido em concreto ao papel de *interface*, terá sido a sua experiência como Inspetor-Geral do Trabalho que o levou a defender para a sua profissão a assunção de novas capacidades que permitam exercer essa competência.

A formação no Centro de Estudos Judiciários deve, em consequência, ser repensada, inclusivamente nas vantagens e desvantagens em efetuar uma formação separada da dos juízes logo desde uma fase muito inicial. A partir de uma pequena fase de formação conjunta, que permita efetuar de forma consciente uma opção pela magistratura a seguir, a formação seguinte deve estruturar-se de forma separada, adequada às funções a desempenhar nos tribunais. No caso do Ministério Público, para além das competências em termos de investigação e coordenação/articulação institucional, deve ser dada particular atenção à capacidade em lidar com os cidadãos em diversos contextos.

A complexidade inerente às múltiplas ocorrências que podem surgir num atendimento ao cidadão é, provavelmente, maior do que a que existe num processo judicial ou num inquérito, dado que contempla situações que não são facilmente enquadráveis pela legislação e pelos seus procedimentos nem permitem um tempo de análise e consolidação na procura de soluções adequadas.

---

[145] Ver nota de rodapé n.º 136.

O tempo de resposta não é o tempo a que os magistrados estão habituados na justiça – é imediato – e o magistrado do Ministério Público terá um melhor desempenho se conseguir responder aos anseios do cidadão na hora, de forma integrada e analiticamente correta. Não é, por conseguinte, uma atividade simples, mas antes plena de dificuldades e complexidades que requerem uma formação profissional adequada, que deve ser integrada nos programas de formação inicial e contínua, devendo mesmo ter um caráter obrigatório.

5.3. A "legalização" do papel de interface: definição de fronteiras interprofissionais

A legitimidade para prestar informações e consulta jurídica tem sido bastante questionada nos últimos anos. Discute-se se o desempenho destas funções não significa ultrapassar as competências do Ministério Público, que pode estar, assim, a usurpar as competências de outras profissões jurídicas, em especial as dos advogados.[146] A questão da legitimidade relaciona-se acima de tudo com a "concorrência" existente em termos de competências jurídicas e com o excesso de profissionais liberais num mercado de dimensão reduzida.[147]

As características relativas à independência e imparcialidade com que o Ministério Público presta informações e consulta jurídica são encaradas como um aspeto questionável, dado que, nas fases processuais posteriores, pode vir a ser uma das partes. Deste modo, a opinião dos magistrados do Ministério Público pode carecer de isenção e de objetividade por estar legalmente "formatada", isto é, por obedecer a princípios e critérios que os "obrigam" a colocar o seu dever jurídico acima de outras questões. Os imperativos jurídicos nem sempre se sobrepõem aos dilemas pessoais, podendo haver a prestação de informações e conselhos que não sigam, forçosamente, o estabelecido na lei, ainda que não haja qualquer informação que permita inferir ou validar este argumento.

---

[146] Ver os resultados dos *focus groups* em Ferreira *et al.* (2007), em que emergem claramente as diferenças e tensões entre os diversos profissionais que atuam na área laboral e de família e menores.

[147] Segundo os dados disponibilizados pela Direção-Geral de Política de Justiça, em 2010 existiam 27 550 advogados inscritos na Ordem dos Advogados, sendo que já havia mais mulheres (14 249) do que homens (13 331). Por curiosidade, foi em 2008 que as mulheres se tornaram maioritárias. Para ilustrar o crescimento desta profissão, basta referir que na última década o número de advogados aumentou em quase 10 000 profissionais, registando-se um crescimento muito maior, mesmo em termos percentuais, do que o verificado nos juízes ou nos magistrados do Ministério Público, como se poderá observar no capítulo seguinte.

A questão da informação e da consulta jurídica prestada pelo Ministério Público aos cidadãos, a par do patrocínio judiciário, constitui um dos pontos mais controversos entre os vários operadores judiciais. Num *focus group* realizado em anterior investigação e no qual se abordou o tema, esgrimiram-se vários argumentos (para a área laboral), que aqui se sintetizam (Pedroso, Trincão e Dias, 2003b), e aos quais se juntam outros argumentos resultantes de uma investigação mais recente (Ferreira *et al.*, 2007), em que se abordaram as áreas laboral e de família e menores. Os argumentos foram de dois tipos:

1. *contra* o Ministério Público continuar a fazer atendimento ao público, no qual pode prestar informação jurídica e/ou efetuar consulta jurídica, invocando-se: a) a falta de recursos humanos do Ministério Público; b) a necessidade de recentrar o Ministério Público nas suas funções de magistrado, numa dimensão estritamente judicial; c) a desigualdade entre um magistrado do Ministério Público e um advogado na representação, por exemplo, dos trabalhadores, já que o magistrado assume uma dupla função – de advogado e de autoridade judicial –, influenciando simbolicamente os litigantes; d) e a existência de outras entidades que providenciam informações jurídicas para as quais os cidadãos podem/devem ser remetidos de imediato.

2. *a favor* da manutenção do atual modelo de serviço prestado pelo Ministério Público, argumentando-se, essencialmente, com: a) o potencial de prevenção e de conciliação de litígios existente na ação do Ministério Público; b) a falta de alternativas credíveis às quais os cidadãos economicamente carenciados possam recorrer quando não têm possibilidade de se socorrer de uma entidade mais adequada (como é o caso dos trabalhadores não sindicalizados); c) o bom desempenho do sistema de atendimento ao público na ótica do cidadão; d) a necessidade de que o Ministério Público continue nos tribunais a desempenhar todas as suas outras funções, em articulação e de forma equilibrada com o serviço de atendimento; e) e o papel de interface que os magistrados do Ministério Público desempenham no cômputo do sistema integrado de acesso ao direito e à justiça.

A inexistência de alternativas coerentes e efetivas, apesar dos argumentos levantados, tem levado a que a polémica seja bastante reduzida, mesmo entre as profissões que mais-valias retirariam de uma eventual reformulação/diminuição das competências do Ministério Público, em particular nas áreas sociais. Por exemplo, na área de família e menores, as competências exercidas pelo

Ministério Público não são diretamente contestadas, dada a fragilidade das situações que envolvem a sua intervenção, em particular quando se trata de menores em risco, ainda que os advogados possam considerar que a defesa dos menores possa estar a seu cargo mediante compensação do Estado (Ferreira *et al.*, 2007). E mesmo as estruturas que nos últimos anos têm sido criadas ou reforçadas – como os Julgados de Paz, os sistemas de arbitragem e mediação ou os gabinetes de consulta jurídica – não conseguem ainda garantir, ou substituir, o papel do Ministério Público. Podem, e pelo seu desempenho atual assim se verifica, complementar parcialmente a atividade do Ministério Público, assegurando ao cidadão um maior número de meios para os ajudar a resolver os seus conflitos, meios que, contudo, na sua maioria, parecem desconhecer.

A assunção de um papel mais proativo por parte do Ministério Público não significa que haja uma "usurpação" de competências, que são atualmente, em particular, dos advogados. Nem significa que os advogados não possam ou não devam assumir uma parte das competências do Ministério Público ou que as atuais indefinições não possam ser clarificadas. O que importa ter em consideração com esta reflexão é que, perante o atual desempenho do Ministério Público e no contexto das condições existentes no sistema de acesso ao direito e à justiça (agravado pela atual crise financeira do Estado), o Ministério Público tem uma larga margem de afirmação por via de um exercício profissional mais ativo, que deve e pode ser aplicado na promoção da legalidade e dos direitos dos cidadãos. Não será necessária uma definição rígida de fronteiras se houver clarificação entre as diversas profissões envolvidas relativamente ao papel que cada uma pode desempenhar, salvaguardando, em primeiro lugar, os interesses dos cidadãos e o interesse do Estado, quer nas suas responsabilidades em assumir uma política integrada e complementar de acesso ao direito e à justiça, quer nas exigências de sustentabilidade financeira do sistema judicial, e, em segundo lugar, o exercício autónomo das competências de cada profissão.

A definição de fronteiras interprofissionais promete ser, nos próximos anos, um tema bastante polémico, bem mais do que tem sido até agora. Para além da necessidade de clarificar o campo de atuação de cada profissão jurídica noutras áreas jurídicas, no que respeita à definição dos limites ao exercício por parte do Ministério Público de um serviço abrangente de atendimento ao público, assumindo em pleno o papel de *interface*, ainda muito estará para ser debatido, principalmente quando ainda pairam tantas dúvidas sobre as opções do Governo nesta matéria e existe uma grande indefinição sobre os contornos, em concreto, da reforma do mapa judiciário. Deste modo, a inscrição nas competências profissionais da legalidade das diversas ações exercidas durante e no serviço de atendimento ao público é um tema que não está, ainda, em discussão, apesar de constituir, face à realidade existente, um elemento crucial no exercício da cidadania.

6. A coordenação no Ministério Público: afirmar um serviço público

O papel que o Ministério Público deve desempenhar pode caracterizar-se, na sequência do que se expôs, e de forma resumida, como uma posição de *interface*. Esta posição exercida a partir da sua posição no seio do sistema judicial pode desenvolver-se através de três mecanismos de coordenação: interna; institucional e/ou administrativa; e cívica ou comunitária.[148]

A coordenação interna, na estrutura hierárquica do Ministério Público, é o primeiro passo necessário para a existência de um serviço de atendimento coerente, credível e eficaz. Algumas das questões levantadas previamente, como a harmonização de procedimentos e práticas profissionais a nível interno, e a articulação com outras entidades externas, ficariam facilitadas caso houvesse, no âmbito da Procuradoria-Geral da República ou das Procuradorias-Gerais Distritais, uma efetiva coordenação, formal ou informal, da forma de atuação dos magistrados do Ministério Público nos diferentes serviços e tribunais. Devido à não existência de uma preocupação hierárquica de coordenação e harmonização de práticas e procedimentos, registou-se em estudo anterior (Ferreira *et al.*, 2007) que algumas das ineficiências detetadas resultam, em particular, da falta de coordenação interna por área jurídica. É importante, em particular, que haja não só uma coordenação de cima para baixo, implementada pelas estruturas hierárquicas superiores, mas igualmente uma coordenação por áreas jurídicas de intervenção, dado que cada área encerra em si precisões e especificidades distintas que podem implicar a adoção de práticas diferenciadas em função das necessidades dos cidadãos.

A coordenação institucional e/ou administrativa é outra vertente onde o papel de interface do Ministério Público mais se destaca. A capacidade e

---

[148] Embora com as necessárias adaptações, esta caracterização do papel do Ministério Público é efetuada a partir da abordagem que João Pedroso preconiza para o direito de menores, que «implicará, assim, a definição de um renovado papel de charneira fundamental para o Ministério Público, dado que devido à natureza das suas funções é a única entidade com vocação para articular as intervenções comunitária, administrativa e judicial» (1998: 75). A adaptação originou a adoção do conceito de "coordenação" em vez de "articulação", dado ser mais adequada à análise efetuada, pois a coordenação é da iniciativa do Ministério Público.

potencialidade de funcionar como ator proativo no relacionamento com outras entidades (Comissões de Proteção de Crianças e Jovens, sistema de mediação, sindicatos, associações, etc.) e no encaminhamento dos processos de caráter administrativo, auxiliando os cidadãos no, por vezes, tortuoso percurso burocrático, é um elemento preponderante no exercício do serviço de atendimento. Refira-se, ainda, a aptidão natural do Ministério Público, em resultado das competências legais que lhe estão atribuídas, para promover o diálogo interinstitucional, de modo a que os contactos obrigatórios, previstos nas diferentes leis, fluam com muito maior eficiência e celeridade. A prática, instituída por alguns magistrados do Ministério Público, por exemplo na justiça de menores, é realçada por alguns operadores não judiciais, conseguindo-se assim maior agilidade e prontidão na resolução de situações urgentes, como é o caso das crianças ou jovens em risco. É reconhecido que o papel desempenhado na área de família e menores foi desenvolvido por via das competências e responsabilidades inscritas na lei que instituiu as Comissões de Proteção de Crianças e Jovens, situação que propiciou o desenvolvimento de competências de coordenação a muitos magistrados a trabalhar nesta área. Contudo, quer por via legislativa, quer por iniciativa própria, ou ainda incentivados pelas hierarquias, de forma organizada, os magistrados do Ministério Público podem exercer uma função de coordenação institucional e/ou administrativa muito importante para a satisfação das necessidades dos cidadãos.

O Ministério Público preenche, por fim, uma função de coordenação cívica e/ou comunitária ao operar como elo de ligação ativo entre os cidadãos que a si recorrem e outras entidades, essencialmente da sociedade civil, chamando-as, informando-as ou convocando-as sempre que sejam mais adequadas para o esclarecimento das dúvidas ou para resolver os problemas que envolvam, principalmente, a defesa dos interesses públicos. A título exemplificativo, vejam-se as possibilidades que decorrem da atuação na área da proteção do ambiente sempre que alguma prática criminosa lesiva do interesse público é detetada. O Ministério Público pode auscultar as associações de defesa do ambiente, solicitando-lhes que se pronunciem, assim como interagir com as comunidades locais abrangidas, de forma organizada ou através da identificação de "líderes" comunitários. A recolha de informações, através da interação com associações e comunidades locais (onde se incluem os centros de investigação especializados nesta temática), pode ser um elemento fundamental para apurar os factos e efetuar um processo de averiguações que pode ser importante para a investigação e, posteriormente, a acusação ou arquivamento. A prática de coordenação da atuação, em defesa dos interesses públicos, com associações e comunidades está, por exemplo, bastante desenvolvida no Brasil, onde já está enraizada e demonstra virtualidades assinaláveis, recorrendo-se, por vezes, a práticas de resolução de conflitos por via extrajudicial sempre que isso beneficie o interesse das populações (Machado, 2007; Arantes, 1999). Isto implica não só a existência de um Ministério Público informado sobre a evolução e as alterações produzidas na sociedade, nas diferentes áreas de intervenção, mas também um Ministério Público proativo,[149] que saiba ouvir e compreender, e que seja sensível às situações diversificadas com que se depara. Ou seja, é importante que o magistrado do Ministério Público tenha efetivamente uma nova cultura judiciária.

Perante esta análise dos mecanismos de coordenação ao dispor do Ministério Público, poderá colocar-se um conjunto de perguntas relativamente às suas práticas profissionais, como, por exemplo: perante a atual organização do Ministério Público e o conjunto de competências que detém, existirá espaço, capacidade e competência para um exercício proativo das suas funções? Quando suspeita ou deteta situações que possam antever algumas irregularidades nas condições de trabalho nas empresas ou situações de risco para as crianças, procura averiguar ou encaminhar para as entidades competentes? Existe uma coordenação, de facto, com as várias entidades que operam no terreno? Existem estruturas que possam funcionar, formal ou informalmente, como mecanismos de coordenação com as diferentes entidades?

Algumas destas respostas podem ser positivas, devido à existência de magistrados mais ativos. Outras terão resposta negativa, em função da desresponsabilização geral e da visão autónoma e algo individualista com que ainda se desempenha a função. Naturalmente, não cabe exclusivamente ao magistrado do Ministério Público o dever de liderar as iniciativas que procuram estabelecer as necessárias coordenações. Contudo, o Ministério Público é, incontornavelmente, um dos atores que mais pressão pode exercer, no sentido positivo do termo, para que se institucionalizem mecanismos de cooperação entre os serviços/tribunais em que trabalham os seus magistrados e as várias entidades com competências em áreas tão díspares. A concentração, nas mesmas instalações físicas, dos diferentes atores envolvidos facilitaria, em muito, a vida dos cidadãos. A título de exemplo refira-se a distância e dificuldades de mobilidade sentidas por um cidadão que, em Coimbra, tente resolver os seus problemas num só dia, no caso

---

[149] Proativo no sentido de ter iniciativa e não adotar uma postura reativa, que apenas reage perante estímulos externos (Santos *et al.*, 1996).

de, além da ida ao Tribunal de Trabalho, necessitar de ir à Segurança Social, às Finanças, ao Instituto de Medicina Legal ou à Autoridade para as Condições do Trabalho. A presente proposta de reforma do mapa judiciário, bem como a intenção do Governo em proceder a uma reorganização dos serviços públicos em geral, deve incorporar estas preocupações, o que implicaria, possivelmente, a criação de uma Casa da Justiça no sentido lato, à imagem do modelo francês instituído nos finais da década de 1990 (Pedroso, Trincão e Dias, 2002), uma Casa onde estivessem os principais serviços que direta e/ou indiretamente são necessários à prossecução da justiça.

7. Notas finais

O Ministério Público é – analisando o seu estatuto, identidade e prática profissional – um ator crucial no sistema de acesso ao direito e à justiça, intervindo nos mais variados domínios. Todavia, o seu desempenho e a sua capacidade de adaptação às transformações que estão a ocorrer na área da justiça (participando ativamente nos processos de decisão) serão fundamentais para definir as suas futuras competências e práticas profissionais (formais e informais) e o seu grau de participação no sistema integrado de acesso ao direito e à justiça, em que múltiplas entidades, judiciais e não judiciais, contribuem para estabelecer um mosaico de possibilidades de prestação de apoio aos cidadãos que buscam uma solução no direito e/ou na justiça.

A descrição da atuação do Ministério Público nas diferentes áreas jurídicas permite concluir que as funções assumidas pelos seus magistrados vão muito para além das competências legais que lhes estão cometidas por lei. Ainda que seja um dever fundamental "servir" o cidadão, ao magistrado do Ministério Público exige-se que funcione como interface do sistema, estando ao mesmo tempo dentro e fora do poder judicial, entre os diversos atores que atuam no sistema, sejam eles institucionais, públicos ou privados, associativos ou meramente cidadãos à procura de "justiça".

As características que envolvem a sua atuação como interface passam pela: capacidade de intervir informalmente logo numa fase inicial de procura dos cidadãos, através do serviço de atendimento ao público; prestação de informações jurídicas adequadas, mesmo através da consulta jurídica, podendo ainda aconselhar os cidadãos a avançar com um processo judicial ou até a patrociná-lo, se for adequado legalmente; convocação das partes em conflito, procurando efetuar procedimentos conciliatórios ou de mediação num momento pré--judicial; transmissão de informação sobre a existência de outras entidades mais adequadas ou convocando outros atores com maior responsabilidade/capacidade para lidar com a situação; promoção da articulação entre as diversas entidades ou atores que podem contribuir para uma melhor e mais célere resolução dos problemas apresentados pelos cidadãos.

A assunção do papel de interface tem implicações na definição do "perfil" profissional dos magistrados do Ministério Público, dado que implica um recentramento do foco das suas atividades, que, sem perder as restantes competências, passariam a assumir de forma consistente o papel de interface como parte integrante do seu leque de competências estruturais. Contudo, os magistrados do Ministério Público, institucional e sindicalmente, têm operado um triplo erro na estratégia profissional adotada, contribuindo para a não valorização profissional da relação com os cidadãos, ao desvalorizarem três campos de atuação: *interna*, por não se realçar esta vertente do seu desempenho quotidiano, que está completamente ausente dos relatórios oficiais e é pouco valorizada nos processos de avaliação do desempenho profissional, em comparação com os processos judiciais; *externa*, por não ser integrada nos discursos e nas prioridades profissionais, reivindicativas e/ou políticas e de legitimação profissional do Sindicato dos Magistrados do Ministério Público ou da Procuradoria-Geral da República; *interprofissional*, por não ser assumida e valorizada junto das outras profissões jurídicas, nem pelas outras profissões jurídicas, em reconhecimento de uma especificidade e de um elemento importante para a definição de uma identidade profissional baseada na legitimação social, política e judicial junto dos cidadãos.

Este triplo erro de estratégia profissional origina confusão e dispersão na forma de encarar e integrar os serviços prestados pelos magistrados do Ministério Público. A complexidade inerente às múltiplas ocorrências que podem surgir no atendimento ao cidadão pode ser maior do que a que existe num processo judicial ou num inquérito. O tempo de resposta exigido é imediato e o magistrado do Ministério Público deve conseguir responder na hora, de forma integrada e analiticamente correta, pelo que é importante adquirir uma formação apropriada, que deve passar pela integração de módulos adequados nos programas de formação inicial e contínua com caráter obrigatório.

O bom exercício do papel de interface exige uma boa coordenação em três áreas: interna; institucional e/ou administrativa; e cívica ou comunitária. A coordenação a nível interno deve ser feita através da estrutura hierárquica do Ministério Público, que necessita de instituir regras, procedimentos e práticas profissionais harmonizadas, o que, para além da coordenação de cima para baixo, exige uma coordenação por áreas jurídicas de intervenção que pode implicar a adoção de práticas diferenciadas. A coordenação institucional e/ou administrativa é onde o papel de interface do Ministério Público mais se destaca, graças à potencialidade de funcionar como ator proativo no relacionamento com outras entidades e à possibilidade de rapidamente encaminhar/guiar os cidadãos no seu percurso burocrático institucional. A coordenação cívica e/ou comunitária, ao operar como elo de ligação ativo entre os cidadãos que a si recorrem e outras entidades, essencialmente da sociedade civil, permite convocar os atores cívicos e comunitários sempre que isso seja mais adequado para a defesa dos interesses públicos.

A definição de fronteiras interprofissionais nas várias profissões jurídicas promete ser um tema de discussão polémico nos próximos anos. Os limites ao exercício de um serviço abrangente de atendimento ao público por parte do Ministério Público, na assunção plena do papel de interface, será uma das problemáticas mais importantes, não só por questões do "mercado" de serviços jurídicos, em concorrência essencialmente com os advogados, mas também pelas dúvidas sobre as opções futuras do Governo resultantes da reforma do mapa judiciário. Deste modo, a inscrição nas competências profissionais da legalidade das diversas ações exercidas durante e no serviço de atendimento ao público é um tema que ainda não está em discussão, apesar de constituir, face à realidade existente, um elemento crucial no exercício da cidadania. Como a emergência de novos atores com competências para a resolução de conflitos, como a mediação, a arbitragem ou os julgados de paz, entre outros, não tem atingido os patamares de afirmação que lhes permitam assumir parte destas funções – seja pela cultura judicial dos cidadãos, pela pouca capacidade de implementação destes mecanismos, pela "reatividade" de várias profissões jurídicas ou simplesmente pela pouca credibilidade que ainda transmitem para garantir um equilíbrio entre as partes em conflito –, as características enumeradas tornam o Ministério Público um ator imprescindível na atual configuração do sistema de resolução de conflitos.

Esta realidade não significa que o exercício de determinadas competências não possa ser avaliado, particularmente na definição de fronteiras com a advocacia, em relação aos limites do exercício profissional em cada área e também até onde é que cada profissão pode ir sem haver sobreposição de competências e servindo o melhor interesse do cidadão, dado que ao Ministério Público cabe, igualmente, o exercício de funções de patrocínio e defesa das partes que pode ser incompatível ou não facilmente conciliável com uma intervenção mais ativa numa fase pré-judicial. Ao Estado cabe, assim, não só garantir a existência de um sistema integrado de acesso ao direito e à justiça, com múltiplas portas de entrada, mas igualmente definir as fronteiras profissionais na conjugação do equilíbrio necessário entre os melhores interesses dos cidadãos, das profissões envolvidas e da sustentabilidade financeira do sistema judicial. Além do mais, num contexto de uma grave crise financeira do Estado, a manutenção e melhoramento de uma política de acesso ao direito e à justiça impele a uma reflexão de modo a que, apesar da ausência de capacidade financeira de investimento, se possa arquitetar um modelo equilibrado entre os diversos interesses em jogo, otimizando as mais-valias com que cada ator pode contribuir a partir da realidade atual.

Neste contexto, os cidadãos têm grande confiança na atuação do Ministério Público, dado que este integra quatro características às quais são sensíveis: 1) *incontornável*, em muitas situações em que, devido ao tipo de conflito em causa, o cidadão apenas se pode dirigir ao Ministério Público ou, noutras situações, em que não sabe onde mais se dirigir ou em que não "confia" nos restantes potenciais atores; 2) *complementar*, quando, para além do apoio que podem assegurar noutros espaços ou instituições, os cidadãos pretendem uma "cobertura" institucional/judicial que os proteja de qualquer problema inesperado; 3) *orientador*, quando lhes explica os percursos jurídico-institucionais que podem ou devem percorrer, em coordenação ou não com o próprio serviço do Ministério Público; e 4) *apaziguador* dos conflitos, através da informação que presta ou da forma como intervém junto das partes, procurando (in)formalmente uma rápida resolução do litígio.

Em conclusão, pode afirmar-se, comprovando o argumento inicial deste capítulo, que, perante uma ausência de alternativas de mecanismos capazes de garantir o cumprimento das competências que o Ministério Público hoje desempenha, se concebe com muita dificuldade qualquer alteração que não passe pelo melhoramento das condições do seu exercício. Contudo, esta posição não deve significar um relaxamento pela satisfação do dever cumprido. Um Ministério Público proativo é possível e desejável no âmbito de um sistema integrado de resolução de conflitos. É essa nova cultura judiciária que se almeja para o Ministério Público. E, face às estratégias de (re)valorização profissional mais recentes, as preocupações resultantes da inação que se tem verificado até agora das estruturas sindicais e governativas do Ministério Público tornam a reflexão acerca do papel que deve desempenhar uma prioridade imediata caso se deseje integrar numa configuração mais distinta e preponderante no novo paradigma de justiça que se avizinha, alicerçado numa forte legitimidade social, política e judicial.

CAPÍTULO 3

O DESEMPENHO DA JUSTIÇA EM PORTUGAL:
A ATIVIDADE PROCESSUAL DO MINISTÉRIO PÚBLICO[150]

1. Introdução

O desempenho do sistema judicial em Portugal tem sido analisado de forma bastante detalhada nas últimas décadas, em particular quando os resultados demonstram que, pese embora os esforços efetuados por sucessivos governos e pelos próprios atores judiciais, a capacidade de resolução da procura de tutela judicial é muito negativa. Os estudos, parcelares ou globais, da análise do desempenho judicial efetuados pelo Observatório Permanente da Justiça[151] do Centro de Estudos Sociais permitiram, em particular a partir do trabalho publicado em 1996 (Santos *et al.*, 1996), efetuar avaliações ao sistema judicial português através de acordos de cooperação estabelecidos com o Ministério da Justiça. Apenas recentemente, com o XIX Governo Constitucional, de maioria PSD-CDS, que tomou posse a 21 de junho de 2011, com Paula Teixeira da Cruz como Ministra da Justiça, foi interrompida esta colaboração, dada a opção ministerial de internalizar a realização dos estudos necessários à aplicação das reformas judiciais planeadas.

A informação estatística disponibilizada pelo Ministério da Justiça, através da Direção-Geral da Política de Justiça, em resultado do projeto Hermes, implementado em 2009, permite atualmente consultar e obter de forma mais fácil e célere os dados relativos ao funcionamento e desempenho dos diferentes serviços e tribunais que compõem o sistema judicial. A disponibilização da informação estatística tem sofrido ao longo dos anos diversas alterações que vieram dificultar a construção de séries longas e a análise evolutiva do sistema judicial. As alterações verificaram-se não só nos verbetes estatísticos (formulários em que se preenchem as informações relativas a cada processo), devido às mudanças

---

[150] A elaboração deste capítulo contou com o precioso apoio de Pedro Abreu e Alfredo Campos, sem os quais os dados recolhidos e tratados certamente não teriam a mesma qualidade. Aos dois, os meus agradecimentos sinceros.

[151] <http://opj.ces.uc.pt>.

operadas na legislação, que implicaram reformulações nas categorizações dos litígios e nos procedimentos que estão associados à sua tramitação, mas também na introdução gradual de novos programas informáticos no processo de informatização do funcionamento da justiça (Dias e Carmo, 2007). Fruto de toda esta tendência reformista, legislativa, tecnológica e processual, em 2002 verificou-se uma grande mudança no modo como é categorizada, recolhida e tratada a informação estatística, tendo provocado dificuldades acrescidas na análise de séries longas.

A importância deste capítulo reside na necessidade de contextualizar a reflexão efetuada nos capítulos anteriores, tendo por base uma realidade objetiva e procurando compreender como é possível melhorar e operacionalizar a atividade do Ministério Público, em particular no seu papel de interface, face ao funcionamento do sistema judicial, que, a nível global, vem acumulando dificuldades acrescidas, principalmente em algumas áreas de intervenção. Perceber a evolução do movimento processual, dos recursos humanos afetos ao sistema e a sua distribuição, das áreas onde ocorrem as maiores dificuldades e identificar os principais desequilíbrios permite efetuar um diagnóstico, ainda que de forma assumidamente limitada, para obter uma perceção sobre como se pode integrar uma ou várias propostas de reforma, no caso em concreto, no modelo de organização, funcionamento e desempenho profissional do Ministério Público.

Ao pensar ou programar uma reforma do modelo de acesso ao direito e à justiça em que o Ministério Público possa ter um papel fundamental, exige-se que, previamente, se tenha em consideração a informação estatística disponibilizada sobre a sua atividade processual, através dos dados recolhidos nos relatórios de Atividades facultados pela Procuradoria-Geral da República no seu *site*. Os dados disponibilizados começaram a ser tratados de forma mais sistemática, e em procedimento autónomo do Ministério da Justiça, para divulgação pública a partir do ano 2000, como é possível observar pela consulta do *site* da Procuradoria-Geral da República. Nos anos anteriores, já existiam Relatórios de Atividades publicados em papel, ainda que estes não tivessem a informação organizada da forma atual.

Este capítulo tem, assim, como objetivo principal efetuar uma radiografia do sistema judicial, com um particular enfoque na atividade desenvolvida pelo Ministério Público, incluindo a parca informação disponível sobre a prestação do serviço de atendimento ao público. O argumento principal centra-se na demonstração de que uma gestão equilibrada dos recursos atuais, bem como a alteração do papel que o Ministério Público desempenha, se traduziria numa melhoria do acesso dos cidadãos ao direito e à justiça. A análise será assim direcionada com o intuito de retirar um conjunto de ilações que possam contribuir para avaliar se, no atual contexto ou no que se perspetiva com as reformas previstas pelo atual Governo, o Ministério Público pode assumir uma maior preponderância na promoção dos direitos de cidadania na sequência de uma maior profissionalização do seu papel de interface.

2. Os dados estatísticos da justiça: questões sobre a validação da informação

Os dados estatísticos que se apresentam neste capítulo foram recolhidos, direta ou indiretamente, em diversas entidades oficiais do Ministério da Justiça ou da Procuradoria-Geral da República. As informações relativas aos dados populacionais, que servem para calcular alguns indicadores de desempenho, foram recolhidas no Instituto Nacional de Estatística. O Sistema de Informação de Estatísticas da Justiça,[152] da Direção-Geral de Política da Justiça (DGPJ) do Ministério da Justiça, foi a principal fonte utilizada para a recolha de dados sobre o funcionamento da justiça, em particular a partir de 1993.[153] A Direção-

---

[152] Os programas informáticos atualmente utilizados para a inserção dos dados, bem como para a gestão dos procedimentos e processos nos tribunais, são o Habilus, o Citius e o Citius MP. Vários problemas com estes programas têm sido realçados, quer na sua fase de elaboração, quer após a sua implementação, por vários atores judiciários e as suas estruturas associativas ou sindicais, como é o caso da Associação Sindical dos Juízes Portugueses, do Sindicato dos Magistrados do Ministério Público ou do Sindicato dos Funcionários Judiciais. Também as estruturas de gestão das magistraturas, em particular o Conselho Superior da Magistratura e o Conselho Superior do Ministério Público, alertaram para questões como a fiabilidade ou confidencialidade da informação e do acesso externo aos referidos programas. Contudo, como os vários trabalhos realizados pelo Observatório Permanente da Justiça também realçaram, um dos problemas está ligado à qualidade da própria informação que é carregada nos programas.

[153] O Sistema de Informação de Estatísticas da Justiça disponibiliza a consulta *online* das suas bases de dados e a possibilidade de selecionar e cruzar informações a partir delas. Segundo a descrição no *site* da DGPJ: «Tendo em conta as limitações e insuficiências do anterior método de produção das Estatísticas da Justiça, e considerando as potencialidades dos novos meios informáticos de apoio à decisão, a DGPJ iniciou, em Outubro de 2003, o projecto HERMES de reformulação do Sistema de Informação das Estatísticas da Justiça com os seguintes objectivos: 1. Alteração do método de recolha de dados estatísticos; 2. Melhor exploração dos dados estatísticos recolhidos; 3. Disponibilização on-line da informação estatística.» Segundo se explica, esta alteração deveu-se ao facto de «[a]té 2003 as entidades que fornecem os dados às Estatísticas da Justiça enviavam-os [*sic*] para a DGPJ, mensalmente, por via postal e em suporte papel. [...] O projecto Hermes alterou profundamente o processo de recolha dos dados estatísticos, flexibilizando e desburocratizando o seu envio. Foi abandonado o suporte papel e a recolha passou a ser feita por via informática». Ver <http://www.dgpj.mj.pt/sections/siej_pt/projecto-hermes5725/projecto-de-reformulacao8038_1>, acedido em 14 de junho de 2012.

-Geral da Administração Financeira foi a fonte da informação, muito limitada, relativa ao orçamento existente para a área da justiça. Complementarmente, recorreu-se à Base de Dados Portugal Contemporâneo (PORDATA)[154] para obter informações que, apesar de terem sido recolhidas na Direção-Geral de Política da Justiça, se encontram tratadas de forma distinta e com particular interesse para os objetivos aqui pretendidos.

O Observatório Permanente da Justiça do Centro de Estudos Sociais, nos seus trabalhos de diagnóstico, avaliação e proposição de reformas (Santos, Gomes *et al.*, 2005, 2007, 2008), entre outros problemas identificados, tem chamado a atenção para a falta de fiabilidade da informação estatística por deficiente preenchimento e carregamento das informações nos programas informáticos, para a inexistência de dados detalhados para uma avaliação mais profunda, para as mudanças frequentes nos verbetes estatísticos e na categorização dos processos (em papel e agora *online*, em parte também devido às alterações legislativas) e para a constante alteração das bases de dados,[155] fatores que condicionam a realização de um trabalho muito mais analítico, com qualidade e, acima de tudo, que permita chegar a conclusões mais sustentadas e fiáveis.

A produção e disseminação (através de relatórios, na intranet ou Internet, etc.) de indicadores estatísticos, de acesso imediato e adequadamente trabalhados, constitui, deste modo, uma das ferramentas essenciais para a implementação e introdução no sistema judicial de um modelo de gestão adequado, quer dos processos judiciais, quer dos serviços de justiça globalmente considerados (Santos, Gomes *et al.*, 2008: 144).

Por conseguinte, na leitura dos dados apresentados neste capítulo deve ter-se em consideração as seguintes limitações:

a) A principal recolha de dados estatísticos foi realizada junto do Sistema de Informação de Estatísticas da Justiça da Direção-Geral de Política da Justiça do Ministério da Justiça, sendo que as atualizações das bases de dados são constantes (originando diferenças nos dados quando recolhidos em momentos distintos), limitando, por exemplo, a comparação com alguns trabalhos desenvolvidos anteriormente, por descoincidência dos valores para efeitos comparativos;

---

[154] <www.pordata.pt>.

[155] Esta constante alteração das bases de dados deve-se à correção frequente das informações disponibilizadas, que resulta de um deficiente sistema de registo e recolha de informação que impede a realização de estudos devidamente validados.

b) O atual método de recolha iniciou-se em 2003, situação que levanta dúvidas e questões relativas aos dados dos anos anteriores e às alterações efetuadas ao nível dos verbetes estatísticos (a que acrescem as mudanças legislativas na categorização dos processos ou a atribuição a outras entidades);

c) Ao longo dos anos foram detetadas múltiplas omissões, com especial incidência para o período entre 1974 e 1980 (tendo sido necessário efetuar várias estimativas para alguns dos anos deste período);

d) Os dados referentes a 2011 não foram incluídos por, na altura da realização deste trabalho, ainda serem considerados provisórios, com retificações frequentes, o que levaria a que houvesse probabilidade de haver maiores discrepâncias;

e) A consulta de diferentes fontes comporta a recolha de dados estatísticos com valores distintos, como é o caso dos números relativos aos recursos humanos, consoante se pesquisa na Direção-Geral de Política da Justiça, na Procuradoria-Geral da República, no Conselho Superior da Magistratura ou no Conselho Superior dos Tribunais Administrativos e Fiscais – consideraram-se os valores recolhidos na primeira, que contempla apenas os recursos humanos a exercer funções nos tribunais a 31 de dezembro de cada ano;

f) Os dados relativos a processos pendentes em tribunal foram calculados com referência a 31 de dezembro de cada ano, embora nalgumas fontes, em particular nos casos anteriores a 2003, os processos pendentes sejam calculados com referência a 1 de janeiro de cada ano civil;

g) A recolha de informações sobre os orçamentos dos tribunais, em termos globais, e das diferentes rubricas, em particular, mostrou ser uma tarefa praticamente impossível, apesar dos esforços efetuados nesse sentido, tendo os dados obtidos fortes limitações em termos de fiabilidade e possibilidades de análise.

Os indicadores construídos comportam, por conseguinte, as fragilidades inerentes aos próprios dados que lhes dão origem. Contudo, há que realçar o esforço gradual, ainda que com poucos meios afetos, de melhorar o sistema de recolha e análise, bem como a disponibilização da informação ao público.

Na análise inscrita nos pontos seguintes não são integrados os dados estatísticos dos seguintes tribunais: Tribunal Constitucional, Tribunal de Contas e Tribunais Militares (que foram extintos em 1997 e integrados nos tribunais comuns, ainda que com algumas especificidades). Esta opção prende-se, essencialmente, com a natureza e função que estes tribunais desempenham, bem como pelo modo como são selecionados os juízes e magistrados do Ministério Público, dado que são tribunais onde vigora uma componente política no processo de seleção em detrimento da progressão profissional baseada em concursos com avaliação da antiguidade e/ou do mérito profissional.

A apresentação de dados estatísticos foi efetuada, na maioria dos casos, em intervalos de cinco anos, com a exceção do período de 2005 a 2010, em que os dados se referem a cada um dos anos. Esta decisão fundamentou-se na dificuldade em disponibilizar de forma legível a informação completa referente a todos os anos recolhidos, bem como devido à maior facilidade de avaliar a evolução do sistema judicial considerando períodos temporais mais longos.

A compilação da informação estatística apresentada é apenas uma síntese dos múltiplos dados que se recolheram, dada a impossibilidade de apresentar, por questões de economia de espaço, razoabilidade e adequação, uma análise mais aprofundada do desempenho, global ou nas diversas áreas de atuação, do sistema judicial. Não foi possível igualmente, pelos motivos invocados, apresentar dados mais pormenorizados sobre o funcionamento dos mecanismos de resolução alternativa de litígios, não só porque a informação ainda é pouco detalhada e escassa, mas também porque isso implicaria a necessidade de os contextualizar, analisar e relacionar com as competências e atividades do Ministério Público para se repensar o modelo de interação atualmente existente. Deste modo, e uma vez que isso só por si merecia ser objeto de um trabalho autónomo, apresentam-se principalmente dados sobre o desempenho do sistema judicial. Além disso, em capítulos anteriores já se apresentaram referências e dados estatísticos relativos aos diversos mecanismos de resolução alternativa de litígios, incluindo as fontes consultáveis para aprofundamento do tema, explanando-se os limites com que atualmente se veem confrontados.

3. Os orçamentos da justiça: a incógnita dos valores

A informação recolhida sobre o orçamento para a área da justiça no que respeita às condições para a independência da justiça é bastante limitada, dispersa e de difícil análise (Dias, 2013b). Deste modo, a mais-valia da sua introdução e integração numa análise multivariada e alargada é impossível de ser realizada, sendo um fator de debilidade nos muitos estudos realizados na área da justiça, apesar de constituir uma dimensão crucial para a avaliação do desempenho do sistema judicial, dos mecanismos de resolução alternativa de litígios e das reformas que têm sido implementadas ao longo dos anos. O facto de não ter sido contemplada em muito poderá ter contribuído para o insucesso de muitas medidas implementadas. Contudo, esta é apenas uma hipótese de trabalho que carece de validação científica, incorporando ainda a perspetiva política dos atores envolvidos na definição das políticas de justiça nos últimos 30 anos. Pastor Prieto (1993) já há muito que abordou esta questão tão sensível para os governos, escusando-se estes, em regra, a disponibilizar a informação necessária a uma avaliação global das políticas. Mesmo atualmente, com os processos de reforma em discussão pública, com especial destaque para a reforma do mapa judiciário, não é visível nos estudos apresentados (DGAJ, 2012; MJ, 2012a) qualquer incorporação de estimativas custo-benefício que as medidas irão implicar, mas tão-só a referência a estratégias de poupança que se irão atingir, sem ser percetível onde, como ou quanto.

A crise financeira do Estado, com a dívida soberana e o Memorando de Entendimento assinado com a *troika*, não pode, *per se*, significar uma desvalorização da prestação pública de responsabilidades, devendo colocar-se à disposição do público a informação necessária para que se possa avaliar se as potenciais reduções de custos diretos com a implementação e o funcionamento do modelo de mapa judiciário previsto compensam, ou não, o aumento de custos indiretos relacionados com a garantia dos direitos dos cidadãos ou, mesmo, com o agravamento dos custos financeiros para o Estado que a implementação de uma reforma desta natureza pode acarretar.

Entre os custos indiretos, pode verificar-se o seu agravamento devido: ao aumento da conflitualidade direta entre os cidadãos; a maiores custos para as autarquias locais por terem de providenciar apoio para as deslocações (como também ocorre na área da saúde); ao aumento dos custos dos serviços jurídicos prestados por advogados ou outras profissões; ao aumento dos custos de saúde por problemas relacionados com a não resolução dos conflitos judiciais; ao maior recurso ao apoio judiciário; etc. Já os custos diretos podem aumentar devido, entre outras razões: ao maior número de adiamentos de julgamentos pela não comparência dos cidadãos provocada pelo aumento das distâncias (mais custos de transportes, quando estes existem, maiores tempos de ausência do trabalho, etc.); a maiores custos de transporte dos magistrados sempre que têm de se deslocar a Instâncias Locais ou outros serviços de apoio aos tribunais; aos custos de transporte dos processos; etc.

Mesmo a avaliação dos custos da justiça em termos globais ou em determinadas áreas, nos últimos anos, é uma dimensão importante que está ausente e é imprescindível à fundamentação de qualquer reforma judicial, pelo que a escassez de informações faz resvalar qualquer análise ou delineação de reformas para o campo da especulação e das hipóteses de trabalho, sem uma base mínima de sustentação. Vários são os exemplos enumerados em Dias (2013b). Há, contudo, que referir três notas prévias: 1) a primeira diz respeito à impossibilidade de recolha de informações do orçamento da justiça sobre o funcionamento dos mecanismos de resolução alternativa de litígios, de forma autónoma e comparada;[156] 2) a segunda refere-se aos valores apurados, que respeitam apenas ao orçamento aprovado e não ao executado no final do ano, situação que poderá configurar uma grande diferença, por se saber que, em regra, os valores executados são inferiores aos orçamentados; 3) por fim, a terceira diz respeito ao "espartilhamento" orçamental observado na leitura dos Orçamentos de Estado, em que os diferentes organismos da justiça ou as distintas rubricas separadas entre receitas e despesas aparecem de forma autónoma, devido também à sua autonomia legal e ao lugar ocupado constitucionalmente ou no sistema judicial, como é o caso da Procuradoria-Geral da República ou do Conselho Superior da Magistratura, ou da sua contemplação orçamental nas diferentes rubricas orçamentais do Estado.

Apesar dos esforços efetuados no âmbito do projeto de investigação "Quem são os nossos magistrados? Caracterização profissional dos juízes e magistrados do Ministério Público em Portugal" para o levantamento das informações sobre os orçamentos na área da justiça, e após uma multiplicidade de contactos com os diversos organismos do Ministério da Justiça, os dados recolhidos são os que se apresentam e reportam apenas ao período de 2004 a 2010. Como se referiu antes, a informação não é facilmente analisável nem comparável por corresponder a dois períodos diferentes recolhidos de entidades que, entretanto, sofreram alterações, aplicando fórmulas de cálculo distintas. Acresce que as diversas entidades contactadas remetiam sempre para as restantes a tentativa de recolha de informação mais detalhada, dificultando, por omissão, a construção de indicadores fiáveis. O Ministério da Justiça não disponibiliza, ao contrário de

---

[156] Esta situação limita a reflexão sobre uma das grandes incógnitas à volta do funcionamento dos atuais mecanismos de resolução alternativa de litígios, que se relaciona com o facto de o seu funcionamento poder comportar custos mais elevados do que se o investimento fosse efetuado, principalmente, na dotação do sistema judicial oficial dos meios necessários para a superação dos bloqueios detetados (por exemplo, importa conhecer o custo global por processo).

outros ministérios, informação *online* detalhada sobre os orçamentos que gere, o que não permite uma análise aprofundada.

De qualquer modo, analisando a informação recolhida, é possível efetuar um exercício para retirar algumas ilações, que, como se afirmou, estão sempre sujeitas à falta de fiabilidade por força da qualidade das informações disponibilizadas. Até 2004, não foi possível recolher informações, pelo que se apresenta, oriundo de fontes diferentes, o orçamento da justiça dividido em dois períodos: 2004-2006 e 2007-2010.

O orçamento dos tribunais, pela evolução registada no período de 2004 a 2010 (repartida por duas fontes de informação diferenciadas), regista duas tendências principais: uma primeira, ascendente, com um orçamento galopante até 2007, atingindo o máximo global de 425 milhões de euros (a que corresponde um aumento de quase 25% em relação ao valor de 2004); e uma segunda, descendente, com uma queda gradual do orçamento, com uma ligeira subida em 2009 face a 2008, para atingir em 2010 um valor bastante inferior ao do ano de 2006 e pouco superior ao de 2005. Esta tendência de descida, na sequência dos efeitos da crise financeira do Estado português que se começaram a fazer sentir em 2008, manteve-se em 2011, tendo o Ministério da Justiça sido dotado globalmente, no Orçamento de Estado aprovado para esse ano, com menos 5,6% em relação à execução estimada de 2010[157] (sem ser possível analisar em que áreas esses cortes incidiram com maior profundidade). O Orçamento do Ministério da Justiça para 2012 foi globalmente reduzido em 8,7% em relação à execução estimada de 2011,[158] enquanto para 2013 foi aumentado 2,5% em relação à execução estimada de 2012.[159]

---

[157] Fonte: Secretaria-Geral do Ministério da Justiça, *Dossier Justiça*, p. 18 [disponível em <http://www.sg.mj.pt/sections/planeamento-e-gestao/dossier-justica/ficheiros/dossier-justica-nov2010/downloadFile/file/SGMJ_DJ_Nov2010_15112010.pdf>, consultado em 25 de junho de 2012].

[158] Fonte: Ministério das Finanças, *Orçamento do Estado para 2012 – Relatório*, p. 172 [disponível em <http://www.igcp.pt/fotos/editor2/2012/Aprentacao_Investidores/Rel-2012.pdf>, consultado em 25 de junho de 2012].

[159] Fonte: *Site* do Governo de Portugal, Ministério da Justiça <http://www.portugal.gov.pt/pt/os-ministerios/ministerio-da-justica/mantenha-se-atualizado/20121109-mj-comissao-parlamentar.aspx>, consultado em 25 de novembro de 2012.

GRÁFICO 1
Orçamento da Justiça (2004-2006)[160]

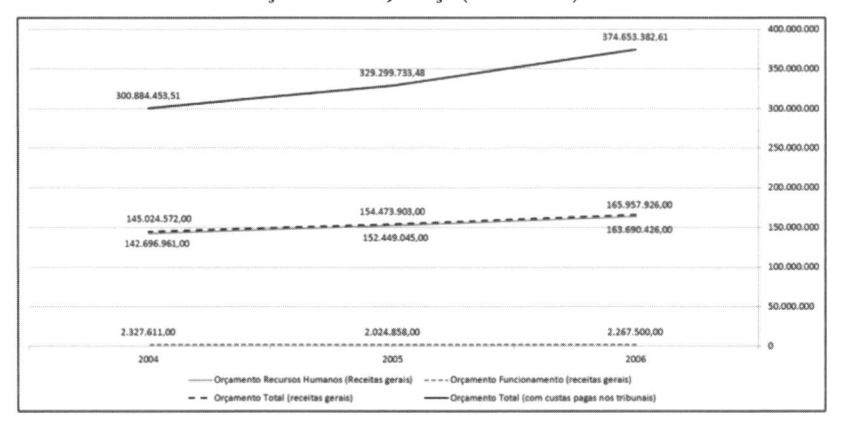

Fonte: Direção de Serviços de Gestão Financeira (DSGF) – 2004 a 2006.

A análise do Gráfico 2, referente ao período de 2007 a 2010, reflete já uma tendência preocupante de redução dos custos relativos aos recursos humanos, fruto da redução verificada essencialmente no número de funcionários judiciais. O efeito principal terá sido refletido nos anos de 2011 e de 2012, com a redução de juízes e de magistrados do Ministério Público devido à não existência de concursos de admissão no Centro de Estudos Judiciários. Deste modo, com a natural passagem à reforma de muitos profissionais, por vontade própria e, principalmente, por atingirem o limite de idade para se manterem em funções (70 anos), ter-se-á registado nestes dois últimos anos um decréscimo no número de magis-

---

[160] A informação disponibilizada pela DSGF foi enviada por correio eletrónico em resposta à solicitação de múltiplas informações no âmbito do projeto de investigação "Quem são os nossos magistrados?" No Gráfico 1, as linhas referentes ao Orçamento de Recursos Humanos (receitas gerais) e Orçamento Total (receitas gerais) estão praticamente sobrepostas, sendo os valores apresentados acima dessas linhas relativos ao Orçamento Total (receitas gerais) e os valores apresentados abaixo das linhas relativos ao Orçamento de Recursos Humanos, que apresenta sempre valores ligeiramente inferiores aos do Orçamento Total (receitas gerais). Este gráfico e o seguinte (Gráfico 2) apresentam algumas inconsistências na classificação das rubricas e na própria apresentação dos orçamentos. Apesar da insistência para a sua clarificação e harmonização, não foi possível obter esclarecimentos suficientes para evitar equívocos na análise. Deste modo, a fragilidade das fontes pode ter consequências na consistência da análise efetuada, razão pela qual não se aprofundou uma análise muito discriminada dos montantes em causa, procurando-se antes avaliar algumas tendências.

GRÁFICO 2
Orçamento da Justiça (2007-2010)

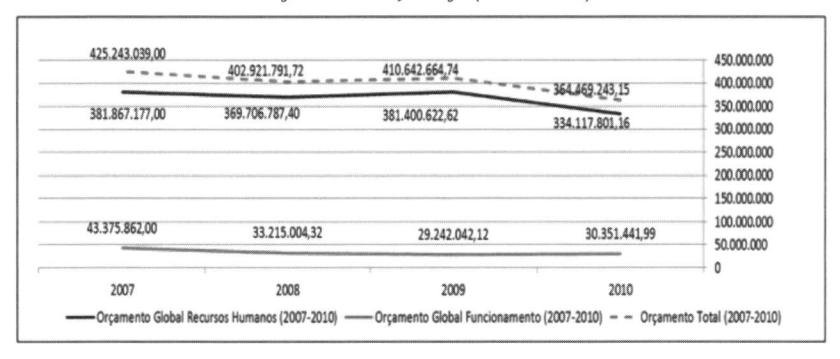

Fonte: Direção-Geral da Administração Financeira (DGAF) – 2007 a 2010.

trados nos tribunais, que, a par das reduções previstas nos orçamentos de Estado, poderá ter tido um impacto preocupante, mas ainda pouco visível, na capacidade de resposta do sistema judicial à procura de tutela judicial por parte dos cidadãos.

A título exemplificativo do que poderá ser uma análise de custo-benefício mais aprofundada, apresenta-se no Gráfico 3 o custo médio estimado do orçamento da justiça por processo entrado nos tribunais. Sendo um indicador muito frágil – uma vez que o cálculo é feito com base em informações imprecisas, incluindo até despesas que podem estar agregadas a outras entidades não diretamente relacionadas com o funcionamento dos tribunais em termos gerais –, permite pelo menos ter uma ideia aproximada de quanto custa em média um processo entrado. Naturalmente, uma avaliação mais fina, com valores decompostos e considerados de forma muito mais analítica, permitiria retirar mais ilações do que as que esta estimativa possibilita, que é simplesmente a constatação da redução significativa do custo médio de cada processo entrado durante os quatro anos em causa (2007-2010). Contudo, não é possível indicar as causas desta redução, que tanto podem estar relacionadas com a melhoria do desempenho global do sistema como com a análise incorreta dos orçamentos da justiça, por dificuldade em aceder a informação trabalhável ou ainda, entre outros fatores explicativos, com a redução do número de magistrados e de funcionários judiciais ou com o maior número de processos entrados, o que reduz forçosamente o custo por processo, principalmente quando não se integra o custo médio de processos pendentes, que, como se verá, teve um aumento consistente ao longo do período analisado.

Este exercício serviu principalmente para alertar para a necessidade de conhecer com detalhe os orçamentos da justiça, por estes constituírem um elemento imprescindível para efetuar qualquer análise ou avaliação do sistema judicial, em termos globais ou parcelares. A perpetuação da indefinição e desconhecimento dos orçamentos apenas poderá levar à continuação de resultados negativos na aplicação das reformas judiciais. Em tempos em que as opções políticas são justificadas pelas dificuldades financeiras que o Estado atravessa, não é aceitável que perdure esta ausência de informação, que, desde logo, origina um debate público inquinado por ter por base informações incompletas.

GRÁFICO 3
Custo Médio Estimado por Processo Entrado – euros (2007-2010)

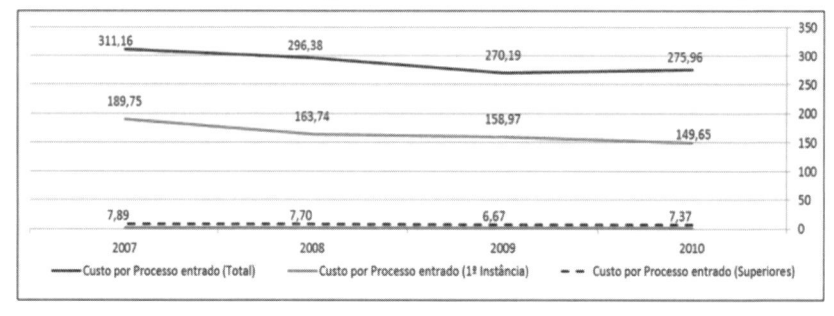

Fontes: Centro de Estudos Sociais (CES)/DGAF.[161]

4. Os recursos humanos na justiça: *mão-de-obra* ao serviço do cidadão

A evolução dos recursos humanos a exercerem profissionalmente nos tribunais é outro indicador comummente utilizado para a análise do desempenho do sistema judicial. Fazendo parte, historicamente, a partir de 1974, da política de

---

[161] A referência na fonte ao Centro de Estudos Sociais deve-se ao facto de os dados, tanto estes como alguns dos seguintes, terem sido trabalhados no âmbito do referido projeto de investigação "Quem são os nossos magistrados?", a partir de informações disponibilizadas pelos diversos serviços do Ministério da Justiça contactados no processo de recolha de informações estatísticas e orçamentais. Os dados apresentados terminam em 2010, por serem os oficialmente disponibilizados. A consulta posterior dos dados no *site* oficial das Estatísticas da Justiça não permite completar, pelo menos, os dados referentes a 2011, por não estarem organizados segundo as mesmas categorias. Infelizmente, apesar de haver muita informação disponível, o modo como está organizada e é consultável levanta grandes dificuldades de análise. Optou-se por não integrar os dados disponíveis noutras fontes por, raramente, serem iguais, dado adotarem critérios diferentes na sua elaboração.

mais recursos e mais meios, que se justificava, numa fase inicial, pela incipiência do Estado social português, esta política de crescimento gradual verificada desde então entrou em "falência" por não conseguir só por si travar o crescimento da procura nem ter atingido um dos objetivos principais, que era o de garantir uma resposta eficaz e, portanto, justa do sistema judicial face às crescentes demandas dos cidadãos. Desde há muito que se reclama uma mudança de paradigma que, sem menosprezar a importância da adequabilidade dos recursos humanos às necessidades, procure centrar os tribunais no que é realmente importante para a concretização dos direitos de cidadania, em vez de se deixarem "colonizar" pelas bagatelas processuais e pelas funções "executivas" em vez de judiciais (como a ação executiva, que transformou os tribunais em cobradores de dívidas, em situações em que o conflito judicial já não existe). Os sucessivos trabalhos do Observatório Permanente da Justiça alertaram inúmeras vezes para a necessidade de infletir a política de justiça, ainda que com pouco sucesso (Santos, 1982; Pedroso, Trincão e Dias, 2002, 2003b; Santos et al., 1996; Santos, Gomes et al., 2005, 2006, 2007, 2008, 2010; Santos, 2007).

Analisando os dados recolhidos junto da Direção-Geral de Política da Justiça, que integram apenas os profissionais em exercício de funções nos tribunais (excluindo os que estão em comissão de serviço), verifica-se a tendência que se apresentou atrás, com um crescimento constante dos recursos humanos até 2005 e, nos últimos anos, uma ligeira redução e posterior estagnação dos valores, respetivamente nos funcionários judiciais e nos juízes e magistrados do Ministério Público. Os dados de 2011, ainda provisórios, apontam já para o decréscimo no número de juízes e de magistrados do Ministério Público a desempenhar funções nos tribunais (por efeito dos que entretanto se reformaram e do congelamento das admissões) e a continuação do decréscimo no número de funcionários judiciais.

TABELA 1

Evolução dos Recursos Humanos nos Tribunais (1974-2010)

	1974	1980	1985	1990	1995	2000	2005	2006	2007	2008	2009	2010
Magistrados Judiciais	441	612	851	1 018	1 293	1 545	1 810	1 840	1 859	1 919	1 969	1 968
Magistrados do MP	292	375	593	762	1 011	1 164	1 277	1 336	1 349	1 352	1 429	1 477
Funcionários Judiciais	2 695	4 647	5 360	6 031	7 078	9 256	9 397	9 176	8 983	8 766	8 761	8 628
Total	3 428	5 634	6 804	7 811	9 382	11 965	12 484	12 352	12 191	12 037	12 159	12 073

Fonte: Direção-Geral de Política da Justiça (DGPJ).[162]

---

[162] Tal como nos dados orçamentais apresentados anteriormente, os dados relativos aos recursos humanos e, mais à frente, ao movimento processual foram recebidos, por correio

Avaliando a evolução registada, pode afirmar-se que os recursos humanos dentro dos tribunais quase quadruplicaram entre 1974 e 2010, constituindo um universo atual de mais de 12 000 efetivos. Este valor atinge já uma dimensão considerável, em termos de necessidades de gestão de recursos humanos, materiais e equipamentos e financeiros, pelo que qualquer reforma, por exemplo, no mapa judiciário, não poderá deixar de ter em consideração o volume de necessidades a que é preciso atender. Deste modo, uma mudança de paradigma exigirá sempre, numa fase inicial, um investimento adequado a esta dimensão, situação que dificulta, por vezes, o sucesso das reformas, por falta de meios, de formação adequada ou simplesmente por falta de procedimentos apropriados ao funcionamento global do sistema.

O ano de 1974, que serve de ponto de partida para esta análise, foi considerado como índice 100, o que permite verificar que os recursos humanos tiveram uma evolução distinta consoante a categoria profissional, embora esta análise possa ser mitigada ou contextualizada pelas competências que exercem (e a alterações ao longo dos anos com a integração e/ou redução de competências) e pelas lacunas que existiam desde o início, que podiam ser mais vincadas em determinados profissionais face aos demais. Basta lembrar que em 1974 a carreira do Ministério Público era vestibular da carreira de juiz, pelo que a separação das carreiras levou a que muitos, nessa fase de transição, tivessem optado pela judicatura, desfalcando o Ministério Público.

A magistratura do Ministério Público foi a que, desde 1974, mais cresceu percentualmente no sistema judicial, quintuplicando o seu número. O aumento registado no número de juízes foi de quase 4,5 vezes entre 1974 e 2010 e nos funcionários judiciais foi de 3,2 vezes no mesmo período. Como se irá ver mais à frente, este crescimento foi superior ao que se registou nos processos entrados, pese embora não se poder estabelecer uma relação direta sem se considerar a natureza e complexidade processual do que chega aos tribunais, bem como da legislação existente.

---

eletrónico, da Direção-Geral da Política da Justiça, após pedido efetuado, ou retirados do *site* oficial <http://www.siej.dgpj.mj.pt>. Em 28 de novembro de 2012, foi publicado pela Direção--Geral da Política de Justiça (DGPJ) o n.º 17 do *Destaque Estatístico*, que inclui os dados referentes aos recursos humanos a desempenhar funções nos tribunais judiciais. É possível verificar – apesar de os dados não coincidirem, por não incluírem, por exemplos, os recursos humanos nos tribunais administrativos e fiscais – que existe um decréscimo no número de juízes e de funcionários da justiça e um ligeiro acréscimo no número de magistrados do Ministério Público (DGPJ, 2012).

GRÁFICO 4
Evolução dos Recursos Humanos nos Tribunais (1974-2010)

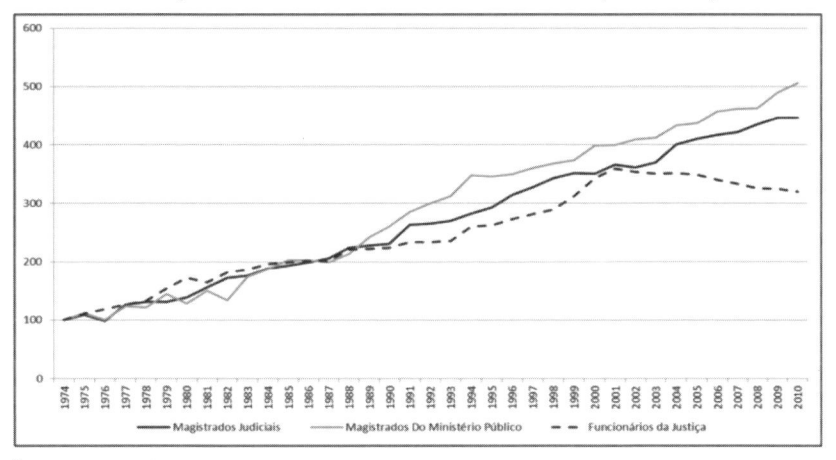

Índice 100 – ano de 1974.

Fontes: CES/DGPJ.

TABELA 2
Número de Magistrados do Ministério Público por 100 Juízes (1974-2010)

Ano	1974	1980	1985	1990	1995	2000	2005	2006	2007	2008	2009	2010
MP/Juiz	66,2	61,3	69,7	86,9	80,9	78,1	73,5	75,6	75,7	73,9	75,8	74,3

Fontes/Entidades: DGPJ/PORDATA.

A Tabela 2 permite verificar, com outro indicador, o crescimento do número de magistrados do Ministério Público em comparação com os juízes, ilustrando de outra forma o que atrás se disse. Assim, de 66,2 magistrados do Ministério Público por 100 juízes, em 1974, evoluiu-se até 74,3 em 2010, demonstrando uma tendência de aproximação crescente, ainda que com oscilações ao longo dos anos, como se verifica com o pico de 86,9 atingido em 1990. Nos últimos cinco anos, apesar de ligeiras diferenças, têm-se registado valores relativamente estáveis. É previsível que nos próximos anos o número de magistrados do Ministério Público se aproxime mais do número de juízes, uma vez que a judicatura tem uma média de idades mais elevada (com o consequente maior número de reformas). Além disso, devido à restrição no número de admissões a ambas as magistraturas, é provável que se venha a verificar um decréscimo global em cada uma das magistraturas.

GRÁFICO 5
Rácio de Recursos Humanos por 10 000 Habitantes (1974-2010)

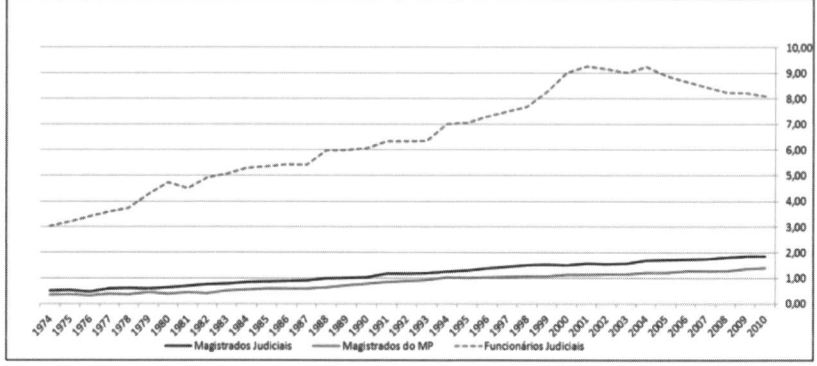

Fontes: CES/DGPJ.

O rácio de recursos humanos em funções nos tribunais por 10 000 habitantes é um indicador comum nas comparações internacionais. A Comissão Europeia para a Eficácia da Justiça (CEPEJ) do Conselho da Europa, nos seus relatórios bianuais, usa bastante este indicador para efetuar comparações entre os diversos Estados-membros do Conselho da Europa, de modo a avaliar as tendências registadas a nível europeu. Contudo, como esta avaliação não é contextualizada pelas competências e modelo de administração da justiça, torna-se difícil concluir se Portugal tem mais ou menos juízes do que deveria ter em comparação com outros países. Por exemplo, no relatório de 2010, com dados relativos a 2008, Portugal aparece com 1,8 juízes por 10 000 habitantes, um valor que duplica os 0,9 da França, mas que é apenas metade dos 3,7 registados no Luxemburgo. Portugal está um pouco abaixo da média de 2 juízes por 10 000 habitantes registada para o cômputo dos países analisados (CEPEJ, 2010: 117-118).

O rácio de magistrados do Ministério Público em 2010 era de 1,3 por 10 000 habitantes, sendo que em 2008 era de 1,2. Segundo a CEPEJ (2010: 181-182), este valor era superior, em 2008, à média dos países avaliados, que era de apenas um magistrado por 10 000 habitantes. Contudo, é sabido que em Portugal o Ministério Público tem uma maior intervenção do que na maioria dos países avaliados, pelo que é natural que se verifique também um rácio maior. A título exemplificativo, a Noruega tem um rácio mais elevado (1,5) e a Holanda um rácio inferior (0,4), algo que apenas poderá ser compreensível se se analisarem as competências legais exercidas em cada país.

O mesmo relatório não permite efetuar uma análise equivalente para os funcionários judiciais por estarem distribuídos por diferentes categorias. Já no que respeita ao número de advogados, verifica-se que em Portugal se registou o maior aumento de todas as profissões jurídicas ou judiciais, tendo crescido quase 10 vezes entre 1974 e 2010 (de 2960 para 27 550), como se pode observar na Tabela 3. Também é possível constatar que o rácio atual, em termos comparativos, mais do que duplica a média dos países analisados pelo Conselho da Europa. Assim, enquanto em Portugal, em 2008, o rácio era de 26 advogados por 10 000 habitantes, a média registada nos países avaliados era de apenas 12 sem inclusão dos *legal advisors* (cujas funções, em Portugal, podem ser desempenhadas por advogados) e de 14,7 com a sua inclusão. Para dar dois exemplos opostos, em Itália o rácio era de 33,2 advogados por 10 000 habitantes e na Finlândia era de apenas 3,4 (CEPEJ, 2010: 237-238).

TABELA 3
Evolução do número de Advogados (1974-2010)

Ano	1974	1980	1985	1990	1995	2000	2005	2006	2007	2008	2009	2010
Número	2.960	5.134	6.287	11.319	14.836	28.629	24.407	25.716	22.345	27.023	26.892	27.550

Fontes: DGPJ/PORDATA.

A histórica correlação estabelecida pelos estudos sociojurídicos entre o aumento do número de advogados e o aumento da litigância deve ser analisada com cautela, porque vai a par com outras mudanças estruturais nas sociedades, em particular no que respeita às sociedades de consumo europeias ou norte--americanas (Galanter, 1993). Em Portugal, regista-se, sem dúvida, um problema estrutural de crescimento excessivo do número de advogados face à dimensão do mercado jurídico, provocando cada vez mais uma crescente precarização da profissão. O *boom* na oferta de cursos de direito, que ocorreu, principalmente, a partir da década de 1980 com o surgimento das universidades privadas, justifica, em parte, este processo, que tem levado a Ordem dos Advogados a procurar restringir o acesso à profissão, criando maiores exigências nos exames de admissão. Contudo, sem analisar as motivações dos cidadãos, não se pode deduzir que um maior número de advogados estimula um maior número de processos nos tribunais, dado que facilmente se pode contrapor a maior consciencialização dos cidadãos em relação aos seus direitos ou que a atual organização social propicia uma litigância muito maior.

Como se pode observar na Tabela 4, o número de advogados por juiz duplicou nos 36 anos considerados (de 6,7 em 1974 para 14 em 2010), enquanto na Tabela 5 se pode verificar que a duplicação está quase a ser atingida em relação aos magistrados do Ministério Público (de 10,1 em 1974 para 18,8 em 2010), na esteira do que se descreveu atrás.

TABELA 4
Número de advogados por Juiz nos Tribunais (1974-2010)

Ano	1974	1980	1985	1990	1995	2000	2005	2006	2007	2008	2009	2010
Advogados	6,7	8,4	7,4	11,1	11,5	12,1	13,5	14,0	12,0	14,1	13,7	14,0

Fontes/Entidades: DGPJ/PORDATA.

TABELA 5
Número de advogados por magistrado do Ministério Público nos Tribunais (1974-2010)

Ano	1974	1980	1985	1990	1995	2000	2005	2006	2007	2008	2009	2010
Advogados	10,1	13,7	10,6	14,9	14,7	16,0	19,1	19,2	16,6	20,0	18,8	18,8

Fontes/Entidades: CES/DGPJ.

A análise da evolução dos recursos humanos na área da justiça – de que se excluíram propositadamente os solicitadores (incluindo os de execução), notários, mediadores, árbitros, conciliadores ou juízes de paz, por a sua inclusão exigir uma recolha e análise suplementar, que ia para além do âmbito deste trabalho – permite observar uma tendência crescente no lapso temporal dos 36 anos analisados, ao mesmo tempo que nos últimos anos se regista um abrandamento do crescimento nas profissões judiciais, registando-se mesmo uma redução já visível, em 2010, no caso dos funcionários judiciais. Como o volume processual nos tribunais não sofreu a mesma tendência, como se poderá verificar de seguida, a redução terá consequências graves na capacidade de resposta se não for alterado o paradigma de funcionamento e gestão processual nem tomadas medidas legislativas paliativas de urgência ou de restrição do acesso aos tribunais, como as recentes alterações à lei das custas judiciais.

A avaliar pelas políticas implementadas ou previstas na área da justiça, não é crível que o panorama se venha a alterar significativamente, podendo o sistema registar maiores dificuldades e acarretar uma sobrecarga do volume processual dos profissionais a exercer funções nos tribunais. Refira-se, assim, que enquanto a média de processos em tribunal por juiz, magistrado do Ministério Público ou funcionário judicial tende a aumentar, a mesma média por advogado tende a diminuir.

5. O movimento processual nos tribunais: um crescimento *sem fim à vista*

O movimento processual nos tribunais permite perceber melhor a análise já iniciada atrás, nomeadamente sobre o desempenho do sistema judicial e da sua capacidade de resposta à crescente procura em função dos meios atualmente disponíveis. A análise efetuada de seguida não traz muitas novidades face à discussão e debate público que se têm verificado em Portugal, e que se iniciaram com o magnífico trabalho coordenado por Boaventura de Sousa Santos, Maria Manuel Leitão Marques, João Pedroso e Pedro Ferreira (Santos *et al.*, 1996).[163] Neste estudo, em que se efetuou o primeiro grande diagnóstico global do sistema judicial, incluindo a aplicação de um inquérito por amostragem à população portuguesa sobre a sua perceção e avaliação da justiça, chegou-se a um conjunto de conclusões que, na sua maioria, ainda hoje se mantêm atuais, demonstrando que, 17 anos após a sua publicação, a realidade no sistema judicial não se alterou muito, não tanto no seu modo de funcionamento, mas mais nos resultados apresentados.

Os múltiplos trabalhos que se lhe seguiram, aos quais já foram sendo feitas referências ao longo deste livro, com análises mais parcelares e com um maior pendor na avaliação e monitorização, deram excelentes contributos para um melhor conhecimento sobre o desempenho do sistema judicial português e ajudaram a criar instrumentos de análise que ficaram ao dispor dos sucessivos ministros da justiça, que os consideraram de forma muito distinta no momento de delineação das políticas públicas da justiça. Nem todas as áreas de intervenção prioritária do Estado foram objeto de análises tão rotineiras, profundas e abrangentes como a da justiça. E, como se irá ver pelos resultados do desempenho judicial, nem a sua existência é suficiente, só por si, para que as políticas adotadas sejam construídas com base no conhecimento acumulado disponível. Esta situação prova como ainda é distante a relação e a confiança entre a investigação e a decisão política e como muitas vezes esta última se

---

[163] Este trabalho, desenvolvido no Centro de Estudos Sociais em resultado de um financiamento do Centro de Estudos Judiciários, foi premiado com o Prémio Gulbenkian de Ciência. Em resultado da excelência do trabalho, foi possível concretizar a ideia da criação do Observatório Permanente da Justiça, que funciona desde então no CES.

baseia mais nas opiniões pessoais dos seus responsáveis do que nos dados comprovados cientificamente. Mais a mais quando os contributos do Observatório Permanente da Justiça incluem, frequentemente, propostas e recomendações para solucionar os problemas diagnosticados com medidas de curto, médio e longo prazo, considerando as possibilidades de implementação das reformas tendo em consideração os limites financeiros e logísticos do Estado.

O período temporal considerado na análise do movimento processual é, em comparação com o ponto anterior, reduzido ao período entre 1982 e 2010, devido, em grande medida, à pouca fiabilidade das estatísticas existentes nos primeiros oito anos de democracia e à pouca procura de tutela judicial que então ainda se verificava, por vários fatores históricos, judiciais, políticos e sociais, que advinham dos tempos do Estado Novo. Se a observação se centrar apenas na evolução dos processos entrados em tribunal, conclui-se que em 28 anos o aumento não foi muito significativo, já que passou de quase 600 mil por ano para cerca de 715 mil nos tribunais de 1.ª instância. Atendendo a que, no mesmo período, o crescimento percentual nos recursos humanos foi muito maior, a evolução do desempenho judicial deveria ser forçosamente positiva. A evolução do volume processual no Ministério Público, que como se irá ver corresponde apenas a uma parte do seu volume de trabalho global, quase que duplicou no período considerado, registando, assim, o maior crescimento real de processos entrados. A não incorporação de dados relativamente a 2011 e a 2012 sustenta-se nos argumentos aduzidos atrás para a análise dos orçamentos e dos recursos humanos.

TABELA 6
Movimento Processual Global nos Tribunais – Entrados (1982-2010)

Ano	1982	1985	1990	1995	2000	2005	2006	2007	2008	2009	2010
1ª Instância - Global	597.707	617.150	591.531	618.827	715.836	826.414	789.949	831.613	749.505	892.096	714.584
Superiores - Global	10.900	16.709	18.296	22.741	30.569	33.992	34.628	34.595	35.238	37.429	35.214
Trib. Administrativos e Fiscais	2.110	3.208	2.848	4.830	6.115	3.964	3.885	4.070	4.291	4.657	4.208
Ministério Público - Global	243.110	210.591	297.018	416.506	454.537	500.614	499.509	493.470	567.611	582.037	563.674

Fonte: DGPJ.

Considerando o ano de 1982 como índice 100, nos tribunais judiciais de 1.ª instância, onde se regista o grosso dos processos entrados, o crescimento é relativamente pequeno num lapso temporal desta magnitude, atingindo em 2010 um crescimento de apenas cerca de 20% face a 1982. Registaram-se, contudo, alguns anos em que o crescimento face a 1982 foi maior, com particular destaque para o pico máximo de 49% atingido em 2009. O maior crescimento face a 1982 verificou-se nos processos entrados nos tribunais judiciais superiores

(Relação e Supremo Tribunal de Justiça), que mais do que triplicaram o seu volume processual (crescimento superior a 220%), e, durante alguns anos deste período, nos tribunais administrativos e fiscais, que, no entanto, face ao seu volume processual real, têm um impacto muito reduzido no volume processual global dos tribunais (pouco mais de 4 mil processos entrados em 2010).

No que respeita ao Ministério Público, entre 1982 e 2010, o movimento processual mais do que duplicou, tendo registado um crescimento ligeiramente superior a 130%, que chegou mesmo a atingir os 140% em 2009. Mas sobre o movimento processual do Ministério Público far-se-á, mais à frente, uma análise pormenorizada do seu volume processual.

GRÁFICO 6
Movimento Processual Global nos Tribunais – Entrados (1982-2010)

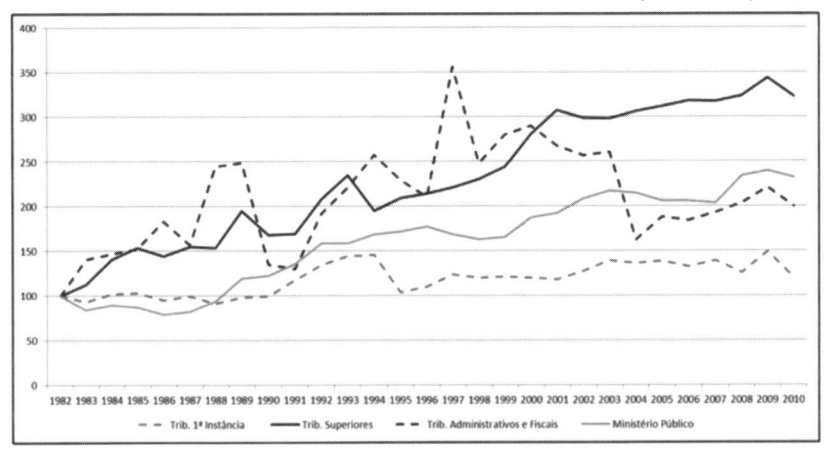

Índice 100 = ano de 1982.

Fonte: DGPJ/CES.

No gráfico seguinte, recorre-se à utilização de um indicador bruto que cruza o volume de processos entrados com os juízes e magistrados do Ministério Público a exercer funções nos tribunais de 1.ª instância e nos tribunais superiores e que serve principalmente para dar uma visão global, não permitindo aferir as diferenças de desempenho e de volume de trabalho que existem nas diferentes áreas jurídicas. Como não existe informação tratada disponível com indicação dos recursos humanos distribuídos por áreas jurídicas, sendo que nos tribunais de competência genérica seria até difícil de aplicar essa distinção, este cruzamento de informação permite, essencialmente, verificar como tem evoluído a carga processual entrada por cada profissional. A conclusão que ressalta de imediato é que o volume processual entrado nos tribunais de 1.ª instância, por juiz e magistrado do Ministério Público, decresceu bastante nos últimos 20 anos, designadamente, dos mais de 800 processos entrados em 1991 para cerca de 500 em 2010. No período analisado, só se verificou crescimento no número de processos entrados por magistrado do Ministério Público a exercer funções nos tribunais superiores (de cerca de 300 para pouco mais de 400), já que no caso dos juízes, nos mesmos tribunais, o valor se manteve praticamente inalterado (menos de 100). Uma conclusão simples e precipitada, se não considerássemos os indicadores seguintes, levaria a pensar que o desempenho judicial deveria ser excelente... Contudo, quer os indicadores seguintes, quer a integração de fatores subjetivos, relacionados com a complexidade e natureza dos processos, entre outros, poderão mitigar esta conclusão.

GRÁFICO 7
Rácio de Processos Entrados em Tribunal por Recursos Humanos (1991-2010)[164]

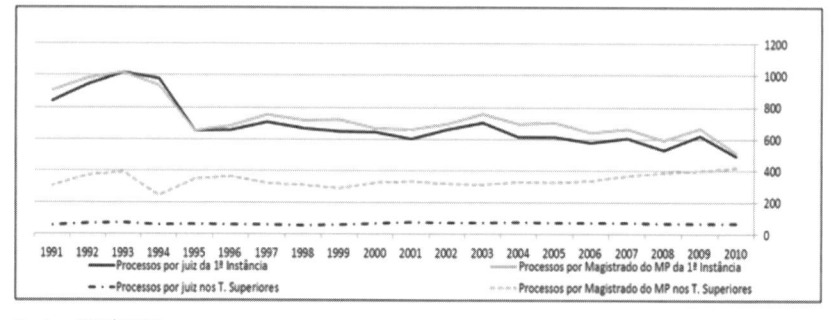

Fontes: CES/DGPJ.

O volume de processos findos anualmente nos tribunais judiciais de 1.ª instância permite aprofundar a análise anterior e detetar um dos principais problemas, ainda que devido a diversas causas, designadamente a incapacidade de terminar

---

[164] Não foram integrados neste cálculo os valores relativos aos Tribunais Administrativos e Fiscais, por não ser possível desagregar os dados por tribunais de 1.ª Instância e Superiores nos dados recolhidos, tal como ocorre para os juízes e magistrados do Ministério Público a exercer nestes tribunais. Contudo, dado o volume processual reduzido, quando comparado com os Tribunais Judiciais, e dado que se trata de um mero exercício, não foi considerado muito relevante.

um número de processos igual ou superior ao número de processos entrados. De facto, em termos estruturais, e apesar de algumas medidas legislativas que conseguiram, em alguns anos concretos, inverter esta tendência, na maioria dos anos o número de processos findos nos tribunais judiciais de 1.ª instância é inferior ao número de processos entrados. Apenas em 7 dos 28 anos aqui considerados se conseguiu terminar um maior número de processos do que os que entraram, sendo 3 desses anos nos últimos 5 considerados. Contudo, o desempenho desses anos é imediatamente anulado pelo crescimento verificado nos anos subsequentes, onde em determinados anos a diferença entre os processos entrados e findos chega a superar os 100 mil processos, contribuindo sobremaneira, como se irá ver com o indicador seguinte, para o aumento do número de processos pendentes em tribunal.

TABELA 7
Movimento Processual Global nos Tribunais – Findos (1982-2010)

Ano	1982	1985	1990	1995	2000	2005	2006	2007	2008	2009	2010
Trib. 1ª Instância	590.213	540.368	577.168	506.138	684.382	697.511	796.187	864.848	787.648	791.987	651.819
Trib. Superiores	10.406	15.970	16.935	20.199	29.453	32.918	34.725	35.399	35.203	36.402	35.268
Trib. Administrativos e Fiscais	3.231	2.977	2.743	3.741	6.170	4.781	4.639	4.378	3.999	3.927	3.562
Ministério Público	254.341	225.981	287.458	399.600	473.300	497.224	508.116	505.036	548.997	570.442	570.759

Fonte: DGPJ.

O impacto desta diferença nos tribunais superiores regista uma tendência idêntica, à escala do volume de processos destes tribunais, o mesmo sucedendo nos tribunais administrativos e fiscais. Apenas no Ministério Público é possível observar que, em termos médios, tem sido possível findar tantos processos como os entrados, apesar de haver variações, positivas e negativas, ao longo dos 28 anos. Uma conclusão surge como evidente: a existência, no geral, de um aumento de capacidade de resposta dos tribunais face ao aumento da procura, ainda que esta não atinja patamares de resolução, em termos médios, superiores a 100%. Contudo, é demonstrativo deste aumento da capacidade de resolução de conflitos por parte dos tribunais (quer em termos globais, quer *per capita* em relação aos magistrados), onde se devem incluir os impactos resultantes das restantes medidas adotadas pela via da alteração legislativa (como, por exemplo, os processos de desjudicialização ou informalização processual de muitos processos que antes entravam apenas nos tribunais) ou da criação de mecanismos alternativos de resolução de litígios (ainda que com impactos reduzidos como se viu no capítulo anterior).

A aplicação do índice 100 ao ano de 1982 permite corroborar a análise anterior, visualizando-se de forma mais clara a tendência evolutiva na capacidade de resolução dos processos entrados. Em termos globais, regista-se uma tendência estável de crescimento no Ministério Público e nos tribunais judiciais superiores, enquanto nos tribunais administrativos e fiscais e nos tribunais judiciais de 1.ª instância se verifica uma evolução bastante irregular, que não permite garantir uma capacidade estável de resolução dos processos entrados.

GRÁFICO 8
Movimento Processual Global nos Tribunais – Findos (1982-2010)

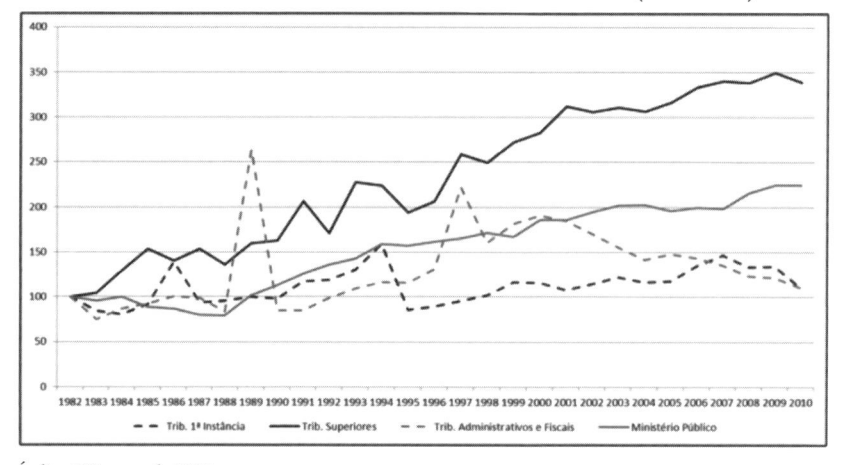

Índice 100 = ano de 1982.

Fonte: DGPJ/CES.

A avaliação da evolução dos processos pendentes (Tabela 8 e Gráfico 9) permite, em conjugação com os anteriores indicadores, retirar algumas ilações finais, entre as quais ressalta a de os tribunais judiciais de 1.ª instância registarem um crescimento global das pendências que mais do que duplica nos 28 anos considerados (aumento um pouco superior a 130%). Os tribunais judiciais superiores e os tribunais administrativos e fiscais registam igualmente, no cômputo geral, um acréscimo das pendências neste período, mas com um valor muito inferior (quase 40% nos tribunais judiciais superiores e ligeiramente acima dos 30% nos administrativos e fiscais), atendendo também ao volume processual com que lidam e às restrições que foram sendo integradas, em particular, as possibilidades de recurso para os tribunais judiciais superiores, que vieram aliviar a pressão. A capacidade de resposta, não conseguindo abater as pendências, ainda assim regista, nos últimos anos, uma estabilização dos processos pendentes. Já o Ministério Público, como se referiu, apesar de algumas variações, consegue manter o volume de processos pendentes, o que significa que tem tido ao longo dos 28 anos uma taxa de resolução média próxima dos 100%.

TABELA 8
Movimento Processual Global nos Tribunais – Pendentes (1982-2010)

Ano	1982	1985	1990	1995	2000	2005	2006	2007	2008	2009	2010
Trib. 1ª Instância	711.601	918.870	660.517	745.133	1.212.873	1.665.764	1.591.754	1.554.982	1.516.839	1.616.948	1.666.348
Trib. Superiores	8.019	12.102	16.966	16.467	12.434	15.398	15.115	10.350	10.485	11.172	11.118
Trib. Administrativos e Fiscais	3.655	4.382	4.408	9.231	6.880	4.288	3.534	3.226	3.518	4.248	4.894
Ministério Público	235.624	115.396	166.183	258.886	195.294	224.105	217.002	213.527	232.141	243.736	236.651

Fonte: DGPJ.

GRÁFICO 9
Movimento Processual Global nos Tribunais – Pendentes (1982-2010)

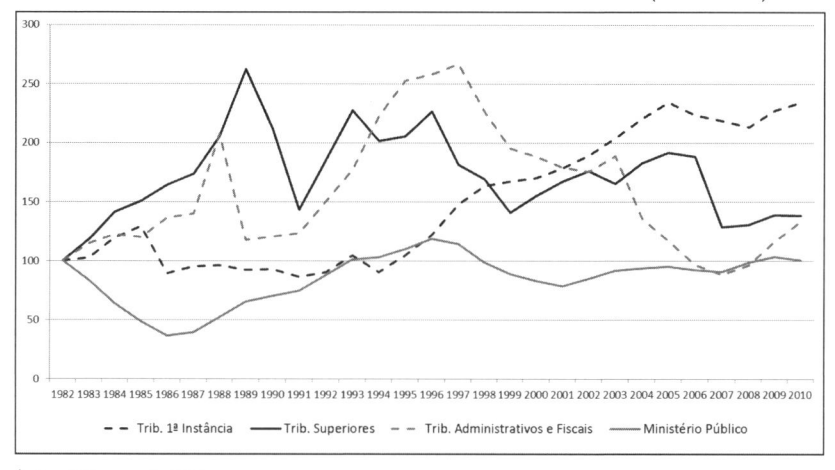

Índice 100 = ano de 1982.

Fonte: DGPJ/CES.

Ao considerar os valores de 1982 como índice 100, o Gráfico 9 ilustra claramente as tendências descritas, mostrando que o problema está concentrado nos tribunais judiciais de 1.ª instância. Dentro da atividade dos tribunais judiciais de 1.ª instância existe, contudo, uma área em que o problema é ainda mais notório e que explica o agravamento da situação global: a justiça cível (conforme se pode verificar no Gráfico 10). Este não é um problema

GRÁFICO 10

Movimento Processual nos Tribunais de 1.ª Instância – Global/Cível (1983-2010)

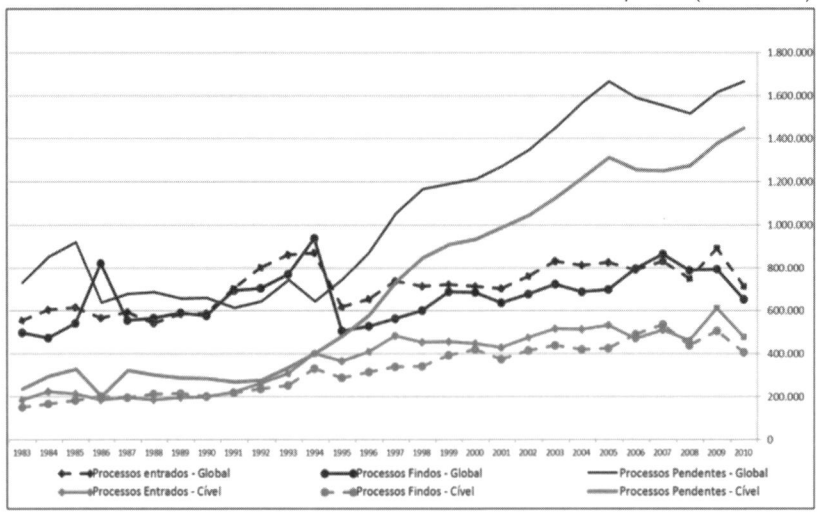

Fonte: DGPJ/CES.

novo, dado que está há muito identificado nos trabalhos do Observatório Permanente da Justiça, desde o principal trabalho destacado atrás, publicado em 1996. Na análise do Gráfico 9, há ainda a realçar a tendência verificada no Ministério Público de manutenção do número de pendências em valores próximos do índice 100 e a tendência de melhoria substancial do desempenho dos tribunais judiciais superiores e dos tribunais administrativos e fiscais, que têm vindo a registar uma diminuição no volume de processos pendentes, tendo até os tribunais administrativos e fiscais registado um índice inferior a 100 de 2006 a 2008. O Ministério Público tem-se destacado neste seu desempenho, estando perto de uma capacidade otimizada, ainda que se possa questionar se o esforço colocado na melhoria da capacidade de resposta não tem inibido uma maior proatividade na capacidade de iniciativa em avaliar as necessidades de investigação em várias áreas de intervenção.

O Gráfico 10 procura contextualizar o movimento processual global dos tribunais judiciais de 1.ª instância com o impacto que o movimento dos processos cíveis tem no cômputo geral. O que se observa, com particular incidência a partir de 1994, é que a justiça cível é a grande responsável pelo aumento das pendências nos tribunais judiciais de 1.ª instância, destacando-se o problema crónico da ação executiva, tão bem realçada em estudos anteriores (Santos *et al.*, 1996; Pedroso e Cruz, 2001; Santos, Gomes *et al.*, 2005, 2006, 2007, 2008; Gomes, 2003, 2011).[165]

A análise efetuada por Gomes (2011) resume perfeitamente a situação descrita e permite verificar que o desempenho do sistema judicial está principalmente relacionado com a ação executiva e, na sua origem, com a mobilização dos tribunais por parte de empresas na cobrança de dívidas de particulares. A autora sintetiza o problema afirmando que

> o crescimento processual está especialmente ligado a transformações de natureza socioeconómica, repercutindo-se no crescimento exponencial das acções de dívida, o que acentua o peso das acções executivas que, em 2004, registaram um crescimento relativamente ao início da década de 1990 de 312% (este crescimento é, em parte, também induzido por transformações normativas, sobretudo com o alargamento dos títulos executivos e com a criação da figura da injunção, que vieram permitir que os litígios mais rapidamente chegassem à fase executiva). Não surpreende, por isso, que os grandes mobilizadores dos tribunais, no âmbito das acções cíveis, sejam as pessoas colectivas, representando mais de 60% dos autores no país e cerca de 90% em Lisboa e Porto (Gomes, 2011: 90).

Esta realidade é visível no Gráfico 10, onde se percebe que o aumento do volume de pendências nos tribunais judiciais de 1.ª instância é similar e vai de par com o aumento das pendências na justiça cível. Assim, a partir de 1994, e apesar das várias medidas implementadas, a evolução da justiça cível marca de forma indelével o crescimento global das pendências nos tribunais, influenciando negativamente o seu desempenho e impedindo uma melhor distribuição dos recursos para acudir a outras áreas em que podem estar em discussão valores superiores, como é o caso da justiça penal, de família e menores ou laboral.

O Gráfico 11 apresenta uma radiografia clara sobre o impacto da justiça cível na morosidade média dos tribunais judiciais de 1.ª instância (excluindo os tribunais administrativos e fiscais), puxando para cima a média global da duração de um processo até à sua resolução para cerca de 22 meses, em 2010, quando a

---

[165] Uma análise mais detalhada das causas, consequências e respostas do sistema judicial, incluindo as diversas medidas legislativas implementadas ao longo dos anos, pode ser encontrada nos trabalhos referidos. Aí podem igualmente consultar-se as medidas propostas pelo Observatório Permanente da Justiça e comparar com as medidas tomadas pelos sucessivos governos, para se compreender a forma e o modo como o problema da ação executiva (não) tem sido assumido politicamente.

GRÁFICO 11

Duração Média dos Processos nos Tribunais Judiciais de 1.ª Instância (1984-2010)

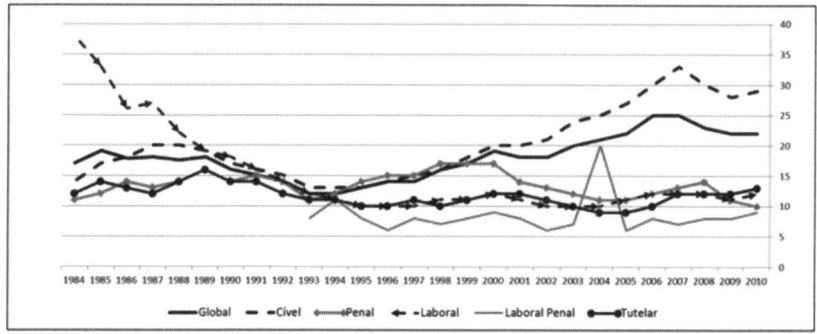

Fonte: DGPJ/CES.

média de todas as outras áreas, excluindo a cível, é de cerca de 12/13 meses. Sendo a morosidade processual apontada como um dos grandes problemas do sistema judicial,[166] por constituir uma justiça adiada e/ou negada, verifica-se que a perceção pública do funcionamento da justiça está inquinada, à partida, não só pelo desempenho na área cível, mas igualmente pelo diminuto número de processos, altamente mediatizados, que se arrastam nos tribunais sem se conseguir atingir um resultado publicamente satisfatório, como se referiu no capítulo anterior a partir da análise de Santos (2005a: 78-79). No período de 26 anos que se apresenta no gráfico, é visível a melhoria ou, pelo menos, a esta-bilização do desempenho dos tribunais nas restantes áreas jurídicas, com a exceção já referida da justiça cível. Curiosamente, e no que importa para este trabalho, é a área onde o Ministério Público tem uma menor influência, por ter menores competências de intervenção processual. Tal não significa que se queira transmitir a ideia de que uma maior intervenção do Ministério Público contri-buiria para melhorar o desempenho nestas áreas, mas tão-só alertar para o facto de que nas restantes áreas, em que tem um papel mais ativo e preponderante, a capacidade de resposta é bastante aceitável em termos da resposta global do sistema judicial.

Os dados apresentados neste ponto revelam em síntese que, sem resolver o problema na justiça cível, o equilíbrio do sistema judicial está comprometido

---

[166] Sobre as causas mais comuns da morosidade processual em Portugal, ver, por exemplo, Gomes (2003).

e tenderá a agravar-se, com o evidente prejuízo para a realização da justiça que os cidadãos desejam e com graves custos para a sustentabilidade financeira, com a necessidade de imputação de mais recursos para a resolução dos constrangimentos. Nesse sentido, a proposta de reforma do mapa judiciário não enfrenta um dos principais problemas nem permite vislumbrar como vai "atacar" o problema. Em termos hipotéticos, é possível afirmar que a reforma proposta poderia ter uma configuração bastante diferente se, previamente, a justiça cível fosse alvo de uma intervenção que permitisse resolver o problema de entupimento que se regista. Mais, com o agravamento da crise económica e financeira, e os seus impactos sociais e laborais, perspetiva-se um crescimento das situações de incumprimento no pagamento das dívidas, situação que irá agravar a situação, tal como apontam os dados avançados com regularidade, nos últimos dois anos, pelo Banco de Portugal em relação ao incumprimento por parte das famílias. Deste modo, e considerando que não existe um conflito evidente numa ação executiva, dada a aceitação da dívida, cabe ao Estado criar um sistema que coloque o risco, e o devido financiamento do sistema de cobrança de dívidas que agora é feito via tribunais, sobre as empresas que concedem crédito, ou celebram contratos de venda ou prestação de serviços a crédito, que, afinal de contas, são quem mais mobiliza os tribunais para obtenção desses seus créditos.

6. O movimento processual do Ministério Público: à procura de resultados

O desempenho do Ministério Público pode ser analisado autonomamente devido à possibilidade de efetuar uma distinção de várias das suas atividades, que são registadas estatisticamente e permitem aferir, com maior acuidade, a verdadeira natureza das suas funções. As estatísticas disponíveis colocam algumas dificuldades de análise e, nalgumas situações, não integram uma decomposição, ou mesmo contextualização, que permita retirar ilações com maior grau de fiabilidade. Os dados que se apresentam de seguida foram retirados dos Relatórios Anuais da Procuradoria-Geral da República disponibilizados no seu *site*. O período temporal analisado diz respeito apenas ao período entre 2001 e 2010, dado que não estão disponíveis os relatórios relativos aos anos anteriores. Estes relatórios têm vindo a integrar gradualmente um conjunto mais alargado de dados estatísticos, que em determinados indicadores chegam a um detalhe razoável, embora contenham ainda algumas lacunas que seria importante que fossem supridas para efetuar uma radiografia mais abrangente da totalidade das atividades desenvolvidas pelo Ministério Público.

A análise é apenas efetuada por totais nacionais, por dificuldade de aferir outros critérios para perceber as diferenças por distrito judicial, nomeadamente, e a título exemplificativo, a distribuição do volume processual, dos recursos humanos e do tipo e natureza dos tribunais e/ou serviços do Ministério Público. Como o indicador bruto, relativo ao volume processual do Ministério Público nos tribunais, dá uma imagem reduzida da sua atividade, procurou-se inserir uma análise mais discriminada da diversidade da intervenção do Ministério Público em diferentes fases do processo. Esta é, sem dúvida, muito maior e com mais facetas do que a que seria obtida com a mera análise dos pontos atrás apresentados.

A Tabela 9 retrata globalmente a atividade do Ministério Público nas diferentes áreas de especialização jurídica em que o sistema judicial português está organizado. Aos indicadores apresentados faltam algumas informações relevantes para se perceber onde e como aplicam o tempo de trabalho, nomeadamente, a duração média de cada ação, para saber se, por exemplo, a distribuição do volume processual por área jurídica corresponde, de facto, a uma distribuição equivalente do tempo despendido em cada ação.[167]

Na apresentação dos dados seguintes, por economia de espaço e para facilitar a leitura do período em causa (10 anos) da atividade do Ministério Público, optou-se pelo primeiro ano disponível (2001), por um ano intermédio (2005) e pelo último ano disponível (2010) na altura da elaboração do presente trabalho. Assim, ao analisar os dados da Tabela 9, é possível retirar um conjunto de ilações genéricas, entre as quais se destacam as cinco seguintes: 1) a área penal é aquela em que o Ministério Público tem uma maior atividade processual; 2) com a exceção dos Recursos de Impugnação em Processo de Contraordenação, todas as outras intervenções registam um crescimento gradual de processos entrados e findos no período de 10 anos objeto de análise (com oscilações pelo meio); 3) na maioria das ações do Ministério Público, os valores revelam, em particular em 2010, que os processos findos são superiores aos entrados, o que significa uma diminuição global dos processos pendentes; 4) a instauração de ações executivas por parte do Ministério Público por, entre outras formas de execução, custas, coimas e/ou multas impostas em qualquer processo ganhou uma dimensão assinalável desde que entrou em vigor, com informações estatísticas existentes

---

[167] Nas Tabelas 9 e 10, autonomizaram-se os itens relativos às Ações Executivas Instauradas e aos Recursos de Impugnação em Processo de Contraordenação por terem uma natureza transversal às diferentes áreas jurídicas e uma especificidade própria.

apenas a partir de 2005 (Santos, Gomes *et al.*, 2007); e 5) e o aumento da intervenção do Ministério Público nas ditas áreas sociais: família e menores e laboral, em particular na primeira.

TABELA 9
Movimento Processual do Ministério Público por Área de Intervenção (2001-2010)

Totais Nacionais	2001			2005			2010		
	Entrados	Findos	Pendentes	Entrados	Findos	Pendentes	Entrados	Findos	Pendentes
Processos de Inquérito	470.446	474.275	183.522	493.023	488.869	219.731	550.394	561.248	218.437
Instrução	6.773	7.791	6.371	7.937	9.402	6.043	7.487	6.964	4.386
Proc. Penais Classificados	104.239	90.238	176.027	135.069	128.508	227.559	112.263	119.996	121.102
Execução de Penas				24.692	27.907	14.715	32.923	17.620	28.782
Total Penal	581.458	572.304	365.920	660.721	654.686	468.048	703.067	705.828	372.707
Total Cível	2.837	526	2.309	7.966	6.138	7.770	6.170	5.969	6.135
Proc. Cível Fam. e Menores				1.120	1.029	730	1.401	1.549	604
Ações Tutelares Cíveis	15.448	16.440	14.285	31.204	28.357	38.888	42.616	45.303	54.454
Averiguação Pat./Materni.	4.362	4.187	3.449	2.365	2.326	2.508	2.301	2.637	1.503
Promoção e Prot. Menores				4.666	4.616	6.834	6.389	6.468	8.720
Tutelar Educativo Inquéritos				7.600	7.581	2.991	8.459	8.660	3.567
Total Família e Menores	19.810	20.627	17.734	46.955	43.909	51.951	61.166	64.617	68.848
Ações Comuns Laborais				2.760	3.403	3.492	4.441	3.288	3.115
Acidentes de Trabalho	20.985	20.357	18.901	20.402	22.068	20.405	21.325	22.863	17.823
Doenças Profissio. e Outros	36	32	66	76	57	99	93	74	109
Total Laboral	21.021	20.389	18.967	23.238	25.528	23.996	25.859	26.225	21.047
Total Administrativo	20.555	21.829	24.992	38.995	33.695	37.625	32.448	33.341	27.307
Ações Executivas Instauradas				98.926	72.443	208.384	470.628	485.842	190.244
Rec. Imp. Contraordenação	7.068	6.262	2.589	19.927	20.263	21.040	7.741	8.692	10.269
Total Global	652.749	641.937	432.511	896.728	856.662	818.814	1.307.079	1.330.514	696.557

Fonte: PGR)/CES.[168]

A Tabela 10 permite complementar as ilações anteriores com as seguintes: 1) o peso total da instauração das ações executivas, apesar de ser um tipo de processo que pode ocupar pouco tempo ao magistrado, em 2010, atinge já 36% do total de ações registadas; 2) o aumento da percentagem de processos de instauração de ações executivas leva a que, percentualmente, as restantes atividades tenham um peso menor ou residual, com a exceção da penal onde, mesmo assim, ainda mantém valores acima dos 50%; e 3) a ação cível ocupa sempre um valor muito residual no total da atividade do Ministério Público.

---

[168] As informações estatísticas relativas ao Ministério Público foram recolhidas nos Relatórios de Atividades, entre 2001 e 2010, disponibilizados no *site* da Procuradoria-Geral da República <http://www.pgr.pt/pub/relatorio/indice.htm>. O Relatório de Atividades de 2011 apresenta uma organização dos dados estatísticos com algumas diferenças, o que dificulta a organização de acordo com as categorias inscritas nesta tabela e provenientes dos relatórios anteriores. Deste modo, optou-se por não proceder à sua inclusão.

TABELA 10
Movimento Processual do Ministério Público por Área de Intervenção – %
(2001-2010)

Totais Nacionais	2001			2005			2010		
	Entrados	Findos	Pendentes	Entrados	Findos	Pendentes	Entrados	Findos	Pendentes
Total Penal	581.458	572.304	365.920	660.721	654.686	468.048	703.067	705.828	372.707
Percentagem do Total %	89	89	85	74	76	57	54	53	54
Total Cível	2.837	526	2.309	7.966	6.138	7.770	6.170	5.969	6.135
Percentagem do Total %	0	0	1	1	1	1	0	0	1
Total Família e Menores	19.810	20.627	17.734	46.955	43.909	51.951	61.166	64.617	68.848
Percentagem do Total %	3	3	4	5	5	6	5	5	10
Total Laboral	21.021	20.389	18.967	23.238	25.528	23.996	25.859	26.225	21.047
Percentagem do Total %	3	3	4	3	3	3	2	2	3
Total Administrativo	20.555	21.829	24.992	38.995	33.695	37.625	32.448	33.341	27.307
Percentagem do Total %	3	3	6	4	4	5	2	3	4
Ações Executivas Instauradas				98.926	72.443	208.384	470.628	485.842	190.244
Percentagem do Total %	0	0	0	11	8	25	36	37	27
Rec. Imp. Contraordenação	7.068	6.262	2.589	19.927	20.263	21.040	7.741	8.692	10.269
Percentagem do Total %	1	1	1	2	2	3	1	1	1
Total Global	652.749	641.937	432.511	896.728	856.662	818.814	1.307.079	1.330.514	696.557

Fontes: PGR/CES.

A análise precedente não integra, como já se referiu, a dimensão relativa ao tempo que cada ação ocupa a um magistrado do Ministério Público, razão pela qual é difícil retirar conclusões definitivas e sustentadas sobre o impacto que a distribuição processual tem no desempenho, individual e global, do Ministério Público. Por isso, a informação apresentada na Tabela 11 só pode ser vista como um indicador bruto de produtividade, que teria mais relevância se fosse cruzado com outros indicadores que permitissem uma análise mais pormenorizada. Contudo, dá uma dimensão do volume processual que envolve a atividade de cada magistrado do Ministério Público. Tal como se indicou atrás, não estão disponíveis publicamente os dados relativos à distribuição de magistrados do Ministério Público pelas distintas áreas jurídicas, que, se conhecidos, poderiam permitir uma análise mais fina em vários dos indicadores apresentados atrás. A principal ilação a retirar é que o volume de trabalho por cada magistrado aumentou exponencialmente no espaço de 10 anos, atingindo um crescimento de cerca de 60% nos processos entrados e findos (60 e 66%, respetivamente), enquanto o crescimento dos processos pendentes, no mesmo período, cresceu apenas 25% (tendo atingido, contudo, o valor de 70% em 2005).

TABELA 11
Movimento Processual Global do Ministério Público por Magistrado (2001-2010)

	2001			2005			2010		
	Entrados	Findos	Pendentes	Entrados	Findos	Pendentes	Entrados	Findos	Pendentes
Mov. Proc. Global MP	652.749	641.937	432.511	896.728	856.662	818.814	1.307.079	1.330.514	696.557
Total Magistrados do MP	1.168	1.168	1.168	1.277	1.277	1.277	1.463	1.463	1.463
Processos por Magistrado MP	559	550	370	702	671	641	893	909	476
Índice 100	100	100	100	126	122	173	160	165	129

Fonte: PGR/CES.

A análise efetuada permite concluir, ainda que com as limitações descritas, que o Ministério Público tem vindo a melhorar a sua produtividade, com a demonstração de uma capacidade assinalável de lidar com o volume processual, tendo conseguido reduzir gradualmente a pendência processual nos últimos anos, contrariando a tendência global do movimento processual nos tribunais. No entanto, há que realçar que o problema detetado para o movimento processual global dos tribunais tem uma incidência mais reduzida na atividade do Ministério Público, uma vez que a sua intervenção na ação executiva é muito menos relevante.

A ação penal do Ministério Público continua a ser a área mais relevante da sua atividade, razão pela qual se disponibiliza uma informação mais discriminada sobre os resultados conseguidos. Este tema desperta, de tempos a tempos, alguma atenção mediática, em particular quando a sua eficácia é questionada em processos de grande dimensão envolvendo atores poderosos da área política e/ou empresarial. A Tabela 12 mostra a percentagem de sucesso nas atividades principais da responsabilidade do Ministério Público, permitindo retirar as seguintes três ilações em relação aos processos findos na área penal: 1) a taxa de acusação das investigações efetuadas pelo Ministério Público é muito baixa, registando um valor de 15% em 2010 (tendo diminuído quatro pontos percentuais na última década), sendo os restantes 85% arquivados; 2) a taxa de pronúncia é relativamente elevada, com 64% em 2010, tendo registado apenas um ligeiro aumento de três pontos percentuais no período analisado; e 3) a taxa de condenação é bastante elevada, com 87% em 2010, tendo subido 18 pontos percentuais no espaço de uma década. Tal significa que, tal como os referidos trabalhos do Observatório Permanente da Justiça já realçaram, o Ministério Público consegue acusar apenas uma pequena parte das investigações criminais que efetua, mas, quando consegue deduzir a acusação, a taxa de sucesso é muito elevada.

TABELA 12
Resultados da Ação Penal do Ministério Público – Findos (2001-2010)

	2001			2005			2010		
Processos de Inquérito	Acusados	Percentagem	Arquivados	Acusados	Percentagem	Arquivados	Acusados	Percentagem	Arquivados
	81.944	19	353.012	83.680	19	358.063	74.911	15	431.998
Instrução	Pronúncia	Percentagem	Não pronúncia	Pronúncia	Percentagem	Não pronúncia	Pronúncia	Percentagem	Não pronúncia
	4.049	61	2.546	5.163	64	2.905	3.550	64	1.974
Proc. Penais Classificados	Condenação	Percentagem	Absolvição	Condenação	Percentagem	Absolvição	Condenação	Percentagem	Absolvição
	41.008	69	18.667	77.940	87	11.824	77.661	87	11.534

Fonte: PGR/CES.

Os resultados anteriores demonstram que a principal área de intervenção do Ministério Público denota um grande problema de eficácia que não lhe pode ser atribuído de forma exclusiva, dado que as suas competências são de coordenação da investigação efetuada pelas diferentes polícias, sem poder decidir sobre os meios policiais que estão à sua disposição para efetuar essa mesma coordenação. Seria igualmente necessário incorporar uma análise decomposta da natureza da litigância, das razões de arquivamento, dos mecanismos de coordenação efetiva da investigação criminal e da sua intervenção global ao proceder-se a uma avaliação da política criminal. Muitos dos processos, por exemplo, relativos a furtos, são contra incertos por não se conseguir identificar os seus presumíveis autores, o que dificulta a obtenção de qualquer resultado condenatório.

O serviço de atendimento ao público é um dado incorporado muito recentemente nos Relatórios de Atividades do Ministério Público, surgindo pela primeira vez na edição de 2005. Esse dado é apresentado em valores globais por distrito judicial, tal como se mostra na Tabela 13, sem permitir retirar qualquer outra informação que não seja a análise dos dados em bruto. Também não é possível compreender de que forma são os dados recolhidos por distrito, nem mesmo se consegue perceber se respeitam à totalidade dos serviços do Ministério Público ou apenas aos que enviaram informação estatística relativa a esta atividade. Por fim, da análise dos dados também não é possível inferir se a atividade foi desenvolvida pelos próprios magistrados do Ministério Público ou pelos funcionários que lhes estão afetos, de modo a poder efetuar-se a distinção referida no Capítulo 2 entre um *atendimento jurídico* e um *atendimento administrativo*.

Os dados apresentados na Tabela 13 levantam algumas perplexidades sobre a fiabilidade dos dados recolhidos quando se observa uma irregularidade tão grande na evolução dos números, em particular nos distritos judiciais de Lisboa e do Porto. Avaliando os dados, ressaltam desde logo os valores do Distrito Judicial de Lisboa, nos anos de 2006 e 2010, com mais de, respetivamente, 355 e 250 mil

TABELA 13
Serviço de Atendimento ao Público do Ministério Público (2005-2010)[169]

	2005		2006		2007		2008		2009		2010	
	nº	%	nº	%	nº	%	nº	%	nº	%	nº	%
Distrito Judicial de Coimbra	8.660	12,1%	9.080	2,2%	9.954	14,1%	11.135	23,1%	14.802	29,7%	12.290	4,3%
Distrito Judicial de Évora	6.878	9,6%	7.382	1,8%	7.388	10,4%	7.130	14,8%	7.711	15,5%	7.325	2,5%
Distrito Judicial de Lisboa	16.561	23,1%	356.867	84,7%	16.989	24,0%	19.198	39,9%	16.822	33,7%	253.028	87,9%
Distrito Judicial do Porto	39.552	55,2%	48.130	11,4%	36.460	51,5%	10.667	22,2%	10.520	21,1%	15.292	5,3%
Total Nacional	71.651	100,0%	421.459	100,0%	70.791	100,0%	48.130	100,0%	49.855	100,0%	287.935	100,0%

Fonte: PGR.

atendimentos registados. Já nos restantes anos, os valores não ultrapassam os 20 mil atendimentos. A diferença brutal não é explicada em qualquer um dos anos pelas informações contidas nos Relatórios de Atividades. Já os distritos judiciais de Évora e Coimbra mantêm valores reduzidos, mas estáveis, embora este último registe um crescimento gradual, ainda que com um decréscimo em 2010 relativamente a 2009, enquanto Évora mantém valores idênticos ao longo dos 6 anos.

GRÁFICO 12
Serviço de Atendimento ao Público do Ministério Público (2005-2010)[170]

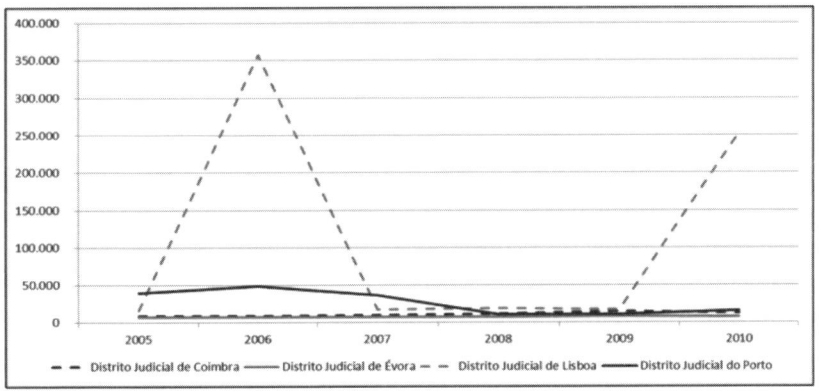

Fonte: PGR.

---

[169] Os dados relativos ao serviço de atendimento ao público constantes no Relatório de Atividades de 2011, disponibilizado pela Procuradoria-Geral da República, indicam que se efetuaram 53 787 atendimentos de cidadãos pelo Ministério Público. Destes, 19 857 foram efetuados no distrito judicial de Lisboa, 13 395 no do Porto, 12 584 no de Coimbra e 7951 no de Évora. São de salientar as grandes oscilações verificadas e difíceis de explicar, em particular nos casos de Lisboa e Porto.

[170] As linhas relativas a Coimbra e a Évora estão sobrepostas por representarem valores idênticos, embora na Tabela 13 seja possível observar os valores superiores registados em Coimbra.

A observação do Gráfico 12 mostra exatamente o que se referiu atrás, ao ilustrar perfeitamente como o número de atendimentos efetuados está quase na sua totalidade relacionado com o Distrito Judicial de Lisboa, registando o Porto um crescimento relevante de 2005 para 2006 e depois a decrescer significativamente em 2008, tendo voltado a crescer em 2010. Se os dados fossem fiáveis, poder-se-ia afirmar, por exemplo, para o ano de 2010, que o serviço de atendimento do Ministério Público tem uma relevância extraordinária no cômputo geral da sua atividade, o que viria reforçar a análise efetuada no capítulo anterior. Contudo, não se pode fazer uma afirmação nesse sentido, tanto mais que a falta de informações sobre quem efetuou o atendimento e os resultados desse mesmo serviço limita qualquer extrapolação que se pretenda efetuar.

7. Notas finais

A redação deste capítulo teve como objetivo a elaboração de uma radiografia do sistema judicial e, dentro deste, da atividade processual do Ministério Público. Efetuar uma análise do sistema judicial com base nas limitações de acesso à informação e de fiabilidade dos dados estatísticos não é, nem foi, uma tarefa fácil, contribuindo para que os resultados apresentados não possam servir para tirar conclusões definitivas ou muito aprofundadas. A análise foi direcionada com o intuito de retirar um conjunto de ilações que pudessem contribuir para avaliar se, tendo em consideração a realidade do sistema judicial, o Ministério Público pode assumir um maior número de competências relacionadas com o papel de interface que se analisou no capítulo anterior. Deste modo, procurou-se contextualizar o atual desempenho para detetar os principais constrangimentos e, igualmente, a capacidade de resposta dos diversos atores, com especial realce para o Ministério Público, a uma mudança paradigmática no modo como se organizam, gerem e distribuem os meios disponíveis no sistema judicial para melhor desempenhar a sua função de garante dos direitos de cidadania.

Após a elaboração deste capítulo, foi possível retirar sete ilações principais, que de seguida se sintetizam. A primeira diz respeito, como se referiu no parágrafo anterior, à excessiva dispersão e debilidade da informação disponibilizada, impedindo que se possa efetuar uma radiografia consistente do sistema judicial. Os sistemas informáticos atuais deviam permitir que a informação fosse disponibilizada de forma mais célere, discriminada e organizada. Contudo, verifica-se que a informação sofre alterações permanentes e não inclui dados que são essenciais a qualquer avaliação de desempenho, como, por exemplo, sobre os orçamentos, globais e repartidos por diversos critérios, a distribuição de magistrados por categorias e por área jurídica de intervenção ou, ainda, a elaboração de mapas comparativos dentro do sistema judicial para se aferir dos motivos para a existência de situações e contexto diversificados.

A segunda ilação que se retira diz respeito aos orçamentos da área da justiça, denotando estes, nos últimos três anos, uma tendência de decréscimo acentuado, com uma estabilização, pelo mínimo, do valor para funcionamento e uma redução na rubrica de recursos humanos, explicável essencialmente pela redução no número de funcionários judiciais. Sabendo-se que a procura de tutela judicial manteve o seu ritmo crescente, o decréscimo orçamental só poderá ser aceitável se complementado por reformas judiciais que contribuam para um melhor desempenho judicial com menores recursos, o que implica uma melhoria da administração dos tribunais, da gestão processual (incluindo a alteração da legislação e dos procedimentos burocráticos e processuais) e a otimização dos meios informáticos e dos recursos humanos.

Na sequência da ideia anterior, e cruzando-a com os dados estatísticos relativos aos recursos nos tribunais, retira-se uma terceira ilação, constatável na redução que se verifica nos últimos anos no número de funcionários judiciais e, mais recentemente, no número de juízes e magistrados do Ministério Público (com o congelamento das admissões ao Centro de Estudos Judiciários nos últimos anos). Simultaneamente, regista-se um crescimento assinalável no número de advogados inscritos na Ordem dos Advogados. Pese embora o facto de, em termos comparativos simples com outros países europeus, Portugal registar valores intermédios relativamente às várias profissões a operar no sistema judicial, o aumento do volume processual nos tribunais está a levar a um acréscimo da carga processual média por profissional, o que colocará estes profissionais sob maior pressão.

Uma quarta ilação é que, conforme mostram os dados, as medidas adotadas têm tido um caráter mais "paliativo" do que uma abordagem efetivamente preventiva, ou mesmo "curativa". É possível efetuar esta afirmação ao observar os dados globais de movimento processual nos tribunais, que registam um crescimento constante no número de processos pendentes (com a exceção de alguns poucos anos), atingindo em 2010 um valor astronómico de mais de 1,2 milhões de processos. Contudo, uma análise decomposta por área jurídica revela uma realidade muito desequilibrada, dado que o problema se situa principalmente na justiça cível, causa do aumento do número de processos pendentes nos últimos anos, uma vez que as restantes áreas têm conseguido responder eficazmente à procura, sem aumentos de pendências apesar dos aumentos na procura, fruto de um aumento da produtividade. De facto, a ação executiva é, dentro da justiça cível, e no cômputo do movimento processual nos tribunais, a razão principal para que os dados estatísticos não indiquem uma melhoria de desempenho, demonstrando que a função de "cobrança de dívidas", numa mobilização maciça dos tribunais pelas empresas, originou um desequilíbrio sistémico que mantém o sistema refém deste tipo de ações em prejuízo das restantes. A não assunção de riscos e responsabilidades por parte das empresas, incluindo no financiamento do sistema, para além das custas judiciais, bem como a inexistência efetiva de mecanismos externos para lidar com estes assuntos, arrisca perpetuar um problema que influi gravemente sobre o todo. As reformas da ação executiva desenvolvidas ao longo dos anos provaram ser ineficazes, pelo que se impõe uma resolução urgente e consistente deste problema para que, globalmente, o sistema judicial possa retomar um equilíbrio essencial para atuar sobre as ações que configuram verdadeiras violações dos direitos dos cidadãos.

A atividade do Ministério Público permite retirar uma quinta ilação, relacionada com a diversidade de funções desempenhadas, com destaque para a área penal, que ocupa mais de metade do volume de trabalho registado, e, mais recentemente, para a instauração de ações executivas por custas, coimas ou multas em processos judiciais, que começou a adquirir um volume preocupante. Ainda que o tempo despendido em cada tipo de ação seja diferente, limitando uma análise que permita avaliar como é distribuído o tempo de trabalho do Ministério Público, a observação da sua atividade permite verificar que o volume processual tem vindo a aumentar gradualmente ao longo dos 10 anos considerados (de 2001 a 2010), tendo praticamente duplicado. O crescimento registado, em especial nos últimos anos, deveu-se em grande medida às ações executivas instauradas a partir de 2005, em consequência da alteração da legislação, dado que as restantes áreas cresceram de forma muito mais moderada. Contudo, é possível concluir que o Ministério Público adquiriu a capacidade de gerir adequadamente o volume de processos, ao conseguir findar um número maior do que o volume de processos entrados, o que permitiu diminuir o número de pendências nos seus serviços.

A sexta ilação a retirar respeita à sua atuação nas áreas sociais, em que demonstra um desempenho assinalável, mesmo tendo em consideração que o volume processual não é muito grande, sendo demonstrativo da sua capacidade em intervir qualificadamente em áreas tão sensíveis como são a família e menores e a laboral. Mesmo aumentando o número médio de processos *per capita*, o desempenho do Ministério Público significa que consegue exercer as suas funções com celeridade e eficiência. Há, no entanto, que realçar o baixo sucesso da sua ação penal, dado que apenas uma pequena percentagem dos crimes investigados chegam a uma fase avançada com a dedução da acusação, uma vez que a grande maioria é arquivada, o que, só por si, é demonstrativo de uma das grandes falhas que a investigação criminal denota atualmente (incluindo os meios disponíveis, ao nível policial e dos tribunais, para conseguir ter resultados mais positivos).

A sétima e última ilação refere-se ao desempenho do Ministério Público no serviço de atendimento ao público, que começou apenas a ser apresentado nos Relatórios de Atividades a partir de 2005, em que é possível destacar, pela negativa, a falta de fiabilidade dos dados estatísticos para se poder efetuar uma análise minimamente consistente. Os grandes saltos observados nos dados disponíveis, relacionados com a atividade no distrito judicial de Lisboa, assim como a incógnita sobre se a recolha incide sobre todos os tribunais e serviços do Ministério Público, incluindo o conhecimento sobre quem efetua o atendimento (magistrado ou funcionário judicial), não permitem mais do que a simples constatação de que o volume de atendimento ao público parece ter adquirido uma importância assinalável no cômputo geral do seu trabalho. Sem se saber, igualmente, a natureza do serviço prestado ou o seu resultado, apenas importa realçar que o Ministério Público deve apostar numa recolha mais fiável e completa destes dados para que se possa efetuar uma análise mais profunda do que está em jogo quando se fala da relação de proximidade entre o Ministério Público e o cidadão e do papel de interface que pode/deve desempenhar.

Estas notas finais permitem afirmar que ao longo dos anos foi seguida uma política que privilegiou o crescimento do sistema judicial em recursos humanos, equipamentos e orçamento, que não conseguiu responder à procura e inverter a tendência de acumulação processual. Curiosamente, há que salientar que a inversão dessa opção política, em resultado da crise económica e financeira do Estado, com a redução do orçamento, dos recursos humanos e do investimento nos equipamentos, concomitantemente com um conjunto de reformas que procurou alterar as práticas de administração dos tribunais e de gestão processual (incluindo os processos de desjudicialização e informalização dos litígios), revelou uma capacidade de adaptação do sistema judicial que se traduziu numa melhoria da produtividade em quase todas as áreas jurídicas, com a referida exceção da justiça cível (ação executiva) que tem contribuído para a manutenção do desequilíbrio estrutural do sistema judicial. Estas ilações permitem igualmente confirmar o argumento inicial deste capítulo de que uma melhor gestão dos serviços, incluindo os recursos humanos, e uma alteração das prioridades de atuação do Ministério Público, na senda do aduzido no capítulo anterior, permitiria certamente uma melhor capacidade de resposta e uma melhoria no acesso dos cidadãos ao direito e à justiça.

A radiografia do sistema judicial é um instrumento fundamental para se poderem planear as reformas, quer estas sejam de incidência global, como é o caso da proposta de novo mapa judiciário, quer tenham um alvo mais parcelar, por via da alteração da legislação e/ou procedimentos de determinadas áreas dos sistema judicial. Existem reformas de diferente alcance – curto, médio ou longo prazo –, sendo que as mudanças implicam, em regra, diferentes graus de investimento que muitas vezes são desvalorizados na hora de se avançar para a implementação de medidas que, à partida, podem ter sido bem pensadas, originando recorrentemente insucessos com graves impactos no desempenho do sistema judicial e, acima de tudo, lesando os direitos dos cidadãos.

CAPÍTULO 4

A OPINIÃO DO MINISTÉRIO PÚBLICO: A (IR)RELEVÂNCIA DO PAPEL DE INTERFACE NA IDENTIDADE PROFISSIONAL[171]

1. Introdução

Este capítulo tem por objetivo refletir sobre a opinião e o grau de consciencialização e importância que os magistrados do Ministério Público atribuem às suas funções como agentes facilitadores e promotores do acesso dos cidadãos ao direito e à justiça. A aferição do modo como estes profissionais avaliam o seu papel de interface é um elemento importante para a (re)definição das suas competências e para a construção de uma nova identidade profissional, baseada numa valorização profissional que assuma determinadas especificidades que vão mais além do que está atualmente consagrado no Estatuto do Ministério Público e na legislação diversa onde se operacionaliza o exercício das suas funções nas diferentes áreas jurídicas.

A identidade profissional, como se referiu atrás e em outros trabalhos (Dias e Pedroso, 2002; Dias, 2013a, 2013b), exige por parte dos seus profissionais uma estratégia que defina não só as atuais competências em que a sua ação mais deva incidir, através de eventuais alterações legislativas, mas igualmente as condições necessárias para, por um lado, satisfazer as necessidades mais prementes dos cidadãos e, por outro, obter legitimidade social, política e judicial. Para tal, há que reunir um conjunto de condições necessárias para que seja possível conseguir a legitimidade interna, junto dos atores que atuam no sistema judicial, e externa, pelo reconhecimento junto dos cidadãos e dos restantes atores, principalmente políticos.

A apresentação que se irá efetuar de seguida baseia-se nos resultados do inquérito aplicado a todos os magistrados do Ministério Público no âmbito do projeto de investigação "Quem são os nossos magistrados? Caracterização

---

[171] A redação deste capítulo contou com o precioso apoio de Alfredo Campos no tratamento dos dados estatísticos, sem o qual a qualidade e a fiabilidade apresentadas não teriam, certamente, sido possíveis de alcançar.

profissional dos juízes e magistrados do Ministério Público em Portugal", coordenado por António Casimiro Ferreira e financiado pela Fundação para a Ciência e a Tecnologia (2010-2013), no qual se integrou a componente aqui destacada do papel do Ministério Público no sistema de acesso ao direito e à justiça. Sem esta interação com um projeto mais abrangente, dificilmente seria possível aplicar um instrumento desta natureza, dadas as dificuldades inerentes a todo o processo de construção, avaliação e autorização institucional que implica, tendo neste caso em particular contado com o envolvimento da Procuradoria-Geral da República, através do Conselho Superior do Ministério Público.

A parceria que o referido projeto de investigação estabeleceu desde o início com a Associação Sindical dos Juízes Portugueses e com o Sindicato do Ministério Público permitiu, igualmente, amplificar a recetividade dos juízes e dos magistrados do Ministério Público a responder ao inquérito ou, pelo menos, a não hostilizar este instrumento quando, pelas mais diversas razões, entenderam não responder.

A informação retirada do inquérito é uma parte selecionada pelo autor com o objetivo de tratar e avaliar apenas a informação considerada pertinente para este trabalho. Naturalmente, a informação recolhida pelo inquérito é muito mais abrangente e será integrada nos resultados finais do referido projeto de investigação. Existe um maior volume de informação que poderia ser incorporada neste trabalho, dado que quase toda pode ser considerada importante para se caracterizar, de forma global e cruzada, a magistratura do Ministério Público, mesmo em termos comparativos com os juízes. E os resultados apresentados poderiam incluir, também, mais dados úteis no processo de mapeamento dos elementos constitutivos da sua identidade profissional. Contudo, houve necessidade de efetuar uma escolha racional, procurando trazer para este trabalho apenas os elementos considerados prioritários para atingir os objetivos previstos. Os dados aqui apresentados correspondem a esse desiderato.

A análise dos resultados do inquérito *online* aplicado aos magistrados do Ministério Público sobre o funcionamento, organização, desempenho e possível reconfiguração do papel de interface do Ministério Público, particularmente a partir do serviço de atendimento ao público, constitui, assim, o objetivo principal deste capítulo, recorrendo-se a este instrumento importante, complementarmente ao trabalho já apresentado nos capítulos anteriores, para perspetivar um conjunto de reflexões e conclusões gerais que ajudem a melhorar o funcionamento e o desempenho do Ministério Público em nome do interesse dos cidadãos.

2. O universo dos inquiridos: breve caracterização socioprofissional[172]

Segundo o Sistema de Informação de Estatísticas da Justiça da Direção-Geral de Políticas da Justiça, a 31 de dezembro de 2011 existiam 1549 magistrados do Ministério Público ao serviço nos tribunais, sendo que 1450 desempenhavam funções em tribunais de 1.ª instância e 99 nos tribunais superiores. Assim, no momento da aplicação do inquérito, que decorreu entre 1 de junho e 15 de julho de 2012, foi este o universo de magistrados do Ministério Público que foi contactado por carta, contendo cada uma um código intransmissível para se aceder ao *site* em que estava alojado o inquérito (sem qualquer mecanismos de controlo por parte da equipa de inquirição). É sabido que um inquérito *online* tem uma eficácia limitada, não podendo ser comparado com a abrangência dos inquéritos que recorrem a uma resposta presencial. Contudo, não só pela dimensão do universo, mas também pela sua distribuição territorial e impossibilidade de marcação de entrevistas para aplicação presencial do inquérito, que excedia largamente a capacidade do projeto de investigação,[173] concluiu-se pelo recurso a esta metodologia que assegurava, apesar de tudo, uma aplicação com um alto grau de fiabilidade.

A taxa de resposta dos magistrados do Ministério Público foi de 15,8%, sendo difícil de aferir a sua distribuição por magistrados a exercer funções nos tribunais de 1.ª instância e nos tribunais superiores, dado que existem Procuradores da República quer em tribunais de 1.ª instância – como os de Trabalho e de Família e Menores, e em funções de coordenação nestes tribunais –, quer nos Tribunais da Relação, apenas se tendo excluído os Supremos Tribunais de Justiça e Administrativo e o Tribunal de Contas, ou funções equiparadas (por exemplo, assessores nos tribunais superiores) ocupadas por Procuradores-Gerais Adjuntos. Como a distribuição dos magistrados por tipo de tribunais ou serviços do Ministério Público não é disponibilizada publicamente, não foi possível medir o grau de representatividade dos inquiridos por tipo de tribunal em comparação com o universo global. Existia, inicialmente, no momento da planificação, uma

---

[172] Na redação deste capítulo optou-se por não inserir todas as tabelas e gráficos disponíveis, particularmente os relativos à informação de caracterização dos inquiridos, por três razões principais: economia de espaço, para garantir que o trabalho tem uma dimensão aceitável; por se ter efetuado uma avaliação e seleção da informação mais relevante; e por uma questão de facilitação da leitura, em que se procurou resistir à tentação de "inundar" o capítulo com gráficos e tabelas, que, em excesso, deixam de cumprir a função pretendida e passam a dificultar a legibilidade.

[173] A aplicação do inquérito neste projeto incluiu igualmente todos os juízes, ultrapassando no total um universo de mais de 3000 juízes e magistrados do Ministério Público.

expectativa legítima de se vir a conseguir uma maior participação dos magistrados do Ministério Público do que a que se veio a verificar, desconhecendo-se os motivos para uma taxa de resposta menor do que a esperada.

As respostas dos 244 inquiridos estão, por sua vez, distribuídas pelas diferentes categorias da seguinte maneira: Procuradores-Gerais Adjuntos – 5,7%; Procuradores da República – 34,8%; e Procuradores Adjuntos – 59,5%. Face à realidade, e procurando considerar os diferentes dados provenientes das diversas fontes, e atendendo às comissões de serviço que não são descontadas pela Procuradoria-Geral da República, é possível afirmar que os valores estão muito próximos e são indicativos de uma boa representatividade no teste do Qui-quadrado.[174] Este teste também ficou limitado na sua potencialidade de aferir a representatividade por não haver informação pública, como se referiu atrás, sobre a distribuição por tipo de tribunais ou serviços do Ministério Público e, ainda, por tempo de carreira ou por faixas etárias. Ao longo da análise dos dados do inquérito foram sendo introduzidos cruzamentos com diversas variáveis sempre que os testes de relevância estatística realçaram a sua influência, como é o caso da idade, do sexo, da categoria profissional, da origem social, do local de trabalho ou da ideologia política.

Os resultados são apresentados em termos percentuais, dado que uma amostra de 244 indivíduos permite, estatisticamente, substituir os valores reais por percentuais. O N de cada questão nem sempre é igual ao total dos inquiridos que responderam, dado que não existia uma obrigatoriedade de resposta a todas as perguntas para se validar o inquérito, salvaguardando, por essa via, o direito à não resposta. As não respostas raramente excedem os 2,5% dos 244 inquéritos recebidos, pelo que se considera que a opção tomada tem toda a viabilidade e não induz em erro significativo de leitura dos resultados.

3. As trajetórias socioprofissionais: o alcançar de uma mobilidade ascendente

Os 244 inquiridos repartem-se entre 52,3% do sexo feminino e 47,7% do sexo masculino, correspondendo à predominância que se verifica atualmente. A maioria é oriunda dos distritos mais urbanos, nomeadamente Lisboa (28%), Porto (21,3%) e Coimbra (11,1%). Todos os restantes distritos apresentam valores

---

[174] A título de exemplo, em 2010, o Sistema de Informação de Estatísticas da Justiça indicava existir um total de 1463 magistrados do Ministério Público a exercer funções nos tribunais, enquanto a Procuradoria-Geral da República disponibilizava o número de 1616, uma diferença de 153 magistrados.

inferiores a 5%. Em termos de distribuição etária, o maior escalão de inquiridos situa-se entre os 46 e os 55 anos, com 34,5%, seguido da faixa 36-45 anos, com 28,2%, e da de menos de 35 anos, com 20,2%. Os inquiridos com mais de 56 anos representam 17,2% das respostas. A grande maioria dos respondentes está casada (61,5%), seguindo-se os solteiros (15,9%), divorciados (11,7%) e em união de facto (10%). O período de exercício da profissão da maioria dos inquiridos situa-se entre os 16 e os 25 anos (33,1%), seguido dos 6 aos 15 anos (26,9%) e dos com menos de 5 anos (22,3%). Os que exercem há mais anos, entre 26 e 35 anos, constituem 17,8% dos que responderam.

Na altura em que responderam ao inquérito, os respondentes estavam distribuídos por 28 tribunais/serviços distintos, sendo que os magistrados que estavam a exercer funções nos Departamentos de Investigação e Ação Penal constituem o maior número, 23,2%, seguidos dos que trabalhavam nos Tribunais de Competência Genérica, com 21%. A alguma distância, surgem os que desempenhavam funções nos juízos criminais, com 10,3%, e, mais abaixo, com 6,3%, os que estavam nos Tribunais de Círculo. Curiosamente, com percentagem quase igual, seguem-se os magistrados a trabalhar nos Tribunais de Família e Menores (5,8%) e de Trabalho (5,4%). Todos os demais 22 tribunais/serviços registam valores iguais ou abaixo dos 3%. Entre estes 22 tribunais/serviços, elencam-se alguns a título de exemplo, demonstrando a diversidade de locais de trabalho: Procuradoria-Geral da República, tribunais administrativos e fiscais, tribunais da Relação, juízos cíveis, tribunais de Comércio, varas mistas e cíveis, e Departamento Central de Investigação e Ação Penal.

A mobilidade social ascendente dos magistrados do Ministério Público é possível de aferir por vários indicadores, sendo um dos mais importantes relativo às habilitações literárias dos pais e das mães dos magistrados. Mais de metade dos pais dos inquiridos tem um nível de habilitações igual ou inferior ao ensino secundário (67,2%). Do universo total, 27,6% têm quatro anos de escolaridade, 14,2% seis anos de escolaridade e 23,6% o ensino secundário completo, havendo 1,8% que sabem apenas ler e escrever ou que não sabem de todo. Há 7,1% com bacharelato ou com frequência do ensino superior, 23,1% com licenciatura, 2,2% com mestrado e apenas 0,4% com doutoramento. Já no que respeita às mães dos inquiridos, o nível de habilitações literárias é ligeiramente mais baixo, destacando-se 70,3% que têm um nível igual ou inferior ao ensino secundário. Desagregando em categorias, observa-se uma diferença de valores não muito significativa em relação aos pais: 30,5% das mães têm quatro anos de escolaridade, 14,2% têm seis anos de escolaridade e 19,9% têm o ensino secundário completo.

Uma diferença maior verifica-se nos 5,7% que apenas sabem ler e escrever ou que não sabem de todo. Ao nível da frequência ou obtenção de um nível superior de qualificação, 9,7% têm bacharelato ou apenas frequência do ensino superior, 18,6% têm licenciatura e 1,3% mestrado ou doutoramento.

Um elemento importante para poder ser testado juntamente com os dados analisados nos pontos seguintes é o posicionamento político em que os magistrados do Ministério Público afirmam situar-se. O Gráfico 13 mostra que existe uma preponderância de opções políticas mais à esquerda do que à direita, apesar de o posicionamento ao centro ser o que revela, isoladamente, um valor maior, com 32,5%. Juntando, por um lado, os 3 escalões mais à esquerda e, por outro, os 3 mais à direita obtém-se, respetivamente, 39,5% e 28% das respostas, ou seja, como se referiu, uma percentagem maior de magistrados com valores políticos de esquerda em contraposição com os de direita. Apesar destas diferenças, o impacto do posicionamento político dos magistrados só é estatisticamente significativo em muito poucas questões e, portanto, essas situações são objeto de análise ao longo deste capítulo. Os valores mais extremados registam um N diminuto, que deve ser considerado aquando do cruzamento desta variável com outras questões. Os N da extrema-direita e da extrema-esquerda obtiveram respetivamente 2 e 8 respostas, de um total de 231 magistrados do Ministério Público que responderam a esta pergunta (apenas 13 optaram por não responder).

GRÁFICO 13
Posicionamento Político dos Magistrados do Ministério Público (%)

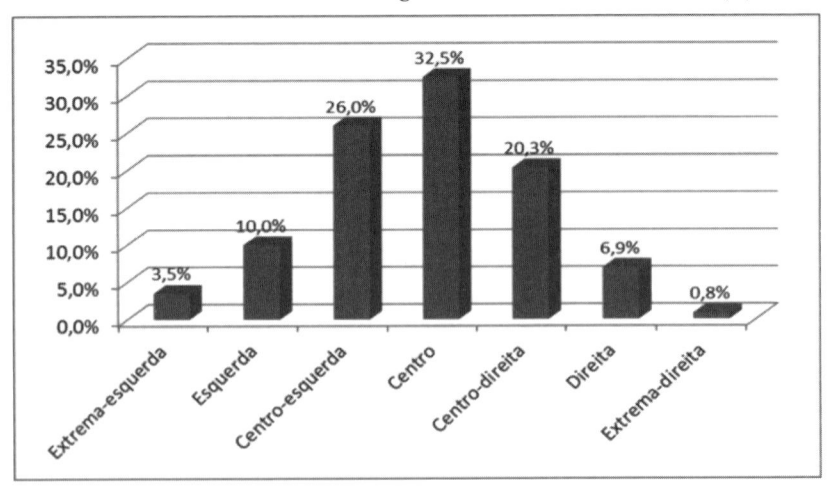

A opção política dos magistrados revela-se estatisticamente significativa na caracterização socioprofissional apenas quando se cruza com a idade. Deste modo, três ilações se podem retirar a partir dos dados da Tabela 14: 1) regista-se uma evolução dos valores de direita para valores de esquerda conforme se progride na idade, ou seja, os dois escalões mais jovens registam valores ligeiramente mais elevados pela opção de direita (respetivamente, 36,9% e 35,5% contra 34,8% e 33,9% pela opção de esquerda), enquanto nos dois escalões com idades mais elevadas ocorre exatamente o inverso, mas com uma diferença maior (35,8% e 56,8% contra 22,2% e 18,9%); 2) os valores políticos ao centro registam um crescimento progressivo nos três escalões etários mais baixos (28,3%, 30,6% e 42%), com especial realce para o terceiro, em que se regista um maior decréscimo nos valores de direita no que respeita a estes três escalões; e 3) o escalão etário mais elevado é o que regista um valor maioritário de opções políticas de esquerda, atingindo os 56,8% (contra os 18,9% à direita), daí resultando o valor mais baixo de todos os escalões para os que se situam ao centro (24,3%).

TABELA 14
Posicionamento Político dos Magistrados do MP, por Escalão Etário (%)

	Extrema-esquerda	Esquerda	Centro-Esquerda	Centro	Centro-direita	Direita	Extrema-direita	Total
35 anos ou menos	2,2%	8,7%	23,9%	28,3%	23,9%	13,0%	0,0%	100,0%
36 a 45 anos	3,2%	3,2%	27,5%	30,6%	24,2%	9,7%	1,6%	100,0%
46 a 55 anos	3,7%	11,1%	21,0%	42,0%	19,8%	2,4%	0,0%	100,0%
56 anos ou mais	5,4%	18,9%	32,5%	24,3%	10,8%	5,4%	2,7%	100,0%

As respostas obtidas sobre a caracterização pessoal e a trajetória socioprofissional permitem, desde logo, afirmar que existe uma predominância de origem dos distritos mais urbanos e das principais universidades públicas e uma mobilidade social ascendente em função do ingresso na magistratura do Ministério Público face às trajetórias dos pais e das mães. Isto permite concluir que o acesso à carreira de magistrado tem sido historicamente um mecanismo de ascensão social, tal como vários estudos já o comprovaram (Infante, 2000; Infante e Carmo, 2002). Em termos políticos, observa-se uma magistratura do Ministério Público distribuída por várias opções, um pouco à imagem da distribuição política da população portuguesa, ainda que, comparando com os últimos resultados eleitorais, em 2011 (ganhas pelo PSD, que formou depois Governo em aliança com o CDS-PP), se possa afirmar que o Ministério Público se situa mais à esquerda do que a média da população portuguesa.

4. O acesso dos cidadãos aos tribunais: obstáculos ao exercício dos direitos

O inquérito incorporou em diversos módulos questões sobre o acesso dos cidadãos ao direito e aos tribunais, procurando indagar quais os fatores que mais o influenciam, antes de apresentar, para resposta apenas dos magistrados do Ministério Público, um módulo específico sobre o papel que o Ministério Público desempenha através do serviço de atendimento ao público. Neste ponto, serão apresentados alguns dos fatores que os magistrados consideram que interferem no acesso dos cidadãos, seja por via de obstáculos externos ao sistema judicial ou de natureza mais processual, entre outros que foram incorporados no inquérito. Uma das formulações mais usadas na elaboração do inquérito foi a utilização da Escala de Likert, que é uma escala de resposta psicométrica, em regra com cinco opções de resposta, usada habitualmente em questionários de sondagens de opinião.[175] Ao responderem a um questionário baseado nesta escala, os inquiridos especificam o seu grau de concordância com uma afirmação.

A primeira questão colocada relaciona-se com a opinião genérica sobre o grau de facilidade/dificuldade de acesso dos cidadãos aos tribunais. A análise do Gráfico 14 mostra que a categoria com uma maior percentagem de respostas é a dos magistrados do Ministério Público que considera que o acesso aos tribunais é "difícil" (35,1% das respostas), seguida dos que o consideram "nem difícil nem fácil" (31,4%). Mais abaixo vem o grupo que considera que o acesso é "fácil" (28,9%). Os extremos da escala têm valores residuais. Isto significa que a opinião da maioria dos magistrados do Ministério Público se divide entre os que consideram que o acesso dos cidadãos aos tribunais é feito com dificuldades (38%) e os que acham que está relativamente facilitado (30,6%). Importa, por isso, verificar que fatores poderão ter maior ou menor grau de influência nesse acesso para perceber, na perceção dos magistrados do Ministério Público, de ondem surgem as maiores dificuldades.

---

[175] A aplicação de cinco itens de resposta é a técnica mais comum. Contudo, vários estudos usam escalas com maior número de itens de opção, essencialmente em número ímpar, procurando assim conseguir um posicionamento mais responsável e menos orientado para os itens mais moderados. Esta opinião é, por exemplo, contrariada pelo estudo de Kieruj e Moors (2010), em que se chega precisamente a uma conclusão oposta. Outros trabalhos sobre o uso, validação e fiabilidade da Escala de Likert podem ser consultados, entre outros, em Alwin e Krosnick (1991), Vanleeuwen e Mandabach (2002) e Kankaraš *et al.* (2011).

GRÁFICO 14
Grau de Dificuldade de Acesso dos Cidadãos aos Tribunais (%)

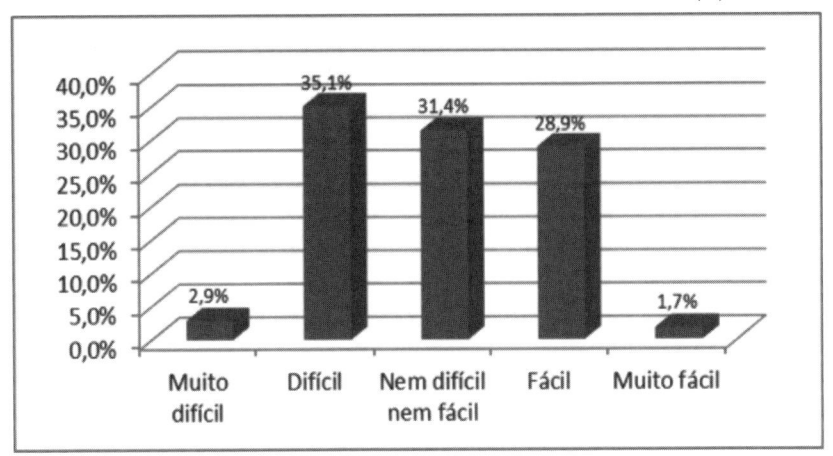

O cruzamento com a variável idade permite concluir imediatamente que os escalões etários mais jovens são os que consideram haver menores dificuldades no acesso dos cidadãos aos tribunais. Até aos 35 anos (menos de 30 anos e entre 31 e 35 anos) encontram-se as percentagens mais baixas dos que consideram que o acesso é Muito difícil/Difícil, com 30% e 15,9%, respetivamente. Já nos escalões mais elevados predominam as opiniões de que é Muito difícil/Difícil, destacando-se o escalão dos 56 aos 60 anos, em que o valor dispara para os 57,9%, e o caso extremo do escalão com mais de 61 anos, em que os três inquiridos responderam unanimemente que o acesso é Difícil (100%). Nos escalões etários intermédios, a predominância de respostas vai quase sempre para o Muito difícil/Difícil em comparação com o Fácil/Muito fácil (a exceção é o escalão dos 46 aos 50 anos, em que predomina o Fácil/Muito fácil, com 39,1% face aos 34,8% para o Muito difícil/Difícil), como se pode observar na Tabela 15. Assim, é possível concluir que a idade influi na opinião sobre o grau de dificuldade de acesso dos cidadãos aos tribunais, sendo que há uma tendência para que os profissionais mais experientes tenham uma opinião mais negativa.

O cruzamento da opinião dos magistrados do Ministério Público sobre a facilidade/dificuldade de acesso aos tribunais com a variável relativa ao seu posicionamento político vem confirmar a análise da Tabela 15, uma vez que, como já se viu, os magistrados com maior idade são os que têm um posicionamento político mais à esquerda. Por conseguinte, quando se atenta na Tabela 16,

TABELA 15

Grau de Dificuldade de Acesso dos Cidadãos aos Tribunais, por Escalão Etário (%)

	Muito difícil	Difícil	Nem difícil nem fácil	Fácil	Muito fácil	Total
30 anos ou menos	10,0%	20,0%	30,0%	40,0%	0,0%	100,0%
31 a 35 anos	0,0%	15,9%	44,7%	36,8%	2,6%	100,0%
36 a 40 anos	2,5%	35,0%	30,0%	32,5%	0,0%	100,0%
41 a 45 anos	3,7%	37,1%	25,9%	33,3%	0,0%	100,0%
46 a 50 anos	2,2%	32,6%	26,1%	36,9%	2,2%	100,0%
51 a 55 anos	0,0%	41,7%	30,5%	22,2%	5,6%	100,0%
56 a 60 anos	7,9%	50,0%	28,9%	13,2%	0,0%	100,0%
61 anos ou mais	0,0%	100,0%	0,0%	0,0%	0,0%	100,0%

TABELA 16

Grau de Dificuldade de Acesso dos Cidadãos aos Tribunais, por Posicionamento Político (%)

	Extrema-esquerda	Esquerda	Centro-Esquerda	Centro	Centro-direita	Direita	Extrema-direita
Muito fácil	0,0%	0,0%	0,0%	2,7%	2,1%	6,2%	0,0%
Fácil	25,0%	13,1%	27,1%	30,7%	38,4%	25,0%	50,0%
Nem difícil nem fácil	25,0%	17,4%	25,4%	33,3%	34,0%	37,5%	0,0%
Difícil	50,0%	56,5%	44,1%	30,7%	25,5%	31,3%	50,0%
Muito difícil	0,0%	13,0%	3,4%	2,6%	0,0%	0,0%	0,0%
Total	100,0%	100,0%	100,0%	100,0%	100,0%	100,0%	100,0%

verifica-se que os magistrados mais à esquerda (Extrema-esquerda, Esquerda e Centro-esquerda) são os que consideram em maior número que o acesso aos tribunais é Muito difícil/Difícil (sempre com valores que variam entre os 47,5% no Centro-esquerda e os 69,5% da Esquerda), enquanto os que têm um posicionamento mais à direita e partilham a opinião sobre essa dificuldade apresentam valores entre os 25,5% no Centro-direita e os 50% na Extrema-direita (ao centro encontram-se 33,3%). Já no lado oposto, a diferença é proporcionalmente inversa, com as opiniões de que o acesso aos tribunais é Fácil/Muito fácil nos magistrados mais à direita a registar valores entre os 31,2% de Direita e os 50% de Extrema-direita. Já os valores relativos aos mais à esquerda variam entre os 13,1% dos de Esquerda e os 27,1% dos de Centro-esquerda, valores inferiores aos registados pelos que se posicionam no centro político, totalizando 33,4% com essa opinião. Curiosamente, entre os magistrados que se posicionam ao centro das opções políticas, a distribuição em relação à dificuldade/facilidade do acesso é igual, sendo de um terço para os que consideram que é Muito difícil/Difícil, um terço para os que consideram que nem é Difícil nem fácil e um terço para os que consideram que é Fácil/Muito fácil, confirmando também nesta distribuição o seu pendor centrista.

A importância de vários fatores relacionados com o funcionamento do sistema judicial foi outra das dimensões de análise colocadas aos magistrados do Ministério Público, procurando decompor a imagem geral transmitida com a pergunta anterior. Deste modo, a Tabela 17 é composta por cinco indicadores que procuram dar uma visão abrangente sobre o grau de importância que é atribuído a cada um como elemento facilitador ou dificultador do acesso dos cidadãos aos tribunais. O conjunto dos cinco indicadores aponta uma média de 54,8% de opiniões que os consideram Bastante importantes/Totalmente importantes, sendo que o indicador individual que é considerado com maior influência é o da *Morosidade processual* (61,8%), seguido de perto pelo da *Credibilidade da justiça* (59,9%) e, num patamar um pouco mais afastado mas também importante, pelas frequentes *Alterações da lei de acesso* (54,4%) e pela *Complexidade dos processos* (51,9%). Embora com um valor elevado, as *Disparidades económicas entre as partes* são consideradas menos relevantes, com um valor de 46,2%. Se se incluísse o valor correspondente às opiniões que consideram estes indicadores Importantes, os valores seriam ainda mais extremados, dado que as percentagens dos que consideram que estes fatores não influem são bastante baixas. Em síntese, é possível afirmar que o funcionamento da justiça, na opinião dos magistrados do Ministério Público, é um dos fatores que mais influenciam a decisão dos cidadãos em aceder aos tribunais.

TABELA 17
Importância do Funcionamento da Justiça no Acesso aos Tribunais (%)

	Nada importante	Pouco importante	Importante	Bastante importante	Totalmente importante	Total
Credibilidade da justiça	0,8%	3,8%	35,5%	38,1%	21,8%	100,0%
Disparidades económicas entre as partes	2,9%	12,1%	38,8%	30,4%	15,8%	100,0%
Alterações da lei de acesso	2,1%	12,1%	31,4%	33,1%	21,3%	100,0%
Complexidade dos processos	0,8%	8,4%	38,9%	40,6%	11,3%	100,0%
Morosidade dos processos	0,0%	3,3%	34,9%	46,4%	15,4%	100,0%
Média	1,3%	7,9%	35,9%	37,7%	17,1%	100,0%

Os fatores económicos podem ser determinantes na decisão dos cidadãos em recorrer aos tribunais, como se pode observar pela Tabela 18. Na opinião dos magistrados do Ministério Público, os *Honorários dos advogados* (53,8%) ou as *Custas judiciais* (52,5%) são Bastante importantes/Totalmente importantes.

Se se acrescentarem os que os consideram Importantes, atingem-se valores, respetivamente, de 91,6% e 90%, ou seja, estes fatores são considerados de grande importância no acesso dos cidadãos aos tribunais, comprovando a ideia de que os custos da justiça são um fator de triagem de quem recorre à tutela judicial.

TABELA 18

Importância de Fatores Económicos no Acesso aos Tribunais (%)

	Nada importante	Pouco importante	Importante	Bastante importante	Totalmente importante	Total
Custas judiciais	0,4%	9,6%	37,5%	37,5%	15,0%	100,0%
Honorários dos advogados	1,7%	6,7%	37,8%	38,7%	15,1%	100,0%
Média	1,1%	8,2%	37,7%	38,1%	15,1%	100,0%

O indicador relativo à importância dos *Honorários dos advogados* regista oscilações estatisticamente significativas quando cruzado com os diferentes escalões etários. Como se pode observar na Tabela 19, e efetuando uma agregação por escalões mais abrangentes por registar maior significância, o escalão de magistrados com idades compreendidas entre os 46 e os 55 anos é o que realça este fator como Bastante importante/Totalmente importante, com um valor de 66,3%. Curiosamente, os escalões com 35 ou menos anos e com 56 ou mais anos registam um valor semelhante de, respetivamente, 51,1% e 50%. Já o escalão intermédio, entre os 36 e os 45 anos, regista o valor mais baixo, com 40,9%. Por conseguinte, uma possível explicação poderá residir no facto de ser numa fase mais ativa nos tribunais de 1.ª instância ou na Relação que os magistrados do Ministério Público atribuem um grau de importância maior aos Honorários dos advogados como fator limitativo do acesso dos cidadãos aos tribunais, ainda que as oscilações verificadas nos diversos escalões não corroborem completamente esta hipótese.

TABELA 19

Importância dos Honorários dos Advogados no Acesso aos Tribunais, por Escalão Etário (%)

	Nada importante	Pouco importante	Importante	Bastante importante	Totalmente importante	Total
35 anos ou menos	2,1%	6,4%	40,4%	42,6%	8,5%	100,0%
36 a 45 anos	1,5%	7,6%	50,0%	27,3%	13,6%	100,0%
46 a 55 anos	0,0%	8,7%	25,0%	43,8%	22,5%	100,0%
56 anos ou mais	5,0%	2,5%	42,5%	37,5%	12,5%	100,0%
Média	2,2%	6,3%	39,5%	37,8%	14,3%	100,0%

A ideia de corrupção no sistema judicial não tem sido, pelo menos mediaticamente, muito visível nem aparece com recorrência como tema de debate público, não havendo muitos indícios de que seja uma prática comum. Tirando algumas discussões relativas ao segredo de justiça e à sua violação através da passagem de informações para os jornalistas por diversos objetivos na luta processual, de que não se conhecem transações concretas mas apenas o diz-que-diz-que, os casos de corrupção conhecidos são muito raros. Contudo, não deixa de ser preocupante que 20,6% dos inquiridos considere esta questão como Importante/Bastante importante/Totalmente importante, pese embora a grande maioria a considerar Nada importante/Pouco importante (79,4%).

TABELA 20

Importância da Corrupção no Sistema Judicial no Acesso aos Tribunais (%)

	Nada importante	Pouco importante	Importante	Bastante importante	Totalmente importante	Total
Corrupção no sistema judicial	46,6%	32,8%	9,9%	6,8%	3,9%	100,0%

A formação dos profissionais do sistema judicial foi outro dos fatores que foi colocado à avaliação dos magistrados do Ministério Público. Na Tabela 21, pode ver-se que lhe é atribuída menor importância do que aos que foram até agora considerados, apesar de ainda ter uma relevância bastante assinalável. Uma média de 40,2% considera que a formação das três profissões judiciais é Bastante importante/Totalmente importante, valor que sobe para 79% se se incluir a categoria de Importante. O valor mais elevado obtido com a junção das duas categorias Bastante importante e Totalmente importante é o que respeita à importância que os magistrados do Ministério Público atribuem à sua própria formação para o acesso dos cidadãos aos tribunais (41,4%), seguindo-se por escassa margem a importância que atribuem à formação dos juízes (41,1%) e, com uma margem um pouco maior, a importância que atribuem à formação dos funcionários judiciais (38,1%). Contudo, juntando a estas duas categorias a de Importante, obtém-se uma inversão de resultados, passando a formação dos funcionários judiciais a ser considerada mais importante (80,3%), seguida da dos juízes a alguma distância (78,3%) e da dos próprios magistrados do Ministério Público (78,2%). Estes dados revelam a existência de um grupo com alguma dimensão que considera que, para o acesso dos cidadãos aos tribunais, a formação do Ministério Público é menos importante do que a das restantes profissões, com algum destaque para a dos funcionários judiciais, o que vem ao encontro dos que defendem não ser esta uma função onde devam ocupar muito tempo nem que deva integrar as suas competências.

TABELA 21

Importância da Formação dos Profissionais no Acesso aos Tribunais (%)

	Nada importante	Pouco importante	Importante	Bastante importante	Totalmente importante	Total
Juízes	8,5%	13,1%	37,3%	27,5%	13,6%	100,0%
Magist. do Ministério Público	8,8%	13,0%	36,8%	28,0%	13,4%	100,0%
Funcionários judiciais	8,4%	11,3%	42,2%	25,1%	13,0%	100,0%
Média	8,6%	12,5%	38,8%	26,9%	13,3%	100,0%

Não se apresentam mais cruzamentos relativamente às opiniões sobre o funcionamento da justiça, os custos económicos ou a formação dos profissionais como fatores limitativos do acesso aos tribunais porque não exibiam qualquer relevância estatística. A idade e o posicionamento político são as únicas variáveis que influem em alguns resultados, ficando demonstrado que os escalões etários mais elevados e com um posicionamento político mais à esquerda revelam uma maior preocupação com o acesso dos cidadãos aos tribunais, considerando-o Muito difícil/Difícil.

O *Funcionamento da justiça*, avaliando os cinco indicadores nele considerados, constitui-se como um dos fatores que mais influenciam a decisão dos cidadãos em aceder aos tribunais, com especial realce para os itens sobre a *Morosidade processual* e a *Credibilidade da justiça*. Já no que respeita ao efeito dos *Fatores económicos* (*Custas judiciais* e *Honorários dos advogados*), a opinião dos magistrados é ainda mais contundente, registando valores mais elevados, em comparação com os outros fatores analisados, os que os consideram como tendo um elevado grau de influência negativa no acesso dos cidadãos aos tribunais. A *Formação Profissional* das profissões judiciais é considerada relevante para atingir o mesmo fim, mas com valores um pouco mais baixos, quando considerados os dois escalões mais elevados em conjunto. Já o indicador relativo à *Corrupção* não recolhe importância como indicador que possa interferir nas dificuldades de acesso dos cidadãos. Contudo, é possível afirmar que esta multiplicidade de fatores tem uma importância muito grande, que pode adquirir contornos estruturais tal é a natureza de alguns dos fatores e a tendência recente de algumas reformas, como é o caso, por exemplo, do aumento das custas judiciais, da irrelevância da aposta na formação ou do aumento da morosidade processual global.

5. Os mecanismos de resolução alternativa de litígios no acesso aos tribunais

Os mecanismos de resolução alternativa de litígios foram implementados e reforçados gradualmente nos últimos anos pelo Ministério da Justiça, procurando-se que os conflitos mais simples sejam resolvidos de forma mais célere e informal fora dos tribunais, bem como com menor custo para o Estado. Assim, fazem parte de um sistema integrado de acesso ao direito e à justiça abrangente que tem como objetivo proporcionar uma justiça efetiva a quem dela precisa. Contudo, o seu funcionamento, tal como já foi referido nos capítulos anteriores, demonstra que ainda há muito a fazer para que os vários mecanismos sejam efetivamente considerados como alternativos ou, pelo menos, complementares do sistema judicial corporizado nos tribunais. Quer os juízes, quer os magistrados do Ministério Público têm assumido publicamente, por via das estruturas associativo-sindicais, alguma descrença, não tanto nos mecanismos em si, mas sobretudo devido à forma como foram implementados. Algumas das críticas publicamente aventadas incidem, por exemplo, no custo mais elevado (para o Estado) do serviço prestado, na falta de controlo da qualidade, na inexistência de garantias totais de imparcialidade, no parco investimento feito para criar serviços com abrangência nacional ou na própria consideração destes mecanismos como uma "justiça de segunda". Deste modo, procurou-se auscultar a opinião dos magistrados do Ministério Público sobre o funcionamento e importância destes mecanismos.

A análise do Gráfico 15, que apresenta a opinião genérica sobre os mecanismos de resolução alternativa de litígios, revela de imediato que os magistrados do Ministério Público não têm em grande consideração a generalidade destes serviços. Pese embora o valor mais elevado ser relativo à resposta Importante, com 47,1%, se forem somados os dois itens de cada extremo, verifica-se que os que consideram estes mecanismos como Nada Importantes/Pouco importantes são 32,8% contra os 20,2% que os consideram como Bastante importantes/Totalmente importantes. Este resultado adensa a avaliação vinda do ponto anterior, não se vislumbrando que os atuais mecanismos possam ser realmente uma alternativa ao sistema judicial. A decomposição pelos vários mecanismos permitirá completar esta opinião genérica sobre o sistema de resolução alternativa de litígios.

A Tabela 22 permite olhar de forma discriminada para os diferentes mecanismos atualmente em vigor para a resolução alternativa de litígios. Não se irá aqui efetuar uma análise pormenorizada de cada um deles, em termos de contextualização e avaliação de desempenho, mas tão-só um exame das opiniões

GRÁFICO 15
Importância dos Mecanismos de Resolução Alternativa de Litígios (%)

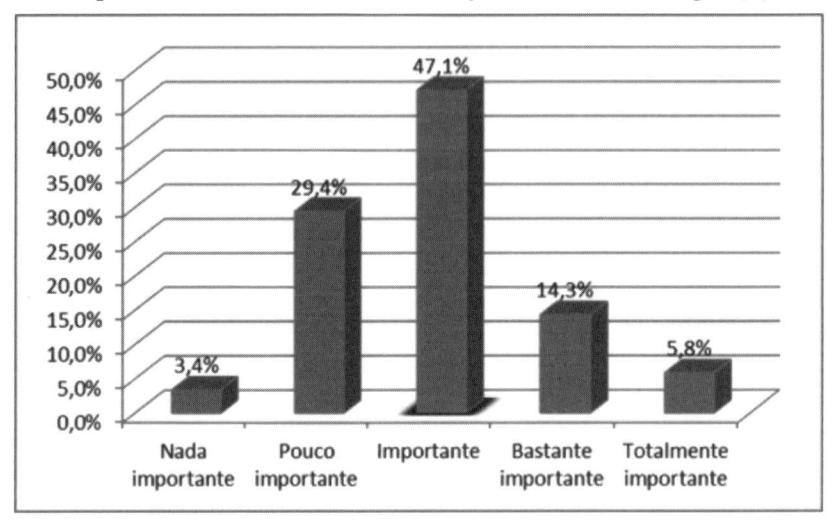

TABELA 22
Importância dos Mecanismos de Resolução Alternativa de Litígios, por Tipologia (%)

	Nada importante	Pouco importante	Importante	Bastante importante	Totalmente importante	Total
Julgados de Paz	6,3%	32,1%	42,2%	15,2%	4,2%	100,0%
Tribunais Arbitrais	3,8%	27,8%	50,5%	13,2%	4,7%	100,0%
Cen. Arbitragem Conflitos Consumo	4,7%	17,0%	52,7%	19,6%	6,0%	100,0%
Gabinetes de Mediação Familiar	5,1%	24,6%	48,2%	15,3%	6,8%	100,0%
Sistema de Mediação Laboral	6,0%	22,8%	47,5%	19,4%	4,3%	100,0%
Sistema de Mediação Penal	14,1%	38,0%	31,2%	12,0%	4,7%	100,0%
Média	6,7%	27,1%	45,4%	15,8%	5,1%	100,0%

manifestadas pelos magistrados do Ministério Público. Várias ilações principais se podem avançar: 1) se se juntarem em dois grupos as médias dos dois extremos de cada item, verifica-se que a posição é globalmente mais negativa do que positiva (respetivamente, 33,8% contra 20,9%), confirmando os valores do gráfico anterior; 2) a opinião maioritariamente negativa em relação ao *Sistema de Mediação Penal*, com 52,1% a avaliarem-no como Nada Importante/Pouco importante, sendo igualmente, por oposição, o que revela menos opiniões positivas (Bastante importante/Totalmente importante apenas para 16,7%); 3) os *Centros de Arbitragem de Conflitos de Consumo* são o item com uma opinião mais favorável, com 52,7% a considerá-lo como Importante e 25,6% a considerá-lo como Bastante importante/Totalmente importante; e 4) os *Julgados de Paz* apresentam um valor negativo igualmente relevante, com 38,4% a avaliarem este item como Nada Importante/Pouco importante.

Pela leitura dos resultados da opinião dos magistrados do Ministério Público, pode concluir-se que a melhoria do acesso dos cidadãos ao direito e à justiça não passa propriamente pelos mecanismos de resolução alternativa de litígios. Não é, como se referiu atrás, uma conclusão surpreendente, antes validando as posições críticas ou, pelo menos, céticas que o Sindicato dos Magistrados do Ministério Público foi afirmando ao longo dos anos. A posição mais crítica assume-se contra o mecanismo que mais se relaciona com o exercício profissional da maioria dos magistrados, que se centra na área penal, ao não apreciarem positivamente o Sistema de Mediação Penal.

6. O serviço de atendimento ao público: funcionamento e desempenho

A opinião dos magistrados do Ministério Público sobre o serviço de atendimento ao público é uma dimensão imprescindível para o presente trabalho. O questionamento sobre o funcionamento e desempenho deste serviço é um instrumento valioso para, juntamente com a reflexão inscrita nos capítulos anteriores, elaborar uma avaliação mais fidedigna e um conjunto de hipóteses de trabalho para a sua (re)configuração no futuro, caso se prove, como se defende, que as suas potencialidades são muito maiores do que o seu atual exercício permite indiciar.

A primeira questão colocada procurou indagar sobre a existência de um serviço de atendimento ao público no local onde os magistrados do MP desempenham funções. Das 240 respostas obtidas, a grande maioria afirmou que existia um serviço institucionalizado de atendimento (67,1%). Por outro lado, 18,3% dos magistrados do Ministério Público assumem a existência deste serviço, mas sem estar formalmente constituído. Já 14,6% afirmam que este não existe, estando a maioria destas respostas relacionada com o local onde trabalham, dado que na Procuradoria-Geral da República, na Procuradoria-Geral Distrital ou nos tribunais superiores não existe um serviço de atendimento ao público. Estes resultados ajudam a concluir que, atualmente, a grande maioria dos serviços do Ministério Público nos tribunais de 1.ª instância possibilita aos cidadãos um serviço de atendimento.

Ao cruzarem-se as respostas obtidas sobre a existência de serviço de atendimento ao público com o local de trabalho, é mais percetível o seu funcionamento, principalmente nos tribunais e serviços ao nível da 1.ª instância.

GRÁFICO 16
Existência de Serviço de Atendimento ao Público (%)

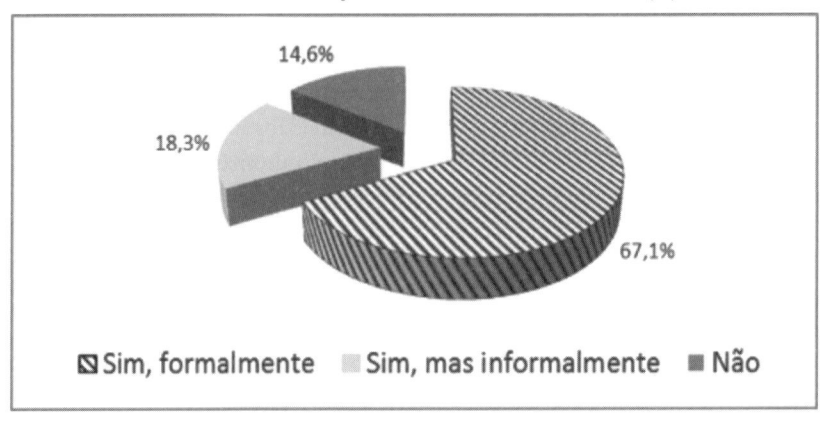

É nestes tribunais que aparecem as maiores percentagens de reconhecimento da existência formal de serviços de atendimento ao público do Ministério Público, como são exemplo os 100% nos Juízos Cíveis, os 92,9% nos Tribunais de Círculo ou os 82,2% nos Tribunais de Competência Genérica, entre outros. Alguns dados despertam alguma curiosidade, como quando se admite que existe um serviço informal e este tem valores relativamente elevados. É o caso dos 57,1% de magistrados dos Tribunais Administrativos e Fiscais ou os 30,4% nos Juízos Criminais. Já o valor que aparece na Procuradoria-Geral da República surpreende pela positiva, demonstrando a disponibilidade dos magistrados do Ministério Público aí a exercer funções para esclarecer as dúvidas dos cidadãos. Negativamente, pelo oposto, surpreendem os valores dos Tribunais de Trabalho e de Família e Menores por ficarem aquém dos 100% em relação à existência de um serviço formal de atendimento (apenas, respetivamente, 72,7% e 77%). De referir que existem vários tribunais/serviços do Ministério Público com 100% de respostas a indicar que existe um serviço de atendimento ao público, mas o seu N reduzido não permite extrapolar quaisquer conclusões dado não ser percetível se esta é uma situação generalizada. Mas o comentário final a esta Tabela 23 vai para a diversidade de situações registadas, mesmo dentro dos mesmos serviços ou tribunais, comprovando a ideia de diversidade de modelos e de falta de coordenação superior que foi transmitida no Capítulo 2, transparecendo uma imagem pública algo caótica no que respeita ao serviço de "porta de entrada" no contacto dos cidadãos com o Ministério Público.

TABELA 23
Existência de Serviço de Atendimento ao Público, por Tribunal/Serviço (%)

	Sim, formalmente	Sim, mas informalmente	Não	Total
Departamento de Investigação e Ação Penal	38	6	8	52
	73,1%	11,5%	15,4%	100,0%
Tribunal de Competência Genérica	37	8	0	45
	82,2%	17,8%	0,0%	100,0%
Juízo Criminal	14	7	2	23
	60,9%	30,4%	8,7%	100,0%
Tribunal de Círculo	13	0	1	14
	92,9%	0,0%	7,1%	100,0%
Tribunal de Família e Menores	10	2	1	13
	77,0%	15,4%	7,7%	100,0%
Tribunal de Trabalho	8	2	1	11
	72,7%	18,2%	9,1%	100,0%
Tribunal Administrativo e Fiscal	3	4	0	7
	42,9%	57,1%	0,0%	100,0%
Tribunal da Relação	0	1	5	6
	0,0%	16,7%	83,3%	100,0%
Tribunal Central Administrativo	0	1	4	5
	0,0%	20,0%	80,0%	100,0%
Procuradoria-Geral da República	2	0	3	5
	40,0%	0,0%	60,0%	100,0%
Procuradoria- Geral Distrital	0	3	2	5
	0,0%	60,0%	40,0%	100,0%
Juízo Cível	5	0	0	5
	100,0%	0,0%	0,0%	100,0%
Tribunal de Instrução Criminal	2	1	1	4
	50,0%	25,0%	25,0%	100,0%
Vara Criminal	0	1	2	3
	0,0%	33,3%	66,7%	100,0%
Juízo de Pequena Instância Criminal	2	1	0	3
	66,7%	33,3%	0,0%	100,0%
Juízo Pequena e Média Instrução Criminal	2	1	0	3
	66,7%	33,3%	0,0%	100,0%
Tribunal de Comércio	0	2	0	2
	0,0%	100,0%	0,0%	100,0%
Tribunal de Execução das Penas	0	0	2	2
	0,0%	0,0%	100,0%	100,0%
Juízo de Execução	0	1	1	2
	0,0%	50,0%	50,0%	100,0%
Vara Mista	0	2	0	2
	0,0%	100,0%	0,0%	100,0%
Juízo de Média Instrução Criminal	2	0	0	2
	100,0%	0,0%	0,0%	100,0%
Juízo de Pequena Instância Cível	1	0	0	1
	100,0%	0,0%	0,0%	100,0%
Juízo de Pequena Instrução Criminal	1	0	0	1
	100,0%	0,0%	0,0%	100,0%
Tribunal Administrativo de Círculo	1	0	0	1
	100,0%	0,0%	0,0%	100,0%
Vara Cível	1	0	0	1
	100,0%	0,0%	0,0%	100,0%
Juiz de Círculo	1	0	0	1
	100,0%	0,0%	0,0%	100,0%
Departamento Central de Investigação e Ação Penal	0	1	0	1
	0,0%	100,0%	0,0%	100,0%

A diferença também é estatisticamente significativa quando se cruza a existência de serviço de atendimento ao público com a idade dos inquiridos. Contudo, ao observar a Tabela 24, as diferenças surgem, na maioria, associadas ao local de trabalho, sendo que conforme se avança na idade maior é a probabilidade de exercer funções em tribunais superiores ou em serviços do Ministério Público, como a Procuradoria-Geral da República ou a Procuradoria-Geral Distrital, em que a prestação desse serviço não existe. Deste modo, como se viu na Tabela 23, é nos tribunais de 1.ª instância e similares que existe um maior número de magistrados a afirmar a existência do atendimento ao público formalmente instituído. Por conseguinte, as maiores percentagens que confirmam a existência formal do atendimento ao público situam-se nos dois escalões etários mais baixos, designadamente com 83,3% e 77,6%, sendo, naturalmente, mais baixas as percentagens nestes escalões quando afirmam que apenas existe informalmente ou que não existe de todo.

TABELA 24

Existência de Serviço de Atendimento ao Público, por Escalão Etário (%)

	Sim, formalmente	Sim, informalmente	Não	Total
35 anos ou menos	83,3%	12,5%	4,2%	100,0%
36 a 45 anos	77,6%	16,4%	6,0%	100,0%
46 a 55 anos	60,0%	25,0%	15,0%	100,0%
56 anos ou mais	46,4%	14,6%	39,0%	100,0%
Média	66,8%	17,1%	16,1%	100,0%

A variável relativa ao posicionamento político, em conformidade com as diferenças anteriores, é igualmente relevante. Assim, a Tabela 25 mostra claramente a existência de uma maior percentagem de magistrados do Ministério Público a exercer funções em locais com um serviço formal de atendimento ao público e que têm um posicionamento político mais à esquerda quando se compara com os que têm uma opção política mais à direita (em comparação com a média). Em sentido inverso, observa-se um valor mais elevado na existência de um atendimento informal ao público nos magistrados do Ministério Público mais à direita em relação aos que se posicionam mais à esquerda (em comparação com a média). O valor mais elevado de magistrados do Ministério Público mais à esquerda que afirmam não ter um serviço de atendimento ao público justifica-se por ser coincidente com o escalão etário mais elevado, sabendo-se que exercem funções em tribunais superiores ou serviços do Ministério Público em que não há razão para a existência de um serviço deste tipo.

TABELA 25
Existência de Serviço de Atendimento ao Público, por Posicionamento Político (%)

	Extrema-esquerda	Esquerda	Centro-Esquerda	Centro	Centro-direita	Direita	Extrema-direita	Média
Sim, formalmente	75,0%	73,9%	66,1%	64,9%	65,2%	81,2%	0,0%	60,9%
Sim, mas informalmente	12,5%	0,0%	15,3%	24,3%	21,8%	18,8%	100,0%	27,5%
Não	12,5%	26,1%	18,6%	10,8%	13,0%	0,0%	0,0%	11,6%
Total	100,0%	100,0%	100,0%	100,0%	100,0%	100,0%	100,0%	100,0%

Entre as respostas dos magistrados que afirmam haver um serviço de atendimento ao público, formal ou informalmente, observa-se no Gráfico 17 que o maior número vai para os que afirmam que disponibilizam um dia por semana para o efeito (38,9%). Contudo, há que realçar que 33,2% referem que o serviço de atendimento é diário, enquanto 8,2% indicam que é prestado vários dias por semana. Apenas 19,7% relatam que o fazem apenas quando solicitados pelos cidadãos, significando isto que o atendimento pode efetuar-se em momentos e dias diferentes. O serviço de atendimento ao público com caráter diário é mais frequente quando existem serviços com vários magistrados do Ministério Público a exercer funções. O Tribunal de Família e Menores de Lisboa foi um dos casos em que se constatou essa realidade, devido ao facto de o número de magistrados permitir que cada um fique apenas destacado durante um dia por semana para o atendimento ao público, o que minimiza o impacto no restante serviço.

GRÁFICO 17

Frequência do Serviço de Atendimento ao Público (%)

A análise do Gráfico 18 em conjunto com a Tabela 26 permite perceber as diferenças dos modelos existentes nos diversos tribunais e serviços do Ministério Público, como já se observou atrás. Se a maior percentagem se regista nos serviços em que há atendimento ao público de manhã e de tarde (40,6%), verifica-se que esta situação ocorre principalmente quando existe um serviço prestado diariamente. Por sua vez, quando os inquiridos respondem que o serviço só é prestado de tarde (26,6%) ou só de manhã (7,2%), isso significa que na maioria das situações (superior a 90%) o serviço é prestado apenas uma vez por semana.

GRÁFICO 18

Horário do Serviço de Atendimento ao Público (%)

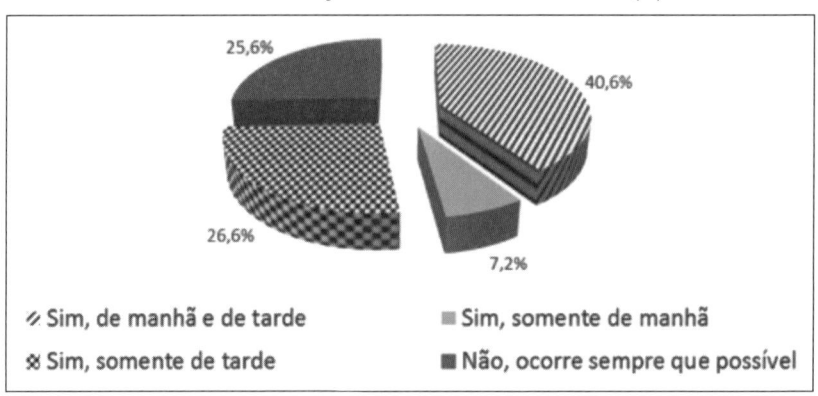

TABELA 26

Frequência do Serviço de Atendimento ao Público, por Horário (%)

	Sim, de manhã e de tarde	Sim, somente de manhã	Sim, somente de tarde	Não, ocorre sempre que possível
Sim, diário	57	1	0	11
	68,7%	6,7%	0,0%	20,8%
Sim, uma vez por semana	15	14	50	2
	18,1%	93,3%	90,9%	3,8%
Sim, algumas vezes por semana	9	0	4	4
	10,8%	0,0%	7,3%	7,5%
Não, somente por solicitação dos utentes	2	0	1	36
	2,4%	0,0%	1,8%	67,9%
Total	83	15	55	53
	100,0%	100,0%	100,0%	100,0%

O cruzamento permite verificar ainda que, quando os magistrados do Ministério Público se disponibilizam para atender os cidadãos a pedido destes, o atendimento é prestado sempre que possível e sem marcação prévia. A irregularidade de modelos e situações ressalta imediatamente, consolidando a análise efetuada atrás.

A questão, já avançada no Capítulo 2, sobre quem efetua o atendimento ao público, foi igualmente integrada no inquérito e permitiu comprovar a diversidade de situações enunciada antes. Deste modo, o maior número de situações vai para a existência de um primeiro atendimento por parte do funcionário judicial (72,6%), que efetua uma triagem antes de, caso entenda ser necessário, solicitar a intervenção do magistrado do Ministério Público. Em contrapartida, 24% afirmam que apenas os magistrados do Ministério Público efetuam o atendimento ao público. A prestação do serviço exclusivamente pelos funcionários judiciais é residual, sendo apenas referida por 3,4%. A análise deste resultado levanta alguns temas para discussão: a diferença entre um *atendimento jurídico* e um *atendimento administrativo*; os critérios definidos entre magistrados e funcionários judiciais para efetuar a triagem; as competências dos funcionários judiciais para desempenhar essas funções; ou a expectativa do cidadão em poder ser atendido pelo magistrado do Ministério Público quando procura uma legitimidade judicial. Todas estas questões estão ausentes de qualquer debate público e/ou profissional por não serem consideradas relevantes, pelo que não se podem estimar os impactos que podem ter tido, e continuarão a ter, na qualidade do serviço prestado.

GRÁFICO 19
Responsabilidade por Efetuar o Serviço de Atendimento ao Público (%)

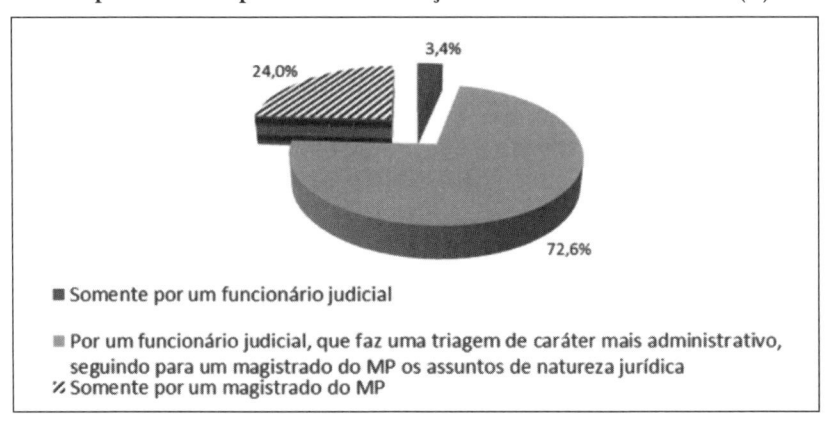

■ Somente por um funcionário judicial

■ Por um funcionário judicial, que faz uma triagem de caráter mais administrativo, seguindo para um magistrado do MP os assuntos de natureza jurídica

▨ Somente por um magistrado do MP

A opção política dos magistrados do Ministério Público é uma variável que influi na análise sobre quem efetua o atendimento ao público. Ainda que as percentagens mais elevadas se situem na existência de uma intervenção inicial pelo funcionário judicial antes de o magistrado poder intervir ou ter necessidade de o fazer, regista-se uma diferença consoante o posicionamento político, em que, após se fazer a média dos três posicionamentos mais à esquerda e mais à direita, se pode afirmar que existe uma maior percentagem de magistrados do Ministério Público mais à direita em que é apenas o funcionário judicial a efetuar o atendimento ao público (19,1%) em comparação com os que se posicionam mais à esquerda (3,1%). Inversamente, o valor dos que afirmam que o serviço é cumprido por um funcionário e, posteriormente, por um magistrado é mais elevado nos magistrados com posicionamento à esquerda (72,8%) do que nos à direita (57,5%). O valor mais elevado, contudo, regista-se nos magistrados que se posicionam no centro das opções políticas, sendo efetuado primeiro por um funcionário judicial e, em caso de necessidade, pelo próprio magistrado do Ministério Público (87,1%), mesmo estando este valor considerado isoladamente, enquanto os anteriores agregaram, de forma ponderada, as três posições em cada lado do espectro político. As percentagens de magistrados que assumem exclusivamente o serviço de atendimento ao público são muito semelhantes, ainda que com um ligeiro ascendente por parte dos que se posicionam à esquerda (24,1% contra 23%).

TABELA 27
Responsabilidade por Efetuar o Serviço de Atendimento ao Público, por Posicionamento Político (%)

	Extrema-esquerda	Esquerda	Centro-Esquerda	Centro	Centro-direita	Direita	Extrema-direita	Média
Somente por um funcionário judicial	0,0%	5,6%	3,8%	1,6%	2,4%	6,3%	50,0%	10,0%
Por um funcionário judicial, seguido do MP	75,0%	72,2%	71,2%	87,1%	53,7%	68,7%	50,0%	68,3%
Somente por um magistrado do MP	25,0%	22,2%	25,0%	11,3%	43,9%	25,0%	0,0%	21,8%
Total	100,0%	100,0%	100,0%	100,0%	100,0%	100,0%	100,0%	100,0%

O Gráfico 20 permite verificar se o serviço de atendimento ao público é devidamente registado, para ajudar a perceber a fidedignidade dos dados contidos nos Relatórios de Atividades da Procuradoria-Geral da República, tal como se apresentou no Capítulo 3. Como se referiu, os dados apresentavam indícios de serem pouco fiáveis e não permitiram, da forma como estavam apresentados, retirar grandes ilações para além das dúvidas suscitadas. Ao analisar-se este gráfico, percebe-se claramente que existe uma margem de incógnita relativamente grande e que os dados globais não correspondem de todo à realidade da atividade do Ministério Público neste campo, ficando muito aquém. Houve 59,1% a assegurar que existem as designadas "fichas de atendimento" registadas por magistrados do Ministério Público (ainda que em metade dos casos o registo seja efetuado quer pelo magistrado, quer pelo funcionário judicial). Contudo, 16,3% declaram que são apenas os funcionários judiciais a executar o registo, o que levanta de imediato a questão sobre o grau de detalhe da informação apontada na ficha de atendimento. Preocupante é o valor dos que afirmam não haver qualquer registo da atividade relativa ao atendimento ao público, com quase um quarto das respostas (24,6%), confirmando o que se referiu acima.

Este gráfico permite efetuar uma extrapolação dos dados oficiais da Procuradoria-Geral da República. Assim, tendo em consideração que no ano de 2010, segundo o Relatório de Atividades da Procuradoria-Geral da República, foram realizados 287 965 atendimentos por parte do Ministério Público, e também que além destes não estarão a ser registados cerca de 25% do total de atendimentos efetivamente realizados, o valor real situar-se-ia nos 383 953 atendimentos. Isto é, o desempenho dos magistrados do Ministério Público, e dos serviços na sua dependência, atinge uma dimensão global muito superior ao que as informações oficiais transmitem.

GRÁFICO 20
Registo do Serviço de Atendimento ao Público (%)

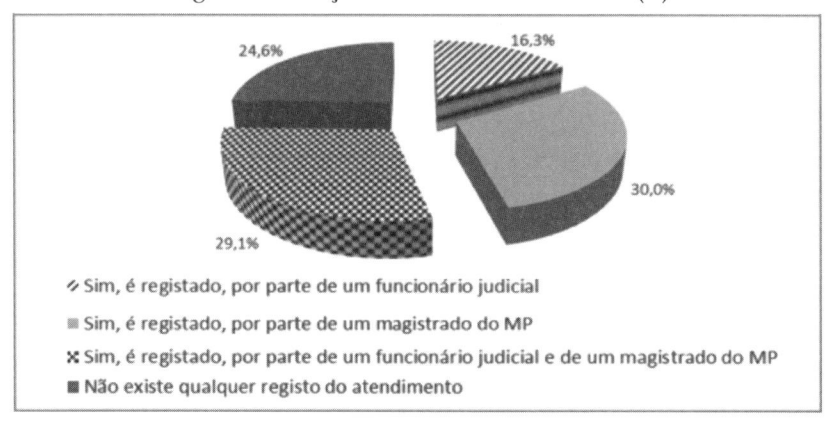

✎ Sim, é registado, por parte de um funcionário judicial

▪ Sim, é registado, por parte de um magistrado do MP

✕ Sim, é registado, por parte de um funcionário judicial e de um magistrado do MP

▪ Não existe qualquer registo do atendimento

O cruzamento com a variável sexo é a única relevante na análise de quem efetua o registo do atendimento através do preenchimento das "fichas de atendimento". Conforme se pode verificar na Tabela 28, há duas tendências que se destacam: é muito mais elevado o número de magistrados do sexo masculino que afirma ser apenas o funcionário judicial a preencher as fichas de atendimento (23,7% face a 8,7% das magistradas); enquanto as magistradas referem em maior número que não existe qualquer registo do serviço prestado (29,1% face a 20,6% dos homens), ocorrendo assim este sem que seja devidamente identificado. Além disso, também há mais magistrados do sexo masculino a registar profissionalmente o atendimento efetuado sem para isso contar com apoio de um funcionário judicial (32% face a 28,2% das magistradas).

TABELA 28
Registo do Serviço de Atendimento ao Público, por Sexo (%)

	Masculino	Feminino
Sim, é registado, por parte de um funcionário judicial	23,7%	8,7%
Sim, é registado, por parte de um magistrado do MP	32,0%	28,2%
Sim, é registado, por parte de um funcionário judicial e de um magistrado do MP	23,7%	34,0%
Não existe qualquer registo do atendimento	20,6%	29,1%
Total	100,0%	100,0%

De entre os magistrados que afirmaram existir um serviço de atendimento, 75,4% referiram existir registo do serviço de atendimento ao público. Deste modo, relativamente a este grupo, procurou-se saber se a informação era tratada e considerada para melhorar o próprio funcionamento do serviço do Ministério Público. O Gráfico 21 demonstra que quase metade (48,7%) dos registos nas fichas de atendimento não serve para praticamente nada, dado que não são tratados para efeitos de melhoria do serviço ou da contagem aquando dos serviços de inspeção e avaliação profissional por parte do Conselho Superior do Ministério Público. Em 27% dos serviços do Ministério Público, os dados são tratados para integração da informação a disponibilizar no momento da inspeção aos serviços e ao desempenho profissional, dado que este é, como se referiu no Capítulo 2, um dos indicadores que os inspetores devem considerar. Apenas 24,3% afirmam que as fichas de atendimento são analisadas para efeitos de melhoria do desempenho do serviço do Ministério Público. Este resultado comprova que existe muita informação disponível com bastante potencial de utilidade para uma avaliação global das funções, competências e desempenho profissional do Ministério Público que continua a ser desperdiçada sem sequer integrar os dados relativos às atividades gerais.

GRÁFICO 21
Análise das Fichas de Atendimento ao Público (%)

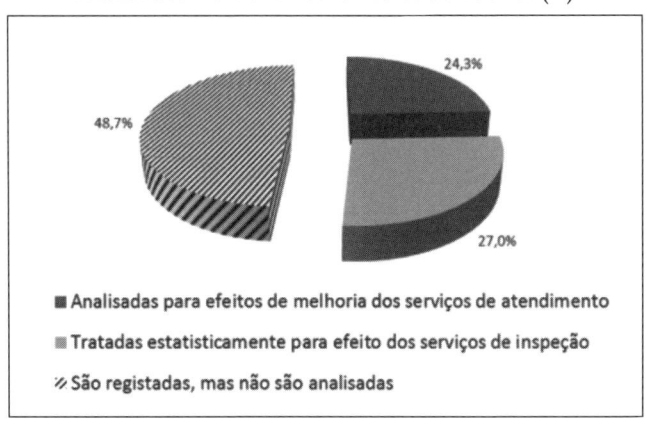

O Gráfico 22 é muito importante para o presente trabalho por permitir ilustrar, com valores concretos, as diversas características que se elencaram no Capítulo 2 respeitantes ao papel de interface que o Ministério Público desempenha, em especial a partir do serviço de atendimento ao público. Assim, ao perguntar aos magistrados do Ministério Público qual o objetivo ou prioridade principal com a prestação do serviço de atendimento ao público, quase metade das respostas apontaram para o "aconselhamento em termos gerais" (44,7%). Com valores ainda significativos, surge o "encaminhamento para interpor uma ação em tribunal" (23,4%), a "consulta jurídica" (14,5%) e a "resolução de forma informal da situação apresentada" (9,8%). Com valores mais residuais surgem ainda o "encaminhar para outra instituição mais adequada" (4,3%) e a "conciliação ou mediação entre as partes" (3%). Todas estas situações integram as características que foram aventadas, reforçando a diversidade de funções "informais" que o Ministério Público exerce na prática. Quase inexistente é o item relativo ao "encaminhamento para outras formas alternativas de resolução de conflitos" (0,4%), confirmando a posição que os magistrados têm sobre estes mecanismos, como se verificou no ponto anterior.

A atuação do magistrado do Ministério Público no serviço de atendimento conforma várias características, como já se constatou. Deste modo, foi solicitado aos inquiridos que selecionassem as três principais prioridades quando desempenham estas funções, para que fosse possível descortinar que tipos de atividade são mais comuns no contacto direto com o cidadão.

GRÁFICO 22
Prioridade Principal do Magistrado do MP no Atendimento ao Público (%)

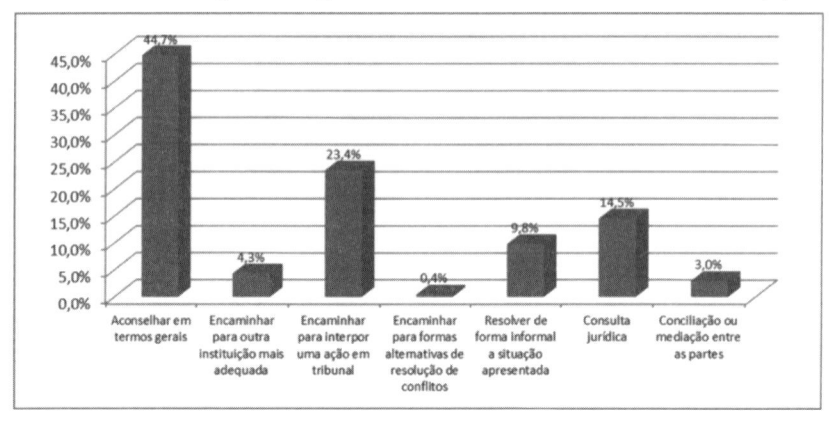

Na Tabela 29, estão elencadas as principais prioridades a partir das três indicadas pelos inquiridos e efetua-se uma média final de cada uma delas, permitindo relativizar a ordem e aproximando-se mais do conjunto real de atividades, que não pode ser circunscrito a uma principal. As duas opções que, na média, aparecem com valores mais elevados são as mesmas do Gráfico 23, ainda que com uma diferença bem menor ("aconselhamento em termos gerais", com 24,2%, e "encaminhamento para interpor ação em tribunal" – 22,2%). As três seguintes apresentam igualmente a mesma ordem, mas mais uma vez com menores distâncias entre si, nomeadamente, a "consulta jurídica" (14,8%), a "resolução de forma informal da situação apresentada" (12,6%) e o "encaminhar para outra instituição mais adequada" (11,9%). A "conciliação ou mediação entre as partes" atinge os 8,7% e o "encaminhamento para outras formas alternativas de resolução de conflitos" regista o valor mais baixo (5,6%), na sequência do já exposto. Ou seja, analisando as várias prioridades em conjunto, observa-se que a diversidade de atividades exercidas durante o serviço de atendimento ao público é relevante e configura o exercício de um papel multifacetado, com pouco reconhecimento público e/ou profissional.

TABELA 29

Prioridades do Magistrado do Ministério Público no Atendimento ao Público (%)

	1ª Prioridade	2ª Prioridade	3ª Prioridade	Média
Aconselhar em termos gerais	44,6%	12,8%	15,2%	24,2%
Encaminhar para outra instituição mais adequada	4,3%	19,7%	11,6%	11,9%
Encaminhar para interpor uma ação em tribunal	23,4%	21,3%	21,9%	22,2%
Encaminhar para formas alternativas de resolução de conflitos	0,4%	4,7%	11,6%	5,6%
Resolver de forma informal a situação apresentada	9,8%	13,7%	14,3%	12,6%
Consulta jurídica	14,5%	17,5%	12,5%	14,8%
Conciliação ou mediação entre as partes	3,0%	10,3%	12,9%	8,7%
Total	100,0%	100,0%	100,0%	100,0%

Após a inquirição sobre o modo como se desenrola o atendimento ao público, importava procurar recolher a opinião dos magistrados do Ministério Público sobre a importância da existência do atendimento e a importância da qualidade deste serviço para o acesso dos cidadãos ao direito e à justiça. As respostas, representadas nos Gráficos 23 e 24, demonstram, apesar das particularidades de algumas respostas anteriores, que existe um reconhecimento da importância da sua existência e da qualidade que nele deve existir. Assim, 75,5% consideram que o serviço de atendimento ao público do Ministério Público é Bastante importante/Totalmente importante. A percentagem de magistrados que avalia este serviço como Pouco importante/Nada importante é residual – 5,4%. Os que o consideram apenas Importante são 19,1%, pelo que é possível afirmar que a grande maioria destes profissionais tem consciência da importância deste serviço para os cidadãos e para a própria profissão.

A importância da qualidade do serviço prestado é vista por 48,4% dos magistrados do Ministério Público como Bastante importante/Totalmente importante,

GRÁFICO 23

Importância do Serviço de Atendimento ao Público do Ministério Público (%)

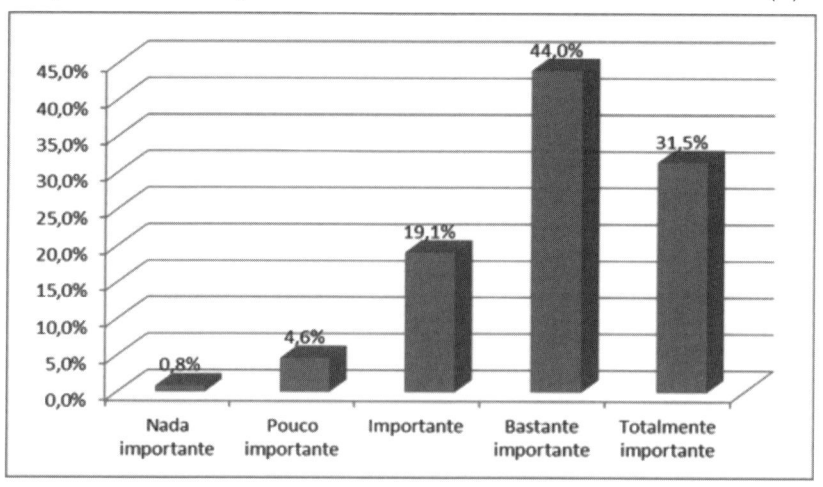

além dos 39,9% que consideram este serviço Importante. No extremo negativo, encontram-se apenas 11,7% dos magistrados que consideram a qualidade como Pouco importante/Nada importante. Analisando os dois gráficos em conjunto, ressalta a ideia de que os magistrados consideram o serviço prestado como muito importante, pese embora a qualidade que devem empregar no seu exercício ser encarada como decorrente das funções que desempenham.

GRÁFICO 24

Importância da Qualidade do Serviço de Atendimento ao Público (%)

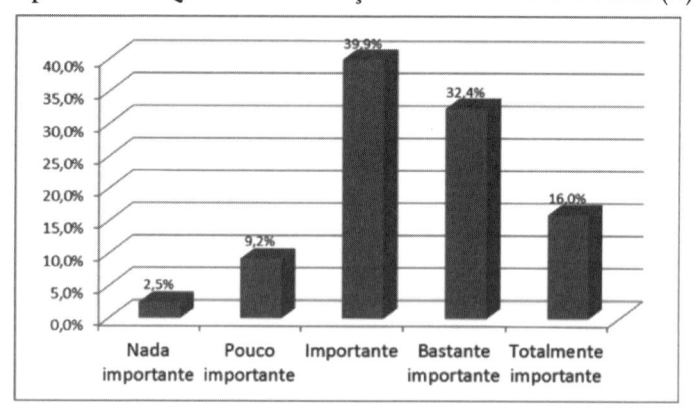

Neste ponto foram apenas realçados os cruzamentos quando havia diferenças estatisticamente relevantes com a introdução de diversas variáveis. Verificou-se que as variáveis que influíram nalguns resultados foram o local de trabalho, o sexo e o posicionamento político, embora, no geral, se possa afirmar que existe alguma homogeneidade nas respostas tendo em consideração as principais variáveis consideradas: sexo, idade, local de trabalho e posicionamento político. Na variável local de trabalho, parte das diferenças registadas deve-se ao facto de os tribunais ou serviços onde os magistrados do Ministério Público exercem serem, pela sua natureza e funções, estruturalmente distintos. Já na que se relaciona com a idade, como já se referiu, a maioria dos magistrados do Ministério Público mais velhos exerce funções em tribunais ou serviços onde não se aplica a possibilidade de existência de um serviço de atendimento ao público.

As diferenças de opinião política adquirem uma importância relevante quando se avaliam as opiniões dos inquiridos sobre a facilidade/dificuldade de acesso aos tribunais, a existência de um serviço de atendimento ao público formalmente instituído ou a responsabilidade por prestar esse serviço. Deste modo, os magistrados com posicionamentos mais à esquerda consideram haver dificuldades no acesso dos cidadãos aos tribunais, instituem formalmente serviços de atendimento ao público em maior número e delegam menos, exclusivamente ou numa primeira fase, nos funcionários judiciais a responsabilidade de atenderem os cidadãos. Ou seja, existe uma consciência de serviço público por parte de um maior número de magistrados do Ministério Público que se posicionam à esquerda em comparação com os que se posicionam mais à direita e se afastam um pouco mais da responsabilidade de criar e efetuar o serviço de atendimento ao público.

A elaboração deste ponto permite constatar a existência do papel de interface que foi caracterizado no Capítulo 2, demonstrando-se a sua presença na multiplicidade das suas características, quer seja desempenhado de forma mais oficial ou formal, quer através de um funcionamento mais informal, por vezes *à la carte*, ou seja, consoante as necessidades dos cidadãos que se apresentam perante o magistrado do Ministério Público. Não só é possível identificar a diversidade de funções que é possível desempenhar, mas também efetuar uma radiografia mais clara sobre as potencialidades que o seu exercício encerra em si mesmo na promoção e garantia do acesso dos cidadãos ao direito e à justiça, contando, para isso, com o apoio de profissionais qualificados e empenhados acima de tudo, e segundo o seu estatuto, na aplicação da justiça de forma autónoma e independente em nome do interesse público. Apesar de se observarem modos de funcionamento e desempenho diferenciados, inclusive segundo a sua posição política, a maioria dos profissionais considera este serviço muito importante, não reconhecendo a existência atual de alternativas válidas à sua prestação por parte dos magistrados do Ministério Público.

7. As potencialidades do serviço de atendimento: cidadania e profissionalismo

O serviço de atendimento ao público tem potencialidades que ainda não foram exploradas no máximo das suas possibilidades. Sendo uma "porta de entrada" no sistema judicial, e permitindo um contacto direto com os cidadãos, a multiplicidade de ações que podem ser desenvolvidas, como vimos nos capítulos anteriores, vai para além do mero esclarecimento de dúvidas. Acresce que, perante o atual funcionamento dos mecanismos de resolução alternativa de litígios, com a insatisfação e falta de legitimidade que transmite aos cidadãos e os custos que acarreta, o Ministério Público exerce, por vezes mesmo informalmente, algumas das competências destes instrumentos dinamizados nos últimos anos pelo Ministério da Justiça. Deste modo, inquiriram-se os magistrados do Ministério Público sobre várias dimensões que possibilitem a melhoria deste serviço e as opções que se podem colocar sobre uma futura reformulação do atual modelo de organização e funcionamento do atendimento ao público. Assim, de seguida apresenta-se um conjunto de afirmações para as quais se procurou avaliar as atitudes dos magistrados do Ministério Público no intuito de contribuir para a definição de uma estratégia profissional e de um posicionamento face aos interesses em questão dos cidadãos.

A primeira afirmação colocada é relativa à possibilidade de o papel desempenhado pelo Ministério Público no acesso aos tribunais poder ser efetuado de forma mais ativa (Gráfico 25). A grande maioria (61,8%) Concorda/Concorda totalmente, demonstrando uma grande aceitação da ideia do Ministério Público assumir um papel mais amplo e ativo. Apenas 15,7% Discordam/Discordam totalmente do reforço do seu papel, enquanto 22,5% se manifestaram um pouco indiferentes, referindo que Nem concordam nem discordam.

Após esta afirmação geral sobre o papel do Ministério Público no acesso dos cidadãos, procurou-se decompor em dimensões mais analíticas que permitissem retirar ilações mais aprofundadas sobre o que pode ou deve ser melhorado. Deste modo, foram apresentadas cinco afirmações em que se pedia igualmente que se pronunciassem em termos de concordância/discordância. A primeira

Gráfico 25
Desempenho de um Papel mais Ativo no Acesso aos Tribunais (%)

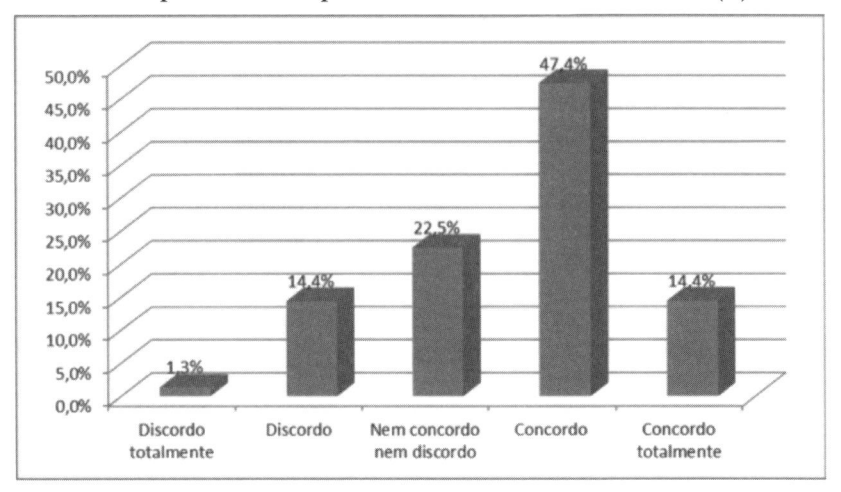

afirmação avança com a possibilidade de que "o aconselhamento dos casos que podem chegar aos tribunais ganharia com um maior envolvimento do Ministério Público". Perante esta afirmação, e olhando para o Gráfico 26, a maioria (59,9%) manifestou a sua Concordância/Concordância total, enquanto 22,6% Nem concordam nem discordam da afirmação. A percentagem dos que Discordam/Discordam totalmente atingiu um valor diminuto (17,5%). Isto significa que os magistrados inquiridos consideram que, se houver um aconselhamento por parte do Ministério Público, é possível que os processos que chegam a tribunal decorram melhor no interesse do cidadão.

A afirmação seguinte – "O Ministério Público pode ter um papel mais ativo no encaminhamento dos cidadãos para outras instituições, na resolução dos seus problemas" – respeita a uma das facetas identificadas no papel de interface, através da possibilidade, auscultando as dúvidas dos cidadãos, de se poder indicar, quando aplicável, qual ou quais as instituições que são mais adequadas para resolver os problemas colocados. O Gráfico 27 mostra claramente que os inquiridos Concordam/Concordam totalmente com a afirmação (64,6%). Os que Discordam/Discordam totalmente são apenas 14,5%, enquanto os que se colocam numa posição intermédia se situam nos 20,9%. Confirma-se novamente que uma das características identificadas no papel de interface, de reencaminhamento informado dos cidadãos para outras

GRÁFICO 26
Vantagem do Aconselhamento nos Casos que Chegam a Tribunal (%)

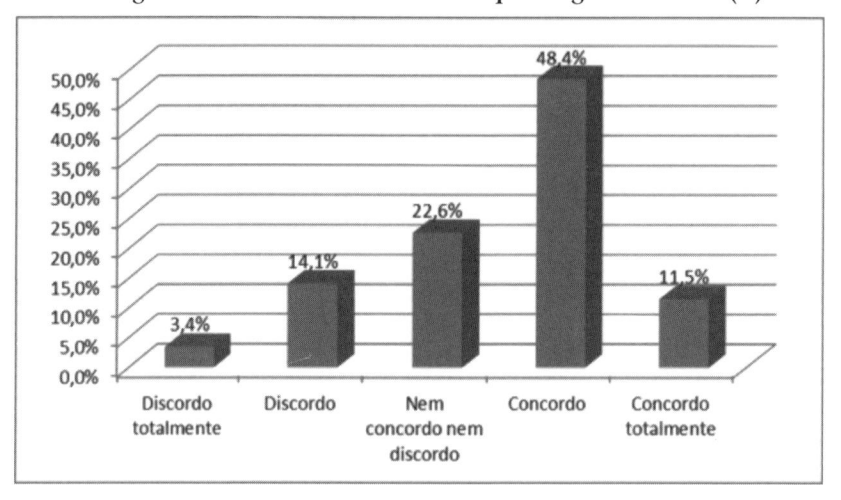

GRÁFICO 27
(Re)encaminhamento de Cidadãos para Outras Instituições (%)

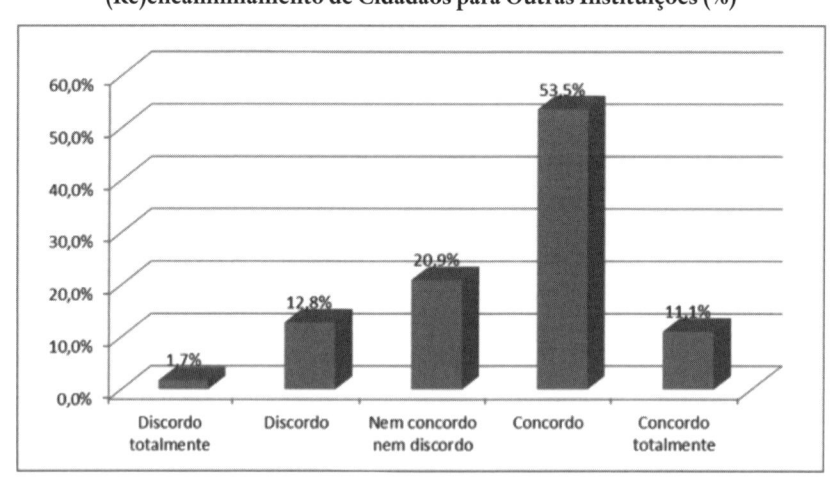

entidades, pode ser uma atividade generalizada no momento em que se presta apoio aos cidadãos.

Na sequência do que foi indagado no ponto 6, relativamente à relevância dos mecanismos de resolução alternativa de litígios, optou-se por colocar a seguinte afirmação à consideração dos inquiridos: "O Ministério Público pode ser muito importante ao aconselhar os cidadãos a recorrer a formas alternativas de resolução de conflitos". Apesar da opinião maioritariamente negativa sobre o funcionamento dos atuais mecanismos de resolução alternativa de litígios, os magistrados do Ministério Público consideram que podem aconselhar os cidadãos a recorrer a este meio de resolução dos seus conflitos, com 65,6% de respostas Concordo/Concordo totalmente. Apenas 9,2% se posicionaram inversamente, indicando que Discordam/Discordam totalmente. Os que responderam Nem concordo nem discordo atingiram os 23,2%. Estes dados indiciam que o Ministério Público não recorre mais a esta possibilidade devido à avaliação negativa que os magistrados fazem do funcionamento destes mecanismos de resolução alternativa de litígios tal como foram delineados e implementados pelo Ministério da Justiça.

GRÁFICO 28
Aconselhamento da Resolução Alternativa de Litígios (%)

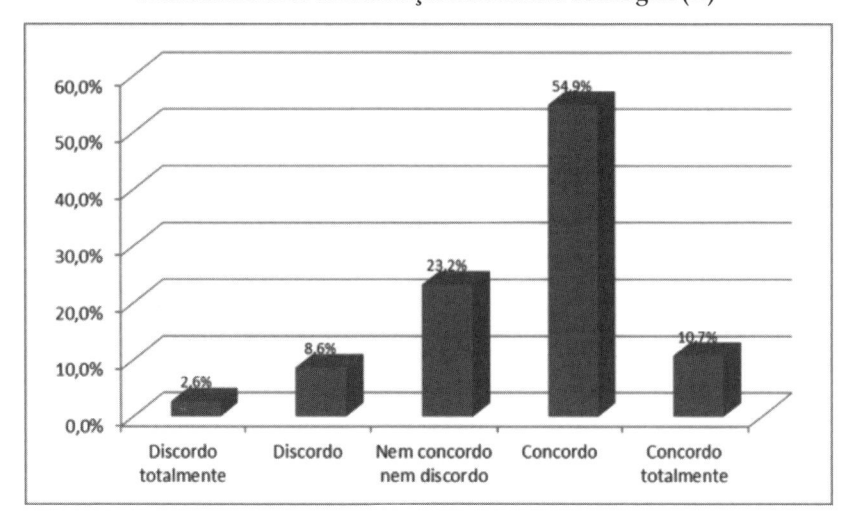

Perante a afirmação "Uma maior dedicação do Ministério Público aos serviços de atendimento não contribuirá para a diminuição da litigação em tribunal", construída na negativa, registou-se uma maioria de opiniões discordantes da asserção apresentada, pese embora a percentagem dos que não consideram a dedicação do Ministério Público ao serviço de atendimento um fator capaz de influenciar uma possível diminuição da litigação que chega a tribunal atingir um valor superior ao registado em relação às afirmações anteriores. Por conseguinte, e como se pode observar no Gráfico 29, 43,4% Discordam/Discordam totalmente da afirmação, considerando assim que uma maior intervenção do Ministério Público pode originar uma diminuição da litigação em tribunal. Já no polo oposto, 35,8% dos inquiridos desvalorizaram a possibilidade de influenciar na decisão do cidadão em ir a tribunal. As respostas obtidas vão no sentido de que a atuação do Ministério Público em fase pré-judicial poderá, consoante as situações, ter um resultado positivo no encontrar da melhor solução, que poderá inclusivamente evitar a entrada de um processo em tribunal. Esta apreciação é crucial para uma alteração do paradigma vigente, de natureza mais "curativa" do que "preventiva", para se iniciar uma nova fase em que o Ministério Público possa ter um papel mais interventivo na busca das melhores soluções no interesse dos cidadãos para evitar que os processos entrem na fase judicial. A avaliação da relação de custo-benefício que o exercício ativo desta competência poderá ter

GRÁFICO 29
Diminuição da Litigação em Tribunal (%)

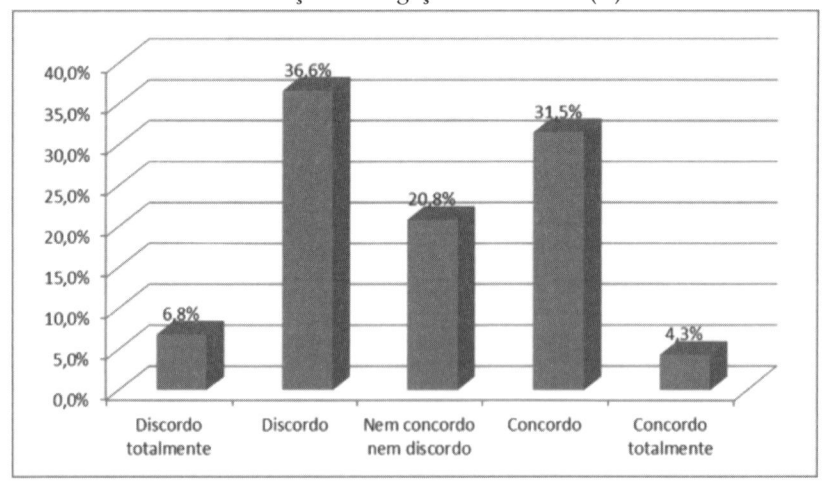

no cômputo geral do sistema judicial é um imperativo, porque é possível estar-se perante uma possibilidade de, aumentando os custos com o funcionamento do Ministério Público, se poder estar a reduzir numa proporção muito maior os custos globais do sistema judicial. Uma mudança desta natureza iria interferir, naturalmente, com os interesses corporativos e financeiros de outras profissões jurídicas, mas o que deve estar em causa é o benefício que pode potenciar aos cidadãos e ao Estado.

A afirmação de que o "Ministério Público pode proporcionar um serviço fundamental na prestação de informação jurídica aos cidadãos" permitiu atingir um máximo de respostas de Concordo/Concordo totalmente (71,6%) comparativamente com todas as restantes afirmações, assumindo-se como uma das valências estruturantes que é, ou deve ser, efetuada no serviço de atendimento ao público. Os valores no outro extremo situam-se nos 15,7% do total de respostas, mantendo-se ao nível do número de magistrados que demonstram, em geral e em concreto, alguma oposição à existência de um serviço de atendimento ao público protagonizado pelo Ministério Público. O valor dos que se posicionam no meio da escala é, para esta afirmação, de apenas 12,7%. Perante estes resultados, pode afirmar-se que a prestação de informação jurídica aos cidadãos se constitui como uma das principais características inerentes à prestação do serviço de atendimento aos cidadãos, mesmo sabendo-se que suscita polémica pelo eventual conflito com as funções de advogado, como se referiu no Capítulo 2. A análise das respostas a esta afirmação reforça o argumento utilizado a respeito do gráfico anterior, pelo que a mesma conclusão se pode extrair, ainda mais vincadamente, da opinião favorável à prestação de informação jurídica por parte do Ministério Público.

Quando solicitados a manifestar-se sobre a possibilidade de "o atendimento ao público ser institucionalizado como parte das competências do Ministério Público", os inquiridos na sua maioria, tal como se verificou em relação às afirmações anteriores, responderam favoravelmente, com o Sim a obter 61,3% das respostas, como se pode ver no Gráfico 31. Contudo, o Não registou ainda uns representativos 29,4%, um valor superior à média das respostas negativas anteriores, facto que poderá estar relacionado com a preferência pela manutenção, em parte, do atual posicionamento híbrido do Ministério Público em termos de exercício de algumas competências no âmbito do serviço de atendimento ao público. Os magistrados sem opinião formada representaram 9,4%.

A introdução da variável "idade" é a única relevante para a análise das respostas a esta afirmação. A Tabela 30 demonstra que são os magistrados nos escalões

GRÁFICO 30
Prestação de Informação Jurídica aos Cidadãos (%)

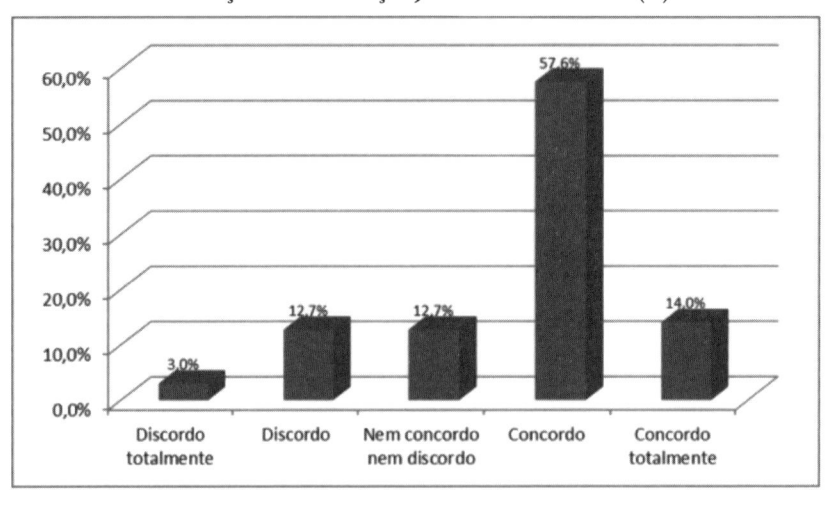

GRÁFICO 31
Institucionalização do Atendimento como Competência do Ministério Público (%)

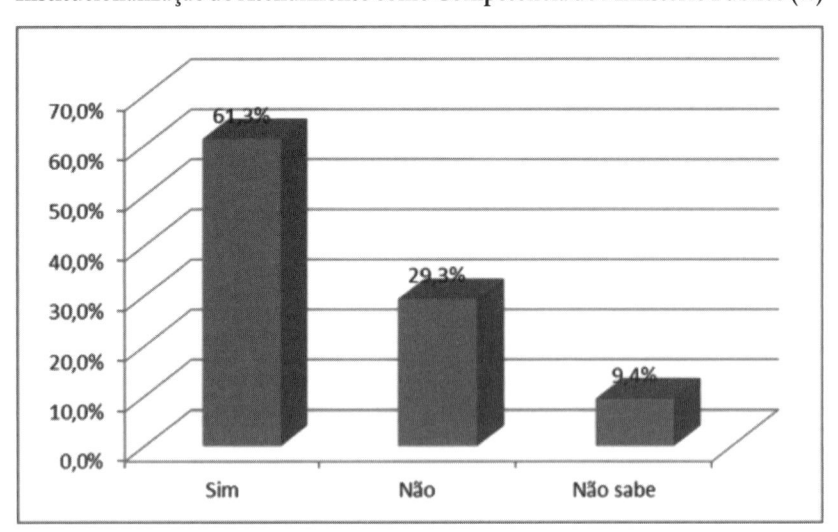

etários mais baixos que revelam menor abertura à institucionalização do serviço de atendimento ao público, com 51,1% de aceitação entre os magistrados com idade igual ou inferior a 35 anos, e 53,8% no escalão etário entre os 36 e 45 anos. São igualmente estes os escalões que registam um valor superior à média em termos de não saberem se deve ou não ser institucionalizado. Já o escalão etário entre os 46 e os 55 anos regista o valor mais elevado de concordância (63,7%), seguido de perto pelo escalão com 56 anos ou mais (61,2%). Isto significa que, pese embora a aceitação se manter acima dos 50%, são os magistrados do Ministério Público mais jovens, e que estão predominantemente nos tribunais de 1.ª instância, que são menos receptivos a esta proposta. Já os magistrados mais velhos são mais favoráveis a este reconhecimento legal de um serviço já existente.

TABELA 30

**Institucionalização do Atendimento como Competência do MP,
por Escalão Etário (%)**

	Sim	Não	Não sabe	Total
35 anos ou menos	51,1%	31,9%	17,0%	100,0%
36 a 45 anos	53,8%	35,4%	10,8%	100,0%
46 a 55 anos	63,7%	28,8%	7,5%	100,0%
56 anos ou mais	61,2%	29,7%	9,1%	100,0%
Média	57,5%	31,5%	11,1%	100,0%

A última das afirmações para a qual se solicitou resposta é a que defende que "A atividade do Ministério Público no serviço de atendimento deve ser valorizada nos processos de inspeção e avaliação profissional". Os resultados inscritos no Gráfico 32 mostram claramente que esta afirmação é aceite pela esmagadora maioria dos inquiridos, com um total de 87,1% a defenderem que o serviço prestado no atendimento ao público deve ser devidamente valorizado nos processos de inspeção relacionados com a avaliação profissional, ainda que haja opiniões diferentes entre os que consideram que deve ter uma importância maior, igual ou menor em relação às restantes componentes de avaliação dos serviços e dos magistrados do Ministério Público previstas no Regulamento de Inspeções da Procuradoria-Geral da República. Assim, o maior número de respostas (57,1%) é dos que consideram que o atendimento ao público deve ter uma valorização igual às restantes atividades desenvolvidas pelo Ministério Público. Já os que defendem que deve ter uma valorização inferior representam 28,3%, enquanto apenas 1,7% defendem que deve ter uma valorização superior aos restantes itens. Os que defendem que não deve ser valorizado nos processos de avaliação profissional são 9% e apenas 3,9% afirmam não ter uma ideia formada sobre o assunto. É fácil de concluir que existe uma grande concordância de que o serviço prestado diretamente aos cidadãos deve adquirir uma maior relevância no cômputo das atividades desempenhadas pelo Ministério Público, ganhando uma valorização que até agora não é assumida individual ou institucionalmente.

GRÁFICO 32

Valorização do Atendimento nos Processos de Avaliação Profissional (%)

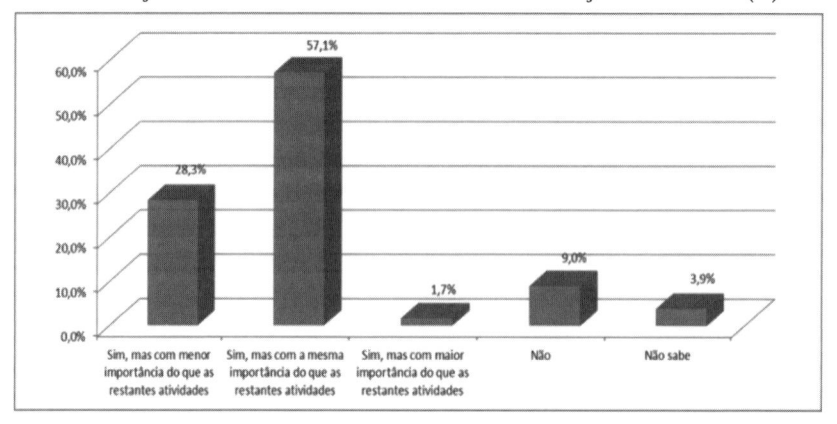

O cruzamento dos resultados relativos a esta afirmação com a variável "sexo" demonstra a existência de diferenças no teor das respostas. A Tabela 31 permite concluir que há uma maior aceitação global por parte dos homens (90%) da valorização do atendimento ao público nos processos de avaliação profissional do que por parte das mulheres (84,7%). De resto, os posicionamentos são muito semelhantes nas respostas referentes a uma consideração da sua menor ou maior importância em relação às restantes atividades do Ministério Público, não se afastando da média global, registando-se apenas uma diferença resultante da transferência, em comparação com os valores globais, de uma percentagem das mulheres que consideram dever ter esta atividade a mesma relevância que as demais, nos processos de avaliação profissional, para a resposta que implica falta de opinião. Também as mulheres que se opõem à valorização do atendimento ao público são ligeiramente mais do que os homens (9,7% contra 8,2%). Em resumo, em comparação com os dados do Gráfico 31, as mulheres registam uma maior indefinição e uma rejeição ligeiramente superior à dos homens.

TABELA 31
Valorização do Atendimento nos Processos de Avaliação Profissional,
por Sexo (%)

	Masculino	Feminino
Sim, mas com menor importância do que as restantes atividades	28,2%	29,0%
Sim, mas com a mesma importância do que as restantes atividades	60,0%	54,1%
Sim, mas com maior importância do que as restantes atividades	1,8%	1,6%
Não	8,2%	9,7%
Não sabe	1,8%	5,6%
Total	100,0%	100,0%

As diferenças de opinião são mais evidentes quando se cruzam as respostas por escalões etários. Na Tabela 32, é percetível que os magistrados mais velhos valorizam mais a opção de equiparar o atendimento ao público às restantes atividades, atingindo os 75,6% no escalão dos que têm 56 anos ou mais. Em contrapartida, o escalão etário que regista uma maior oposição à valorização deste serviço é o dos 36 aos 45 anos, com um valor (18,8%) que duplica a média global neste item (9%), com consequências na equiparação da sua importância às restantes atividades, levando a que este valor, contrariamente ao que sucede nos outros escalões, se situe abaixo dos 50% (48,4%). Curiosamente, são os magistrados mais novos que são mais favoráveis a que o atendimento ao público seja mais valorizado do que as demais funções exercidas pelo Ministério Público, com um valor (4,2%) que duplica o da média geral (2%). Os magistrados

TABELA 32
Valorização do Atendimento nos Processos de Avaliação Profissional,
por Escalão Etário (%)

	Sim, mas com menor importância do que as restantes atividades	Sim, mas com a mesma importância do que as restantes atividades	Sim, mas com maior importância do que as restantes atividades	Não	Não sabe	Total
35 anos ou menos	29,2%	56,2%	4,1%	6,3%	4,2%	100,0%
36 a 45 anos	29,7%	48,4%	0,0%	18,8%	3,1%	100,0%
46 a 55 anos	35,0%	55,0%	1,3%	3,7%	5,0%	100,0%
56 anos ou mais	12,3%	75,6%	2,4%	7,3%	2,4%	100,0%
Média	26,6%	58,8%	2,0%	9,0%	3,7%	100,0%

com 46 a 55 anos apresentam um valor mais elevado (35%) do que a média geral (26,6%) na resposta relativa ao atendimento ao público dever ser menos valorizado, levando a que a sua concordância com a igual valorização das diversas atividades seja a segunda mais baixa (55%).

A magistratura do Ministério Público é, na sua grande maioria, recetiva à dignificação do serviço de atendimento ao público como uma das atividades "nobres" das suas competências, devendo para isso ter uma adequada valorização no âmbito do Estatuto do Ministério Público e, em termos de funcionamento interno, na devida integração nos processos de avaliação profissional. Regista-se, portanto, uma opinião favorável à existência de um serviço de contacto direto com os cidadãos com as características que se descreveram no Capítulo 2 relativamente ao papel de interface ao nível do aconselhamento em termos gerais, à prestação de informação jurídica, ao reencaminhamento para os profissionais ou as entidades mais competentes para a solução do problema ou, mesmo, ao redirecionamento para mecanismos de resolução alternativa de litígios. A assunção desta função, de forma generalizada, pode ainda acarretar consideráveis benefícios em termos de custos de funcionamento para o sistema judicial, para além, obviamente, das mais-valias para os cidadãos.

A corroboração do que, de facto, já existe na realidade em muitos tribunais ou serviços do Ministério Público mais não significa do que uma sentida necessidade de valorização profissional por via da dignificação do contacto direto com os cidadãos. Por conseguinte, os magistrados do Ministério Público consideram que a assunção de um papel mais ativo como interface contribuirá positivamente para a melhoria do acesso dos cidadãos ao direito e à justiça, ou seja, para que os direitos de cidadania sejam devidamente defendidos. Por isso, são a favor de que esta atividade seja valorizada como competência estatutariamente inscrita e com um peso igual ao de outros critérios de avaliação profissional.

8. Notas finais

A aplicação do questionário ao universo dos 1549 magistrados do Ministério Público, que obteve uma taxa de resposta de 15,8%, constituiu um instrumento científico muito valioso, não só para aferir a realidade das práticas existentes e da sua opinião sobre o atual desempenho das atividades relacionadas com o contacto direto com os cidadãos, mas também para avaliar o modo e a forma como o serviço de atendimento ao público pode e deve ser configurado. Deste modo, os resultados permitem constatar a necessidade de se efetuar uma reflexão sobre as atuais competências numa dupla perspetiva: de prestação de um apoio essencial à efetivação dos direitos dos cidadãos e de definição de uma estratégia de valorização profissional para o Ministério Público. A integração no projeto de investigação "Quem são os nossos magistrados? Caracterização profissional dos juízes e magistrados do Ministério Público em Portugal" constituiu uma mais--valia assinalável, por permitir atingir, com respaldo institucional, a totalidade dos magistrados do Ministério Público. Existia a expectativa inicial de uma maior participação dos magistrados do Ministério Público, mas tal não se verificou, por razões que não são facilmente percetíveis, pese embora a amostra final ser estatisticamente representativa ao ultrapassar os 10% do universo.

Os resultados obtidos permitem retirar um conjunto de ideias que se podem organizar nas cinco ilações que se apresentam de seguida. A primeira relaciona--se com a própria trajetória profissional dos magistrados do Ministério Público, observando-se que o ingresso na profissão conformou, para a grande maioria, um processo de mobilidade social ascendente tendo em consideração a origem social dos pais e das mães. Os magistrados são essencialmente oriundos dos três principais distritos urbanos com as universidades públicas mais antigas e com as faculdades de Direito com maior prestígio: Lisboa, Porto e Coimbra. Politicamente, os magistrados do Ministério Público posicionam-se em maior percentagem à esquerda, podendo afirmar-se predominarem as opções políticas de centro e esquerda.

A segunda ilação respeita aos resultados da avaliação sobre os obstáculos que dificultam atualmente o acesso dos cidadãos ao direito e à justiça, em que se procurou recolher a perceção dos magistrados do Ministério Público por causa do seu estatuto de atores privilegiados numa componente muito prática de atuação no sistema judicial. Avaliando os cinco indicadores incluídos no inquérito, os magistrados apreciam o primeiro, relativo à facilidade com que hoje em dia os cidadãos podem aceder aos tribunais, referindo que o acesso se faz, em regra, sem grandes dificuldades de maior, pese embora haver diferenças consoante as respostas sejam de magistrados com um posicionamento à direita (acesso mais fácil) ou à esquerda (acesso mais difícil). Ao questionar-se mais em pormenor sobre o modo de *Funcionamento da justiça*, este é considerado como um dos fatores determinantes na hora dos cidadãos decidirem recorrer à tutela judicial. Assim, destacam neste indicador dois dos subitens apresentados, tocantes às dificuldades provocadas pela *Morosidade processual* e pela *Credibilidade da justiça*, considerando que ambos têm um forte impacto negativo. O indicador alusivo aos *Fatores económicos*, que incluía os subitens sobre o efeito das *custas judiciais* e dos *honorários dos advogados*, foi igualmente objeto de uma opinião contundente, ao terem sido ambos os subitens considerados como tendo uma elevada influência negativa no acesso dos cidadãos aos tribunais. A *Formação profissional das profissões judiciais* foi outro indicador integrado no questionário, sendo este apreciado como relevante para atingir o mesmo fim, embora os valores obtidos denotem que lhe é atribuído um menor peso quando comparado com os dois indicadores anteriores. A *Corrupção*, por seu lado, não é um indicador relevante para obstaculizar o acesso dos cidadãos aos tribunais. Em suma, é possível afirmar que esta multiplicidade de fatores tem uma importância apreciável, em particular quando, por um lado, ocorrem vários fatores em simultâneo e, por outro, se observa a tendência de algumas reformas judiciais em curso, que procuram principalmente reduzir custos sem aferir se isso significa, por arrastamento, uma diminuição da efetivação dos direitos.

Os atuais mecanismos de resolução alternativa de litígios não constituem, para os magistrados do Ministério Público, uma solução credível e com um bom desempenho, como se pode constatar face à avaliação que fazem do seu funcionamento. Esta terceira ilação permite validar as posições críticas ou, pelo menos, céticas que têm sido aventadas nos últimos anos pelo Sindicato dos Magistrados do Ministério Público (para não mencionar outras profissões, como a dos juízes, que também têm adotado posições críticas). Curiosamente, a posição com valores mais elevados, de forte pendor crítico, refere-se ao mecanismo que mais se relaciona com o exercício profissional da maioria dos magistrados, que se centra na área penal, ao avaliarem negativamente o funcionamento do atual Sistema de Mediação Penal.

A quarta ilação que a análise efetuada neste capítulo permite retirar é a comprovação da existência do papel de interface, caracterizado no Capítulo 2, descrevendo-se a sua multiplicidade de características num desempenho efetuado de forma mais formal ou informal, por vezes *à la carte*, ou seja, consoante as necessidades dos cidadãos que se apresentam perante o magistrado do Ministério Público. As respostas dos magistrados sobre a existência do serviço de atendimento ao público, o seu modo de funcionamento e as atividades desenvolvidas possibilitaram a identificação da diversidade de funções e propiciaram a realização de uma radiografia clara sobre as potencialidades que este serviço tem na promoção e garantia do acesso dos cidadãos ao direito e à justiça. Apesar de se observarem modos de funcionamento e desempenho diferenciados, denotando uma evidente falta de estratégia e coordenação nacional, a maioria dos profissionais considera este serviço muito importante, não vislumbrando a existência de alternativas à sua prestação por parte do Ministério Público.

Os magistrados do Ministério Público que têm um posicionamento global mais à esquerda em termos políticos instituem formalmente serviços de atendimento ao público em maior número e delegam menos, exclusivamente ou numa primeira fase, nos funcionários judiciais a responsabilidade de atenderem os cidadãos. Os resultados indiciam, nalgumas questões, a existência de uma consciência de serviço público em que assumem uma maior responsabilidade em proporcionar um serviço com contacto direto para garantir os direitos dos cidadãos. Assim, de acordo com os resultados do inquérito, funções como aconselhamento genérico, prestação de informação jurídica, reencaminhamento para outras entidades ou profissionais mais adequados ao problema apresentado, redireccionamento para outros mecanismos de resolução alternativa de litígios ou intervenção direta na procura de soluções consensuais são algumas das atividades protagonizadas durante o serviço de atendimento ao público do Ministério Público.

A quinta e última grande ilação que a análise dos dados obtidos propicia é o alto nível de recetividade da magistratura do Ministério Público à dignificação do serviço de atendimento ao público como uma das atividades "nobres" das suas competências profissionais, devendo, por conseguinte, ser alvo de uma adequada institucionalização no Estatuto do Ministério Público e, ao nível interno, na valorização dentro dos processos de avaliação profissional. A opinião geral é, portanto, bastante favorável à existência de um serviço de contacto direto com os cidadãos, possuindo integralmente as características elencadas para descrever o papel de *interface*. A corroboração da existência formal do serviço de atendimento ao público, ainda que seja algo pouco reconhecido institucionalmente, expressa uma necessidade de valorização profissional do Ministério Público através do reforço, mesmo numa fase pré-judicial, da interação com os cidadãos. Os magistrados do Ministério Público consideram que assumir uma função mais ativa neste papel de interface concorrerá positivamente para, por um lado, adquirirem uma legitimidade judicial e profissional reforçada e, por outro, contribuírem para um melhor acesso dos cidadãos ao direito e à justiça.

Esta última ilação permite ainda introduzir o argumento relativo à relação de custo-benefício que o exercício ativo desta competência poderá ter para o financiamento global do sistema judicial. Como se expôs atrás, esta pode configurar uma mudança paradigmática, não só no sistema de acesso dos cidadãos aos tribunais, mas igualmente no funcionamento do sistema judicial, com um potencial de redução de custos financeiros se a atividade do Ministério Público propiciar uma redução de entradas de processos na fase judicial. Ou seja, aumentando os custos com o funcionamento do Ministério Público poderá ser possível reduzir numa proporção muito maior os custos globais do sistema judicial. Muito provavelmente haveria oposição a esta mudança, principalmente pelo facto de ir contra os interesses corporativos e financeiros de outras profissões jurídicas, em particular dos advogados. Contudo, o Estado deve avaliar, perante as limitações financeiras e económicas e a inexistência atual de alternativas credíveis e legitimadas, se o benefício que pode potenciar aos cidadãos e ao próprio Estado não justificará esta opção.

O argumento delineado inicialmente para este capítulo foi cabalmente cumprido, devido ao facto de a análise dos resultados ter contribuído com um conjunto alargado de informações que ajudam à reflexão sobre o funcionamento, organização e potencial reconfiguração do papel de interface do Ministério Público, particularmente a partir do serviço de atendimento ao público. Contando com o desempenho de profissionais qualificados e empenhados acima de tudo, e segundo o seu estatuto, na aplicação da justiça de forma autónoma e independente em nome do interesse público, o Ministério Público pode caminhar, com a legitimidade e apoio conferidos pela sua classe profissional, no sentido de assumir uma identidade profissional com bases de suporte mais alargadas e características diferenciadas, ainda que em articulação e complementaridade em relação às restantes profissões jurídicas/judiciais.

CAPÍTULO 5

CONCLUSÕES E RECOMENDAÇÕES

A elaboração deste trabalho corresponde ao resultado de atividades decorrentes de vários anos de investigação na área dos estudos sociojurídicos. A referida investigação foi desenvolvida em rede ou em articulação com investigações e investigadores com os quais houve colaboração em múltiplos estudos, em diferentes temáticas complementares da justiça, com especial enfoque em Portugal, mas sempre com uma perspetiva comparada do que se vai fazendo internacionalmente. A visão global sobre o papel e funcionamento do pilar da justiça nas sociedades contemporâneas não diminui a importância de se efetuarem estudos parcelares, que ajudem a montar o complexo *puzzle* que constitui esta área fundamental para a garantia dos direitos dos cidadãos. Por conseguinte, os resultados que aqui se apresentam não se limitam à mera proposta de reformulação do papel a desempenhar pelo Ministério Público nem tão-pouco se confinam a um conjunto de medidas parcelares e desenquadradas de uma perspetiva global da justiça.

A visão aqui proposta, por analisar uma microproblemática no âmbito da avaliação de um mecanismo facilitador do acesso dos cidadãos ao direito e à justiça, visa necessariamente uma complementaridade com reflexões e estudos sobre outros aspetos da justiça, tendo sempre como pano de fundo a sua interação quer no seio dos poderes estatais, quer no conjunto da sociedade que é suposto servir. O árduo trabalho que agora se impõe realizar remete para a tentativa de sintetizar pragmaticamente os resultados obtidos a partir de conclusões robustas, objetivas e facilmente compreensíveis por quem se interessar pela temática proposta. Traçam-se de seguida as principais conclusões que foi possível atingir a partir do trabalho efetuado, em que, parafraseando Boaventura de Sousa Santos, tão importantes são as ideias que se transmitem como as que ficarão ausentes. Contudo, espera-se que as "ausências" involuntárias não minimizem as principais ideias-chave a que se chegou. Após as conclusões, apresenta-se um conjunto de recomendações, que, em diversos patamares, podem contribuir para melhorar o funcionamento do Ministério Público no cumprimento de umas das suas principais atribuições.

1. Conclusões: Ou como reduzir a complexidade ao pragmatismo das ideias

Face às pressões de um mundo globalizado e de uma justiça que se pretende cada vez mais célere, mais eficaz, mais eficiente e de melhor qualidade, enfrentamos atualmente novos desafios organizacionais, que, embora possam ser utilizados para condicionar a independência das magistraturas, decorrem de um processo normal de reestruturação e de adequação do poder judicial a novos enquadramentos socioeconómicos e políticos. Portugal não é exceção no panorama europeu. A reflexão sobre qual ou quais devem ser os tempos da justiça para que esta seja, efetivamente, mais justa nem sempre tem estado no topo das prioridades, dadas as pressões para que os resultados sejam imediatos ou, pelo menos, céleres, em resultado de uma pressão social e política cada vez maior, que catapulta o tradicional "tempo da justiça" para uma montra histórica não compreensível nos tempos de aceleração que a viragem do século nos incutiu como um caminho de sentido único.

A incorporação dos princípios internacionais no sistema judicial português, que vem ocorrendo desde o 25 de Abril de 1974, demonstra um consenso relativamente pacífico, ainda que a forma de implementar esses princípios desperte posições divergentes devido à predominância de interesses corporativos, de lutas políticas e de afirmações de protagonismo. A evolução judiciária nas últimas quase quatro décadas permite afirmar que a justiça em Portugal ainda se encontra num processo de consolidação da transição para a democracia. Apesar de mudanças que ocorreram com ritmos, conjunturas e especificidades muito diferenciadas, a preocupação subjacente à maioria delas foi de dotar a arquitetura judicial e legal com os princípios da democraticidade e independência, ao mesmo tempo que se ia investindo, a um ritmo inferior ao do crescimento da litigiosidade, em mais meios humanos, físicos e financeiros, procurando aumentar a capacidade de resposta do sistema judicial. Contudo, as respostas sistémicas mantiveram-se dentro do paradigma de justiça que vinha já dos tempos do Estado Novo, não conseguindo alterar o modelo de "fazer justiça" (Dias, 2013b).

O Ministério Público em Portugal, ao contrário do que é corrente afirmar-se, alterou bastante as suas características ao longo dos tempos. Ainda que mantendo uma matriz de defensor da legalidade, tal como antes defendia os interesses do Rei, a diversidade de funções que foi assumindo conferiu-lhe uma importância cada vez maior na "arquitetura" do sistema judicial português e de garante da legalidade e dos direitos dos cidadãos. Verificou-se, igualmente, uma preocupação em modernizar a formação dos magistrados, os serviços e a própria organização interna de uma magistratura que, em função das suas competências, tem uma estrutura hierarquizada ainda que funcionalmente autónoma.

As discussões e reformas na área da justiça e o papel que os seus profissionais devem ocupar têm tido a influência de diversas instâncias internacionais (entidades supraestatais ou associações internacionais de profissionais), que elaboraram ao longo das últimas décadas diversos documentos internacionais que balizam os princípios fundamentais para a implementação de modelos de sistemas judiciais e definem os contornos imprescindíveis à atribuição de competências e ao desempenho de funções de advogados, juízes e magistrados do Ministério Público. Ao nível das competências do Ministério Público, não se pode deixar de destacar, em concreto, a aprovação da Recomendação Rec(2012)11 pelo Conselho de Ministros do Conselho da Europa, em setembro de 2012, sobre o "O papel dos procuradores fora do sistema criminal de justiça", que representa um marco fundamental na aceitação e afirmação internacional de modelos de Ministério Público complexos e com competências nas diversas áreas jurídicas, sempre no contexto da promoção do Estado de Direito, da proteção dos direitos humanos e das liberdades individuais e da defesa do interesse público, muito à imagem do modelo existente em Portugal.

O leque de competências do Ministério Público português é diversificado, ainda que, em termos de volume processual e notoriedade mediática, se centre na área penal, fonte geradora de muitas polémicas. Contudo, a sua ação não se limita à área penal, dado que as suas funções nas áreas laboral, família e menores, administrativa, interesses difusos (ambiente, consumo, urbanismo, etc.) e/ou na defesa dos mais fracos e incapazes adquiriram um lugar preponderante na defesa da legalidade e na promoção do acesso dos cidadãos ao direito e à justiça. Não é fácil perspetivar, nesta nova fase reformista, quais as intenções que poderão existir para reconfigurar o Ministério Público. O que se pode avançar, ao avaliar a atuação do Ministério Público nas diferentes áreas jurídicas, é que as funções assumidas por estes magistrados vão muito além das competências legais que lhes estão cometidas por lei. Ainda que seja um dever fundamental "servir" o cidadão, ao magistrado do Ministério Público exige-se que funcione como "interface" no sistema judicial, estando ao mesmo tempo dentro e fora do poder judicial, entre os diversos atores que atuam no sistema, sejam eles institucionais, públicos ou privados, associativos ou meramente cidadãos à procura de "justiça".

As características que envolvem a sua atuação como interface passam: pela capacidade de intervir informalmente logo numa fase inicial, em que é procurado pelos cidadãos através do serviço de atendimento ao público; pela prestação de informações jurídicas adequadas, mesmo através da consulta jurídica, podendo ainda aconselhar os cidadãos a avançar com um processo judicial ou até mesmo patrociná-lo, se for legalmente adequado; pela convocação das partes em conflito, procurando efetuar procedimentos conciliatórios ou de mediação numa fase pré-judicial; pela transmissão de informações sobre a existência de outras entidades mais adequadas ou pela convocação de outros atores com maior responsabilidade/capacidade para lidar com a situação; e pela promoção da articulação entre as diversas entidades ou atores que podem contribuir para uma melhor e mais célere resolução dos problemas apresentados pelos cidadãos.

A assunção do papel de interface tem implicações na definição do "perfil" profissional dos magistrados do Ministério Público, passando este a assumi-lo de forma consistente como parte integrante do seu leque de competências estruturais. Contudo, os magistrados do Ministério Público, institucional e sindicalmente organizados, têm operado um triplo erro na estratégia profissional adotada ao desvalorizarem três campos de atuação: interna, por não realçarem esta vertente do seu desempenho quotidiano, que está completamente ausente dos relatórios oficiais e é pouco valorizada nos processos de avaliação do desempenho profissional; externa, por não integrar os discursos e as prioridades profissionais, reivindicativas e/ou políticas e de legitimação profissional; e interprofissional, por não ser assumida e valorizada junto das outras profissões jurídicas nem pelas outras profissões jurídicas. O bom exercício do papel de interface exigirá uma coordenação adequada em três áreas: interna; institucional e/ou administrativa; e cívica ou comunitária. A interna, através da estrutura hierárquica do Ministério Público, que necessita de instituir regras, procedimentos e práticas profissionais harmonizadas. A institucional e/ou administrativa, como ator proativo no relacionamento com outras entidades e pela possibilidade de rapidamente encaminhar/guiar os cidadãos no seu itinerário burocrático institucional. A coordenação cívica e/ou comunitária, ao funcionar ativamente como elo de ligação entre os cidadãos que a si recorrem e outras entidades, essencialmente da sociedade civil, permite convocar os atores cívicos e comunitários sempre que isso seja mais adequado para a defesa dos interesses públicos. A confiança dos cidadãos no Ministério Público resulta de este ser: *incontornável* em muitas situações, em que os cidadãos apenas podem, devido ao tipo de conflito em causa, dirigir-se ao Ministério Público, ou, noutras situações, por não saberem onde se dirigir ou por não "confiarem" nos restantes potenciais atores; *complementar*, quando, para além do apoio que é possível assegurar noutros espaços ou instituições, pretendem uma "cobertura" institucional/judicial que os proteja de qualquer problema inesperado; *orientador* dos cidadãos, quando lhes explica os percursos jurídico-institucionais que podem ou devem seguir, em coordenação, ou não, com o próprio serviço do Ministério Público; e *apaziguador dos conflitos*, através da informação que presta ou da forma como intervém junto das partes, procurando, (in)formalmente, uma rápida resolução do litígio.

A atividade do Ministério Público nas suas múltiplas áreas de intervenção não pode ser analisada sem estar devidamente contextualizada com o desempenho do sistema judicial na sua globalidade. Assim, apesar da relativa dispersão e pouca fiabilidade dos dados estatísticos existentes, deve ter-se em consideração que o sistema judicial tem vindo a sofrer uma retração nos meios ao seu dispor, tal como sucede noutras áreas da responsabilidade do Estado. Detalhando mais esta afirmação, observam-se algumas tendências importantes: o decréscimo acentuado dos orçamentos da justiça, seja do valor para funcionamento ou da rubrica de recursos humanos, explicável, essencialmente, pela redução no número de funcionários judiciais e, nos próximos anos, das magistraturas; o caráter "paliativo" das medidas adotadas nos últimos anos para melhorar o funcionamento da justiça, como se pode observar pelos dados globais de movimento processual nos tribunais, que registam um crescimento constante no número de processos pendentes; e a concentração da entropia processual na área cível e, dentro desta, na ação executiva, que, apesar das várias reformas dos últimos anos, permanece como o elemento que mais desestrutura e desequilibra o desempenho global do sistema judicial.

Já a avaliação do movimento processual relativo apenas ao Ministério Público permite afirmar que este adquiriu a capacidade de gerir adequadamente o volume de processos, ao conseguir findar um número maior do que o volume de processos entrados, o que permitiu diminuir o número de pendências nos seus serviços, apesar de também registar um volume global crescente, em particular com a assunção dos processos para a instauração de ações executivas por custas, coimas ou multas em processos judiciais, ainda que mais de metade da sua atividade continue a centrar-se na área penal. Quanto à sua atuação nas áreas sociais, vem demonstrando um desempenho assinalável, sendo de assinalar a sua capacidade em intervir qualificadamente em áreas tão sensíveis como a de família e menores e a laboral. Uma vez que o desempenho do Ministério Público no serviço de atendimento ao público só começou a ser inserido estatisticamente nos Relatórios de Atividades a partir de 2005, e por existir uma falta de fiabilidade dos dados estatísticos para se poder efetuar uma análise consistente, não é possível ir mais longe do que simplesmente constatar que o seu volume parece adquirir uma importância assinalável no cômputo geral do seu trabalho. Sem se saber igualmente a natureza do serviço prestado ou o seu resultado, importa apenas realçar que o Ministério Público precisa de efetuar uma recolha mais fiável e completa destes dados para se poder analisar corretamente a relação de proximidade entre o Ministério Público e os cidadãos e o papel de interface que desempenha ou pode desempenhar.

A aplicação de um inquérito ao universo dos 1549 magistrados do Ministério Público, com uma taxa de resposta de 15,8% (244 respostas), constituiu um instrumento científico valioso para recolher a sua opinião sobre as atividades relacionadas com o contacto direto com os cidadãos e para avaliar o serviço de atendimento ao público. Os resultados permitem constatar a necessidade de se efetuar uma reflexão sobre as competências do Ministério Público numa dupla perspetiva: de prestação de um apoio essencial à efetivação dos direitos dos cidadãos; e de definição de uma estratégia de valorização profissional para o Ministério Público. Cinco ilações principais se retiraram da análise dos dados. A primeira refere-se à trajetória profissional dos magistrados do Ministério Público, observando-se que o ingresso na profissão conforma para a maioria um processo de mobilidade social ascendente. Verifica-se ainda que os magistrados são essencialmente oriundos dos três principais distritos urbanos com as universidades públicas mais antigas (Lisboa, Porto e Coimbra), além de se posicionarem em maior percentagem à esquerda do espectro político.

A segunda ilação respeita aos resultados da avaliação sobre os obstáculos que atualmente dificultam o acesso dos cidadãos ao direito e à justiça, em que, ao efetuar-se a avaliação de cinco indicadores (Obstáculos ao acesso aos tribunais, Funcionamento da Justiça, Fatores Económicos, Formação Profissional, e Corrupção), cada um deles subdividido em vários itens, se pode afirmar que a multiplicidade de fatores tem uma importância apreciável, em particular quando ocorrem em simultâneo, provocando dificuldades acrescidas, e se observa uma redução de custos de funcionamento e um aumento dos custos de acesso à justiça. O posicionamento político, assim como outras variáveis independentes (idade, sexo e local de trabalho), interferem nas opiniões em relação a vários dos indicadores, com especial destaque para a avaliação que os magistrados fazem do grau de dificuldade de acesso dos cidadãos aos tribunais, em que os que se posicionam politicamente à direita consideram o acesso mais fácil e os que se posicionam à esquerda o consideram mais difícil.

A terceira ilação diz respeito aos atuais mecanismos de resolução alternativa de litígios, que, na opinião dos magistrados do Ministério Público, não constituem uma solução credível e com um bom desempenho, conforme se verifica na avaliação que fazem ao seu funcionamento. Isto permite validar as posições críticas ou, pelo menos, céticas que têm sido aventadas nos últimos anos pelos magistrados do Ministério Público. Curiosamente, a posição com valores mais elevados, de forte pendor crítico, refere-se ao mecanismo que mais se relaciona com o exercício profissional da maioria dos magistrados, ao avaliarem negativamente o funcionamento do atual Sistema de Mediação Penal.

A quarta ilação que se retira dos resultados do inquérito é a comprovação da existência do papel de interface, descrevendo-se a sua multiplicidade de características num desempenho efetuado de forma mais formal ou informal, por vezes *à la carte*, consoante as necessidades dos cidadãos que se apresentam perante o magistrado do Ministério Público. As respostas dos magistrados sobre a existência do serviço de atendimento ao público, o seu modo de funcionamento e as atividades desenvolvidas possibilitaram a identificação da diversidade de funções que ele implica e propiciaram a realização de uma radiografia clara sobre as potencialidades que este serviço tem na promoção e garantia do acesso dos cidadãos ao direito e à justiça. Apesar de se observarem modos de funcionamento e desempenho diferenciados, denotando uma evidente falta de estratégia e coordenação nacional, a maioria dos profissionais considera este serviço muito importante, não vislumbrando a existência de alternativas à sua prestação pelo Ministério Público.

Os magistrados do Ministério Público que, em termos políticos, têm um posicionamento global mais à esquerda instituem formalmente serviços de atendimento ao público em maior número e delegam menos, exclusivamente ou numa primeira fase, nos funcionários judiciais a responsabilidade de atenderem os cidadãos. Os resultados indiciam nalgumas questões a existência de uma consciência de serviço público, em que assumem uma maior responsabilidade em proporcionar um serviço com contacto direto para garantir os direitos dos cidadãos. Assim, funções como aconselhamento genérico, prestação de informação jurídica, reencaminhamento para outras entidades ou profissionais mais adequados ao problema apresentado, redireccionamento para outros mecanismos de resolução alternativa de litígios ou intervenção direta na procura de soluções consensuais são algumas das atividades protagonizadas durante o serviço de atendimento ao público do Ministério Público.

A quinta e última grande ilação que a análise dos dados obtidos propicia é o elevado grau de recetividade da magistratura do Ministério Público em relação à dignificação do serviço de atendimento ao público como uma das atividades "nobres" das suas competências profissionais, devendo ser alvo de uma adequada institucionalização e valorização na avaliação profissional.

Esta última ilação permite ainda introduzir o argumento relativo à relação custo-benefício que o exercício ativo desta competência poderá ter para o financiamento global do sistema judicial. Esta pode configurar uma mudança paradigmática não só no sistema de acesso dos cidadãos aos tribunais, mas igualmente no funcionamento do sistema judicial, com um potencial de redução de custos financeiros se a atividade do Ministério Público propiciar uma redução de entradas de processos na fase judicial. Ou seja, aumentando os custos com o funcionamento do Ministério Público poderá ser possível reduzir numa proporção muito maior os custos globais do sistema judicial. É de esperar que uma mudança deste tipo venha a suscitar oposição, principalmente pelo facto de ir contra os interesses corporativos e financeiros de outras profissões jurídicas, em particular os advogados. Cabe ao Estado avaliar, perante as limitações financeiras e económicas, e à inexistência atual de alternativas credíveis e legitimadas, se o benefício que pode potenciar ao cidadão e ao próprio Estado não justificará esta opção.

Importa agora confrontar a hipótese de trabalho lançada inicialmente com os resultados obtidos e verificar a sua validade. Deste modo, e atendendo ao exposto, é possível afirmar com um elevado grau de segurança que: O *Ministério Público, face à identidade e ao desempenho profissional que o caracteriza, funciona como valioso instrumento promotor e facilitador dos direitos dos cidadãos, assumindo um papel de interface nas diversas áreas da sua intervenção face às debilidades que os diferentes instrumentos de acesso apresentam e às orientações das recentes reformas judiciais, sendo, no entanto, necessário introduzir melhorias nas competências e práticas profissionais (formais e informais) tendentes à sua institucionalização, à reconstrução da sua identidade profissional e à transformação da relevância e natureza da sua participação.*

A validação da hipótese de trabalho surge na sequência da corroboração da existência formal do serviço de atendimento ao público, ainda que pouco reconhecido institucionalmente, e expressa uma necessidade de valorização profissional do Ministério Público através do reforço da interação, mesmo numa fase pré-judicial, do contacto com os cidadãos. Os magistrados do Ministério Público podem assumir uma função mais ativa neste papel de interface, que concorrerá positivamente para, por um lado, reforçarem a sua legitimidade social, judicial e política e, por outro, contribuírem para um melhor acesso dos cidadãos ao direito e à justiça. Em suma, o Ministério Público tem todas as características necessárias para funcionar como uma verdadeira "porta de entrada" para a realização da cidadania. Só precisa querer e caminhar nesse sentido.

Os crescentes desafios emergentes na nossa sociedade global, nas diversas frentes jurídicas, originam uma forte pressão sobre os magistrados do Ministério Público que nem sempre tem sido bem administrada ou alvo de uma resposta capaz. A resposta que o Ministério Público conseguir dar em termos de afirmação social das suas funções será, assim, um elemento crucial para determinar a evolução das suas competências e formas de organização. A promoção dos direitos de cidadania depende, em parte, do seu exercício profissional. Por isso, um Ministério Público eficaz, competente e legitimado constitui um elemento estruturante do poder judicial e, por conseguinte, do próprio sistema democrático.

A maturidade da justiça atingir-se-á, assim, quando o funcionamento da justiça conseguir garantir os direitos de cidadania de forma eficaz, célere e sem cedências às pressões limitadoras das conquistas recentes do Estado social português. E que, perante um cenário constante de "crise da justiça", seja possível aos atores judiciais emergir como sustentáculo da afirmação da justiça igual para todos, afirmando-se como "opositores" das pressões reducionistas dos direitos de cidadania em nome do bom funcionamento económico da sociedade e da sustentabilidade financeira do Estado à custa da "insustentabilidade" social dos cidadãos.

2. A interface do Ministério Público: Recomendações para uma política pública de acesso ao direito e à justiça

Ao Estado cabe, na definição da política pública da justiça, não só garantir a existência de um sistema integrado de acesso ao direito e à justiça, com múltiplas portas de entrada, mas igualmente definir as fronteiras profissionais na conjugação do equilíbrio necessário entre os melhores interesses dos cidadãos, das profissões envolvidas e da sustentabilidade financeira do sistema judicial. Mais a mais, num contexto de uma grave crise financeira do Estado, a manutenção e melhoramento de uma política de acesso ao direito e à justiça impele a uma reflexão para que se consiga, mesmo sem haver atualmente capacidade financeira, arquitetar um modelo equilibrado entre os diversos interesses em jogo, otimizando as mais-valias com que cada ator pode contribuir. Contudo, a responsabilidade pela arquitetura, implementação e funcionamento bem-sucedido de um sistema integrado de acesso ao direito e à justiça deve ser partilhada coletivamente. Por conseguinte, apresenta-se de seguida um conjunto de ideias e/ou propostas sucintamente expostas, organizadas em torno de quatro grandes atores com diferentes níveis de responsabilidade ativa (Estado, Procuradoria-Geral da República, Sindicato dos Magistrados do Ministério Público e cidadãos), que permita contribuir para a discussão pública e, posteriormente, para a elaboração de uma *nova* política pública de acesso ao direito e à justiça. Naturalmente, as ideias e/ou propostas, ainda que partindo de uma perspetiva global, incidem particularmente sobre os resultados obtidos neste trabalho.

Ao *Estado*, através do Ministério da Justiça, compete a principal responsabilidade de definir um modelo integrado de acesso ao direito e à justiça que garanta a promoção e garantia dos direitos dos cidadãos. Para tal, entre outras propostas que se poderiam definir, é necessário que assegure o cumprimento das seguintes tarefas:

a) avaliação global e parcelar do funcionamento do sistema judicial – incluindo a compilação e disponibilização de informação credível sobre o financiamento/orçamento disponível e executado, recursos humanos, tribunais e sua organização, mecanismos de resolução alternativa de litígios e movimento processual – a incidir nas diferentes entidades que "realizam" a justiça, permitindo a construção de indicadores fiáveis e a elaboração de análises custo-benefício nas distintas áreas de intervenção;

b) promoção da discussão pública, sustentada em informações devidamente validadas e consensualizadas, sobre as diferentes opções e alternativas para, com os meios existentes, poder melhorar o funcionamento global do sistema judicial e garantir o acesso fácil e informado dos cidadãos ao direito e à justiça, entre elas, por exemplo, a possibilidade de criação de um modelo de defensor público autónomo, à imagem do que sucede no Brasil (Sadek, 2001), ou um modelo de Ministério Público bicéfalo que articule as atuais competências com a de defensor público, como na Argentina (Arduino *et al.*, 2008), podendo o acesso à carreira de defensor público, nos primeiros anos, passar pelo desempenho prévio de funções nesta vertente;

c) avaliação de todos os mecanismos de resolução alternativa de litígios atualmente em vigor, procurando aferir, em primeiro lugar, se cumprem os objetivos para os quais foram criados, incluindo a "igualdade de armas" que assegura os direitos das partes mais frágeis e, por outro, se o desempenho em termos de custo-benefício constitui uma vantagem para o Estado ou se os resultados alcançados poderiam ser superados com um investimento financeiro equivalente na melhoria do sistema judicial e, em particular, do Ministério Público;

d) clarificação das competências profissionais das diversas profissões jurídicas, atendendo ao cumprimento das alíneas anteriores, como forma de redefinir as fronteiras interprofissionais, assumindo o papel de interface que o Ministério Público pode/deve desempenhar, salvaguardando os diferentes interesses profissionais em disputa, mas submetendo-os, contudo, ao interesse público da garantia dos direitos dos cidadãos;

e) construção de um sistema integrado de acesso ao direito e à justiça que organize e clarifique, pela natureza da entidade e área jurídica (quem e como pode prestar informação, consulta e patrocínio jurídico), as múltiplas "portas de entrada" a que os cidadãos podem recorrer (num funcionamento que exige coordenação, articulação e densificação das interações), bem como os diferentes níveis de responsabilidade, de modo a que seja transparente e, essencialmente, acessível e gratuito.

A *Procuradoria-Geral da República* é um ator primordial para promover a discussão interna e externa sobre a reformulação e afinação das competências do Ministério Público, mas também para promover a reorganização dos seus serviços nos tribunais, atendendo às prioridades que definir para a sua atuação. A identidade profissional passa, em muito, pelo que a Procuradoria-Geral da República entender ser o papel dos magistrados nos tribunais e a imagem que, neste contexto, conseguir transmitir publicamente. Deste modo, o reforço da legitimidade do Ministério Público pode passar por:

a) criar coordenações temáticas dos serviços de atendimento por área jurídica (além de uma estrutura central), na Procuradoria-Geral da República e nas Procuradorias-Gerais Distritais, para harmonizar procedimentos e o seu funcionamento, o registo e o tratamento estatístico das atividades desenvolvidas;

b) alterar os critérios de inspeção e avaliação profissional, considerando o serviço de atendimento com a mesma importância que os restantes itens de avaliação inscritos no Regulamento de Inspeções, valorizando também qualitativamente a aferição do papel de interface no sistema judicial;

c) adotar uma atitude mais proativa em relação às diferentes entidades públicas que atuam nas diversas áreas complementares, e à sociedade civil organizada, para apoio na atividade de interface (a exemplo do que ocorre, por exemplo, com as Comissões de Proteção de Crianças e Jovens);

d) assumir o papel de interface no que respeita a garantir o acesso célere dos cidadãos a uma autoridade judicial, a efetuar uma triagem competente e reencaminhar para a solução mais adequada, quando apropriado, e a resolver de forma informal as situações possíveis;

e) reorientar o seu discurso público, realçando o papel desempenhado junto dos cidadãos, em complemento à afirmação histórica como titular de um órgão de soberania como são os tribunais (já reconhecida).

O *Sindicato dos Magistrados do Ministério Público*, como entidade que integra a larga maioria dos magistrados como associados, tem a competência de defender os interesses profissionais da classe em simultâneo com o interesse público dos cidadãos. Por conseguinte, por vezes não é fácil conseguir uma equação de benefício mútuo, em que os diferentes interesses em jogo surjam de forma equilibrada. O Sindicato tem, contudo, uma grande responsabilidade na consciencialização da classe profissional, com capacidade de iniciativa para promover as reflexões necessárias, internas e públicas, para que possa emergir com uma renovada identidade profissional que supere as meras defesas de competências legais. Neste contexto, cabe-lhe assumir um discurso que promova:

a) a aceitação da separação da formação inicial no Centro de Estudos Judiciários, em parte já em vigor, defendendo a posição de "diferente para ser único", em oposição ao anterior "igual para ser reconhecido" (em relação ao reconhecido princípio de paralelismo com os juízes);

b) a valorização do papel de *interface* junto dos cidadãos, em oposição a várias décadas de promoção de distância para adquirir legitimidade judicial, defendendo a construção de um verdadeiro serviço de atendimento ao público nos moldes atrás apresentados;

c) a defesa de um discurso público de legitimação da relevância social do Ministério Público, atendendo às limitações financeiras atuais e ao funcionamento não só dos mecanismos de resolução alternativa de litígios, mas igualmente das diferentes "portas de entrada" para o acesso ao direito e à justiça nas diversas áreas, que têm funcionado com uma grande dispersão e em relação às quais existe algum desconhecimento por parte dos cidadãos;

d) a promoção do diálogo entre o Ministério Público, as principais profissões jurídicas (juízes e advogados), os vários atores políticos (Governo e partidos políticos) e as associações de defesa dos diversos interesses públicos para promover a articulação e consensualização dos diferentes interesses profissionais em jogo e potenciar os benefícios para a defesa dos direitos dos cidadãos;

e) o aprofundamento do debate interno junto dos seus associados, como de certa forma os dois últimos congressos já o demonstraram, para a construção dos principais princípios orientadores para a assunção de uma identidade profissional mais sustentada na relevância social da sua profissão do que na função judicial, que legalmente já está atribuída ao Ministério Público.

Aos *cidadãos*, individualmente ou organizados coletivamente, compete, em última instância, participar e promover a discussão pública sobre o modo como podem aceder ao direito e à justiça e se efetivam os direitos de cidadania. Deste modo, o papel que podem desempenhar tem diversas componentes, entre as quais:

a) a avaliação política das políticas públicas do Governo na área da justiça, participando ativamente nas discussões públicas, em particular nos períodos eleitorais e aquando da promoção dos debates públicos que antecedem a aprovação de novas reformas judiciais;

b) a *pressão* jurídica junto das diversas entidades com competências para prestar apoio, informação e/ou consulta jurídica de modo a exigir uma resposta competente, atempada e adequada à resolução do seu problema;

c) a atuação cívica junto dos tribunais, e mais concretamente junto do Ministério Público, solicitando a sua intervenção e apoio nos mais variados assuntos em que possa ser necessário e, se não for resolvida a situação, a tutela judicial adequada ou, pelo menos, o esclarecimento sobre qual ou quais as entidades a que se devem dirigir;

d) a luta pela efetivação dos seus direitos sempre que os considerem em risco ou tenham sido violados, recorrendo às múltiplas "portas de entrada" no sistema de acesso ao direito e à justiça, sabendo, contudo, que podem sempre recorrer ao Ministério Público.

Analisando o seu estatuto, o Ministério Público constitui uma identidade e prática profissional, sendo um ator crucial no sistema de acesso ao direito e à justiça que intervém nos mais variados domínios. Todavia, o seu desempenho e a sua capacidade de adaptação às transformações que estão a ocorrer na área da justiça (participando ativamente nos processos de decisão), irão ser fundamentais para definir as suas futuras competências e práticas profissionais (formais e informais) e o seu grau de participação no sistema integrado de acesso ao direito e à justiça, em que múltiplas entidades, judiciais e não judiciais, contribuem para estabelecer um mosaico de possibilidades de prestação de apoio aos cidadãos que buscam uma solução no direito e/ou na justiça.

Contando com o desempenho de profissionais qualificados e empenhados acima de tudo, e segundo o seu estatuto, na aplicação da justiça de forma autónoma e independente em nome do interesse público, o Ministério Público pode caminhar, com a legitimidade e apoio conferido pela sua classe profissional, mas também com a busca da legitimidade social e política, no sentido de assumir uma identidade profissional com bases de suporte mais alargadas e características diferenciadas (sejam derivadas de competências legais ou de práticas mais informais), ainda que em articulação e complementaridade em relação às restantes profissões jurídicas/judiciais.

Um Ministério Público proativo é possível e desejável no âmbito de um sistema integrado de resolução de conflitos e da promoção do acesso dos cidadãos ao direito e à justiça. É esse o papel que se almeja para o Ministério Público. A avaliação sociopolítica pode e deve fazer-se concomitantemente. A avaliação histórica far-se-á mais tarde. Mas aí não haverá forma de voltar atrás. Apenas a aprendizagem com os erros passados, como hoje se devia fazer para evitar, novamente, erros futuros.

REFERÊNCIAS BIBLIOGRÁFICAS

ACT – Autoridade para as Condições do Trabalho (2011), *Relatório anual das actividades de inspecção do trabalho – 2010*. Lisboa: ACT.

Almeida, Letícia Marques (2009), *Problemas organizativos e processuais dos julgados de paz em Portugal: investigação sobre o "Estado da Arte" nos julgados de paz*. Dissertação de Mestrado. Universidade Católica Portuguesa <http://hdl.handle.net/10400.14/1263>.

Alves, Rui (2001), *Planeamento e Ordenamento do Território e o Estado Português – contributos para uma intervenção inovadora*. Tese de doutoramento em Planeamento Regional e Urbano. Instituto Superior Técnico.

Alwin, Duane F.; Krosnick, Jon A. (1991), "The Reliability of Survey Attitude Measurement: The Influence of Question and Respondent Attributes", *Sociological Methods & Research*, 20(1), 139-181. DOI: <http://dx.doi.org/10.1177/0049124191020001005>.

Arantes, Rogério Bastos (1999), "Direito e política: o Ministério Público e a defesa dos direitos coletivos", *Revista Brasileira de Ciências Sociais*, 14(39), 83-102 <http://www.scielo.br/scielo.php?script=sci_arttext&pid=S0102-69091999000100005&lng=en&nrm=iso>.

Arduino, Ileana *et al.* (2008), "O Ministério Público na Argentina", *in* João Paulo Dias, Rodrigo Ghiringhelli Azevedo (orgs.), *O papel do Ministério Público no poder judicial: estudo comparado dos países latino-americanos*. Coimbra: Almedina, 250-308.

Bobbio, Norberto (1992), *Era dos Direitos*. Rio de Janeiro: Campus.

Cabral, Manuel Villaverde (2002), *Saúde e Doença em Portugal*. Lisboa: Imprensa de Ciências Sociais

Cabral, Manuel Villaverde; Silva, Pedro Alcântara (2009), *O estado da saúde em Portugal*. Lisboa: Instituto de Ciências Sociais.

Canotilho, J. J. Gomes; Moreira, Vital (1985), *A Constituição da República Portuguesa Anotada*, 2.º volume, 2.ª ed. Coimbra: Coimbra Editora.

Canotilho, J. J. Gomes; Moreira, Vital (1993), *Constituição da República Portuguesa anotada*. 2.º volume, 3.ª ed. Coimbra: Coimbra Editora.

Carbasse, Jean-Marie (org.) (2000), *Histoire du parquet*. Paris: PUF, 2000.

Carmo, Rui (2004), "A autonomia do Ministério Público e o exercício da acção penal", *Revista do Centro de Estudos Judiciários*, 1. Coimbra: Almedina, 103-124.

Carvalho, Inês (2012), *Em defesa da legalidade democrática – o estatuto constitucional do Ministério Público português*. Lisboa: SMMP.

Castro, Manuel de Oliveira Chaves (1910), *A organização e competência dos tribunais da justiça portuguesa*. Coimbra: F. França Amado.

CEJ – Centro de Estudos Judiciários (2006), *CEJ 25 anos: Memória do Futuro*. Lisboa: CEJ.

CEPEJ – Comissão Europeia para a Eficácia da Justiça (2010), *European Judicial Systems – Edition 2010 (data 2008): efficiency and quality of justice*. Strasbourg: Council of Europe <https://wcd.coe.int/com.instranet.InstraServlet?command=com.instranet.CmdBlobGet&Instra netImage=1694098&SecMode=1&DocId=1653000&Usage=2>.

Chaves, Arala (2004), "Magistratura do Ministério Público: seu enquadramento e função social", *in* Comissão Organizadora da Homenagem ao Conselheiro Eduardo Augusto Arala Chaves (org.), *Eduardo Augusto Arala Chaves. Juiz Conselheiro. Procurador-Geral da República*. Ovar: Câmara Municipal de Ovar.

Cluny, António (1992), "Démocratie et rôle de l'associationisme judiciaire au Portugal". *In* Università degli Studi di Trieste; MEDEL (Orgs.), *La formation des magistrats en Europe et le rôle des syndicats et des associations professionnelles*. Padova: CEDAM, 133-140.

Cluny, António (1994), "O Ministério Público e o poder judicial", *Cadernos da Revista do Ministério Público*, 6, 37-55.

Cluny, António (1997), *Pensar o Ministério Público hoje*. Lisboa: Edições Cosmos.

CNPCJR – Comissão Nacional de Protecção das Crianças e Jovens em Risco (2006), *Relatório Anual de Avaliação da Actividade das Comissões de Protecção de Crianças e Jovens 2005*. Lisboa: CNPCJR.

CNPCJR (2012), *Relatório Anual de Avaliação da Atividade das Comissões de Proteção de Crianças e Jovens 2011*. Lisboa: CNPCJR.

Conselho da Europa (1997), *The role of the Public Prosecution Office in a democratic society*. Strasbourg: Council of Europe.

Conselho da Europa (2000a), *Proceedings of the Pan-European Conference "What Public Prosecution in Europe for the 21st century"*. Strasbourg: Council of Europe.

Conselho da Europa (2000b), *Recommendation Rec(2000)19 of the Committee of Ministers to member states on the role of public prosecution in the criminal justice system* (Adopted by the Committee of Ministers on 6 October 2000). Disponível em:<https://wcd.coe.int/ViewDoc.jsp?id=376859&Site=CM>.

Conselho da Europa (2008) *Opinion No.3 (2008) of the Consultative Council of European Prosecutors (CCPE) on the "Role of prosecution services outside the Criminal Law Field"*. Disponível em <https://wcd.coe.int/ViewDoc.jsp?Ref=CCPE(2008)OP3>.

Conselho da Europa (2012). *Recommendation CM/Rec(2012)11 of the Committee of Ministers to member States on the role of public prosecutors outside the criminal justice system* (Adopted by the Committee of Ministers on 19 September 2012). Disponível em <https://wcd.coe.int/ViewDoc.jsp?id=1979395&Site=CM>.

Correia, Sérvulo (2001), "A reforma do Contencioso Administrativo e as funções do Ministério Público", *in* Jorge Figueiredo Dias *et al.* (orgs.), *Estudos em Homenagem a Cunha Rodrigues – I*. Coimbra: Coimbra Editora, 295-329.

Costa, Ana Soares *et al.* (2002), *Julgados de Paz e mediação: um novo conceito de justiça*. Lisboa: Associação Académica da Faculdade de Direito.

Costa, Gonçalves (1998), "O sistema judiciário português", *Boletim da Faculdade de Direito da Universidade de Coimbra*, Vol. LXXIV, 173-239.

DGAJ – Direção-Geral da Administração da Justiça (2012), *Ensaio para a reorganização da estrutura judiciária*. Lisboa: Ministério da Justiça.

DGPJ – Direção-Geral da Política de Justiça (2012), *Destaque Estatístico*. nº 17. Lisboa: Ministério da Justiça.

Dias, João Paulo (2001), "O «mundo» dos magistrados: a avaliação profissional e a disciplina", *Revista Crítica de Ciências Sociais*, 60, 87-120 <http://www.ces.uc.pt/rccs/index.php?id= 755&id_lingua=1>.

Dias, João Paulo (2004), *O Mundo dos Magistrados. A evolução da organização e do auto-governo judiciário*. Coimbra: Almedina.

Dias, João Paulo (2005), "O Ministério Público e o acesso ao direito e à justiça: entre a *pressão* e a transformação", *Revista do Ministério Público*, 101, 95-112.

Dias, João Paulo (2008), "O acesso ao direito e à justiça laboral: que papel para o Ministério Público?" *in* Sindicato dos Magistrados do Ministério Público (org.), *Actas do VIII Congresso do Ministério Público*. Lisboa: SMMP, 197-214.

Dias, João Paulo (2013a), "Citizenship and justice: public prosecutors in social contexts in Portugal", *International Journal of the Legal Profession*, 1-23. DOI: <http://dx.doi.org/10.1080/ 09695958.2013.805987>.

Dias, João Paulo (2013b). *O Ministério Público e o acesso ao direito e à justiça: entre competências legais e práticas informais*. Tese de Doutoramento. Coimbra: Faculdade de Economia da Universidade de Coimbra.

Dias, João Paulo (2013c), "O Ministério Público como interface no sistema judicial: tópicos para uma reconfiguração da centralidade das competências", *in* Sindicato dos Magistrados do Ministério Público (org.), *Justiça, Cidadania e Desenvolvimento*. Lisboa: SMMP, 101-106.

Dias, João Paulo; Azevedo, Rodrigo Ghiringhelli (orgs.) (2008), *O papel do Ministério Público no poder judicial: estudo comparado dos países latino-americanos*. Coimbra: Almedina.

Dias, João Paulo; Carmo, Rui (2007), "Portugal", *in* Marco Fabri (org.), *Information and Communication Technology for the Public Prosecutor's Office*. Bologna: CLUEB, 331-336.

Dias, João Paulo; Pedroso, João (2002), "As profissões jurídicas entre a crise e a renovação: o impacto do processo de desjudicialização em Portugal", *Revista do Ministério Público*, 91, 11-54.

Dias, João Paulo; Fernando, Paula; Lima, Teresa Maneca (2011), "Transformações do Ministério Público em Portugal: de actor institucional a actor social?", *Revista do Conselho Nacional do Ministério Público*, 1. Brasília: CNMP, 43-80.

Dias, João Paulo; Pedroso, João; Branco, Patrícia (2007), "Europa, Direitos Humanos e Acesso ao Direito e à Justiça", *in* Instituto dos Estudos Estratégicos Internacionais (org.), *II Congresso Nacional Portugal e o Futuro da Europa*. Lisboa: IEEI, 10-11 <http://www.ieei. pt/files/Caderno_I.pdf>.

Dias, Mário Gomes; Mendes, Carlos Sousa (coords.) (2012), *Ministério Público: que futuro?* Lisboa: PGR/INCM.

Duarte, Madalena (2011), *Movimentos na Justiça – O Direito e o Movimento Ambientalista em Portugal*. Coimbra: Almedina.

Ferreira, António Casimiro (2005a), *Trabalho procura justiça: os Tribunais de Trabalho na sociedade portuguesa*. Coimbra: Almedina.

Ferreira, António Casimiro (2005b), *Acesso ao direito e mobilização dos Tribunais de Trabalho: o caso da discriminação entre mulheres e homens*. Lisboa: Comissão para a Igualdade no Trabalho e no E mprego.

Ferreira, António Casimiro (2012), *Sociedade de austeridade e direito do trabalho de exceção*. Porto: Vida Económica.

Ferreira, António Casimiro; Pedroso, João (1997), "Os tempos da justiça: ensaio sobre a duração e morosidade processual", *Oficina do CES*, 99 <http://www.ces.uc.pt/publicacoes/oficina/ficheiros/99.pdf>.

Ferreira, António Casimiro; Dias, João Paulo; Pedroso, João; Lima, Teresa Maneca; Branco, Eliana Patrícia (2007), *A acção do Ministério Público no acesso dos cidadãos ao direito e à justiça nos conflitos de família e do trabalho: um estudo de caso nos Tribunais de Coimbra*. Coimbra: Centro de Estudos Sociais.

Flores Prada, Ignacio (2008), "O Ministério Público em Espanha", *in* João Paulo Dias, Rodrigo G. Azevedo (orgs.), *O Papel do Ministério Público: estudo comparado dos países latino-americanos*. Coimbra: Almedina, 71-124.

Galanter, Marc (1993), "Direito em abundância: a actividade legislativa no Atlântico Norte", *Revista Crítica de Ciências Sociais*, 36, 103-145.

Gérard, Philippe *et al.* (dirs.) (2000), *L'accélération du temps juridique*. Bruxelles: Facultés Universitaires Saint-Louis.

Gomes, Conceição (2003), *O tempo dos Tribunais: Um estudo sobre a morosidade da Justiça*. Coimbra: Coimbra Editora.

Gomes, Conceição (2011), *Os atrasos da justiça*. Lisboa: FFMS.

Gonçalves, Maria Eduarda (coord.) (2007), *Alargamento da rede de Julgados de Paz em Portugal – Estudo para o Ministério da Justiça*. Lisboa: Ministério da Justiça <http://www.conselhodosjulgadosdepaz.com.pt/index.asp?id=Noticias> [fevereiro de 2012].

IGT – Inspecção-Geral do Trabalho (2007), *Relatório Anual de Actividades 2006*. Lisboa: IGT.

Infante, Fernanda (2000), *Composição social dos auditores de justiça: quem são os magistrados portugueses? Contributo para um estudo*. Lisboa: Centro de Estudos Judiciários.

Infante, Fernanda; Carmo, Rui (2002), *Sociografia dos Auditores de Justiça do XX Curso Normal de Formação*. Lisboa: Centro de Estudos Judiciários.

Ishiyama, John T. (2012), *Comparative politics. Principles of democracy and democratization*. Oxford, UK: Wiley Blackwell.

Kankaraš, Miloš *et al.* (2011), "Measurement Equivalence of Ordinal Items: A Comparison of Factor Analytic, Item Response Theory, and Latent Class Approaches", *Sociological Methods & Research*, 40(2), 279-310.

Kieruj, Natalia D.; Moors, Guy (2010), "Variations in Response Style Behavior by Response Scale Format in Attitude Research", *International Journal of Public Opinion Research*, 1(22), 320-342.

La Porta, Rafael *et al.* (2004), "Judicial Checks and Balances", *Journal of Political Economy*. University of Chicago Press, 112(2), 445-470.

Lima, Teresa Maneca (2011), "Do Acidente de Trabalho à Reparação: Identificando Percursos de Risco", *Actas do 1.º Congresso Internacional sobre Condições de Trabalho*. Porto: RICOT.

Lima, Teresa Maneca (2012), "Acidentes de trabalho e experiências de sinistralidade: desafios à reparação e proteção social", *in* H. Neto, J. Areosa, P. Arezes (orgs.), *Impacto social dos acidentes de trabalho*. Vila do Conde: Civeri Publishing, 323-344.

Machado, Bruno Amaral (2007), *Ministério Público: organização, representações e trajetórias*. Curitiba: Juruá Editora.

Mackie, Karl (1991), *A handbook of dispute resolution: ADR in action*. London: Routledge.

Marçalo, Paula (2011), *Estatuto do Ministério Público – anotado*. Coimbra: Coimbra Editora.

Matias, Marisa (2010), *A natureza farta de nós? Saúde, ambiente e formas emergentes de cidadania*. Tese de doutoramento. Coimbra: Faculdade de Economia da Universidade de Coimbra.

Maximiano, Rodrigues (1984), "A lei orgânica do Ministério Público (análise e experiência). Perspectivas e divulgação social do Ministério Público" *in* Sindicato dos Magistrados do Ministério Público (org.), *O Ministério Público numa sociedade democrática*. Lisboa: Livros Horizonte.

Mendes, José Manuel (coord.) (2004), *Inquérito à opinião pública sobre o funcionamento dos tribunais em Portugal – Relatório Preliminar*. Coimbra: Centro de Estudos Sociais.

MJ – Ministério da Justiça (2005), *Estatísticas da Justiça 2004*. Lisboa: Ministério da Justiça.

MJ (2012a), *Linhas estratégicas para a reforma da administração judiciária*. Lisboa: Ministério da Justiça <http://www.portugal.gov.pt/media/634714/20120615_linhas_estrategicas_reforma_organizacao_judici_ria.pdf>.

MJ (2012b), *Principais Indicadores das Estatísticas da Justiça - 2011*. Lisboa: Ministério da Justiça.

Neto, Hernâni *et al.* (orgs.) (2012), *Impacto social dos acidentes de trabalho*. Vila do Conde: Civeri Publishing.

Ost, François (2001), *O tempo do direito*. Lisboa: Instituto Piaget.

Pastor Prieto, Santos (1993), *¡Ah de la justicia! Política judicial y economía*. Madrid: Editorial Civitas.

Pedroso, João (1998), "Direito de menores: um «direito social»", *in* Joana Marques Vidal, *O direito de menores: reforma ou revolução?* Lisboa: Cosmos, 51-82.

Pedroso, João; Cruz, Cristina (2001), *A acção executiva: caracterização, bloqueios e propostas de reforma*. Coimbra: CES/OPJ.

Pedroso, João; Branco, Patrícia; Casaleiro, Paula (2010), *As mutações do acesso à lei e à justiça na União Europeia - o estudo de caso da justiça da família em Portugal*. Coimbra: FCT/CES.

Pedroso, João; Trincão, Catarina; Dias, João Paulo (2001), *Percursos da informalização e da desjudicialização – por caminhos da reforma da administração da justiça (análise comparada)*. Coimbra: CES/OPJ.

Pedroso, João; Trincão, Catarina; Dias, João Paulo (2002), *O acesso ao direito e à justiça: um direito fundamental em questão*. Relatório do Observatório Permanente da Justiça Portuguesa. Coimbra: Centro de Estudos Sociais.

Pedroso, João; Trincão, Catarina; Dias, João Paulo (2003a), "E a justiça aqui tão perto? – As transformações no acesso ao direito e à justiça", *Revista Crítica de Ciências Sociais*, 65, 77-106.

Pedroso, João; Trincão, Catarina; Dias, João Paulo (2003b), *Por caminhos da(s) reforma(s) da justiça*. Coimbra: Coimbra Editora.

PGR – Procuradoria-Geral da República (2011), *Estatuto do Ministério Público e Diplomas Regulamentares*. Lisboa: Procuradoria-Geral da República.

Pires, Edite Freire (2008), *Julgados de Paz em Portugal: uma diferente forma de justiça. Justiça de Proximidade. Pacificação Social. Complementaridade de Sistemas*. Dissertação de mestrado em Direito. Lisboa: ISCTE <http://hdl.handle.net/10071/1468>.

Rego, Carlos Lopes (2000), "A intervenção do Ministério Público na área cível e o respeito pelo princípio da igualdade de armas", *in* Democracia, Igualdade dos Cidadãos e o Ministério Público, *Cadernos da Revista do Ministério Público*, 10.

Reis, João Luís Pena (1999), "Os tribunais e a realidade fugitiva", *Revista do Ministério Público*, 80, 75-82.

Reis, José (2011), "Desenvolvimento Regional", *in* João Ferreira do Amaral, J. M. Brandão de Brito, Fernanda Rollo (orgs.), *Dicionário Portugal e a Europa*. Lisboa: Tinta da China, 189-195.

Rodrigues, José Narciso da Cunha (1995), "Sobre o modelo de hierarquia na organização do Ministério Público", *Revista do Ministério Público*, 62, 11-31.

Rodrigues, José Narciso da Cunha (1999a), *Em nome do povo*. Coimbra: Coimbra Editora.

Rodrigues, José Narciso da Cunha (1999b), *Lugares do direito*. Coimbra: Coimbra Editora.

Rodrigues, José Narciso da Cunha (1999c), *Comunicar e julgar*. Coimbra: Minerva.

Sadek, Maria Tereza (org.) (2001), *Acesso à Justiça*. São Paulo: Fundação Konrad Adenauer.

Salas, Denis (1998), *Le tiers pouvoir – vers une autre justice*. Paris: Hachette.

Santana, Paula (2005), *Geografias da saúde e do desenvolvimento*. Coimbra: Almedina.

Santos, António Almeida (1998), "O Ministério Público num Estado de Direito democrático", *Revista do Ministério Público*, 76, 9-24.

Santos, Boaventura de Sousa (1982), "O Direito e a comunidade: as transformações recentes da natureza do poder do Estado nos países capitalistas avançados", *Revista Crítica de Ciências Sociais*, 10, 9-40.

Santos, Boaventura de Sousa (1990), *O Estado e a sociedade em Portugal (1974-1988)*. Porto: Afrontamento.

Santos, Boaventura de Sousa (1996), "A queda do Angelus Novus: para além da equação moderna entre raízes e opções", *Revista Crítica de Ciências Sociais*, 45, 5-34. Disponível em <http://www.ces.uc.pt/rccs/index.php?id=587>.

Santos, Boaventura de Sousa (1997), "Quando o local é global e vice-versa", *in* Tadeu Rig, Vera Spolidoro (orgs.), *Porto da cidadania*. Porto Alegre: Artes e Ofícios.

Santos, Boaventura de Sousa (1999), "The GATT of Law and Democracy", *Oñati Papers*, 7, 49-86.

Santos, Boaventura de Sousa (2000), "Law and Democracy: (Mis)trusting de Global Reform of Courts", *in* Jane Jenson, Boaventura de Sousa Santos (eds.), *Globalizing Institutions: Case Studies in Regulation and Innovation*. Aldershot: Ashgate, 253-284.

Santos, Boaventura de Sousa (2001), "Os Processos da globalização", *in* Boaventura de Sousa Santos (org.), *Globalização: fatalidade ou utopia?* Porto: Edições Afrontamento, 31-106.

Santos, Boaventura de Sousa (2003), "Poderá o direito ser emancipatório?", *Revista Crítica de Ciências Sociais*, 65, 3-76.

Santos, Boaventura de Sousa (2005a), "A justiça em Portugal: diagnósticos e terapêuticas", *Manifesto*, 7, 76-87. Disponível em <http://www.boaventuradesousasantos.pt/media/pdfs/Justica_em_Portugal_Manifesto_2005.pdf>.

Santos, Boaventura de Sousa (2005b), "Os tribunais e as novas tecnologias de comunicação e de informação", *Sociologias*, 7(13), 82-109.

Santos, Boaventura de Sousa (2007), *Para uma revolução democrática da justiça*. São Paulo: Editora Cortez.

Santos, Boaventura de Sousa (2011), *Portugal – ensaio contra a autoflagelação*. Coimbra: Almedina.

Santos, Boaventura de Sousa; Gomes, Conceição; *et al.* (2005), *Os actos e os tempos dos juízes: contributos para a construção de indicadores da distribuição processual nos juízos cíveis*. Coimbra: CES/OPJ <http://opj.ces.uc.pt/pdf/Os_actos_e_os_tempos.pdf>.

Santos, Boaventura de Sousa; Gomes, Conceição; *et al.* (2006), *A Geografia da Justiça – Para um novo mapa judiciário*. Coimbra: CES/OPJ <http://opj.ces.uc.pt/portugues/relatorios/relatorio_A_Geografia_da_Justica.html>.

Santos, Boaventura de Sousa; Gomes, Conceição; *et al.* (2007), *A acção executiva em avaliação: uma proposta de reforma*. Coimbra: CES/OPJ <http://opj.ces.uc.pt/pdf/rel_accao_executiva_completo.pdf>.

Santos, Boaventura de Sousa; Gomes, Conceição; *et al.* (2008), *Para um novo judiciário: qualidade e eficiência na gestão dos processos cíveis*. Coimbra: CES/OPJ <http://opj.ces.uc.pt/pdf/para_um_novo_judiciario.pdf>.

Santos, Boaventura de Sousa; Gomes, Conceição *et al.* (2010), *A Gestão nos Tribunais. Um olhar sobre a experiência das comarcas piloto*. Coimbra: CES/OPJ <http://opj.ces.uc.pt/pdf/RelatorioA_gestao_dos_tribunais_01_04_2010.pdf>.

Santos, Boaventura de Sousa; Gomes, Conceição; Ribeiro, Tiago (2012), "Acidentes de trabalho nos tribunais portugueses", *in* H. Neto, J. Areosa, P. Arezes (orgs.), *Impacto social dos acidentes de trabalho*. Vila do Conde: Civeri Publishing, 227-264.

Santos, Boaventura de Sousa; Marques, Maria Manuel Leitão; Pedroso, João; Ferreira, Pedro Lopes (1996), *Os Tribunais nas Sociedades Contemporâneas: O Caso Português*. Porto: Afrontamento.

Santos, Boaventura de Sousa; Pedroso, João e Branco, Patrícia (2006), "O recrutamento e a Formação de Magistrados: análise comparada de sistemas em países da União Europeia". Relatório de Investigação. Coimbra: CES/OPJ <http://opj.ces.uc.pt/pdf/ORFM/Recrutamento_formacao_magistrados.pdf>.

Silva, Pedro Alcântara (2011), *A Saúde nos Media. Representações do sistema de saúde e das políticas públicas na imprensa escrita portuguesa*. Lisboa: Editora Mundos Sociais.

Silva, Pedro Cruz (2006), "Breve estudo sobre a competência material dos Tribunais Administrativos e Fiscais em matéria de responsabilidade civil e de contratos". *Verbo Jurídico* <http://www.verbojuridico.com/doutrina/administrativo/competencia_respcivilcontratos.html> [consultado em março de 2012].

Simas Santos, Manuel (1988), "Ministério Público: estatuto e organização", *Revista do Ministério Público*, 35/36, 9-29.

Tate, C. Neal; Vallinder, Torbjorn (eds.) (1995), *The Global Expansion of Judicial Power*. New York: University Press.

Vanleeuwen, Dawn M.; Mandabach, Keith H. (2002), "A Note on the Reliability of Ranked Items", *Sociological Methods & Research*, 31(1), 87-105.